Rebeca Martín Polo

EL ERROR EN MEDICINA

RESPONSABILIDAD DEL MÉDICO

LA AUTOPSIA CLÍNICA
COMO INSTRUMENTO DE CALIDAD ASISTENCIAL

CULTIVA

Colección Estudios. Número 275

Primera edición: diciembre 2011

info@cultivalibros.com

Maquetación: Luis Bohigas Domínguez

ISBN 13: 978-84-9923-850-0
Depósito Legal: SE-9045-2011

IMPRESO EN ESPAÑA • UNIÓN EUROPEA

A mi familia

CONTENIDO

COLABORADORES

Doctora Rosa Sepúlveda Correa.

Profesora del Departamento de Estadística de la Universidad de Salamanca. Ha participado en el tratamiento estadístico de las bases de datos de los capítulos de investigación propia VI y IX.

Claudia Malpica.

Experta en Estadística. Ha participado en el tratamiento estadístico de la base de datos del capítulo VIII de investigación propia.

Jorge Martín Polo.

Médico especialista en Neurología con ejercicio profesional. Ha participado en el capítulo referido a Consentimiento Informado. Máster en valoración del Daño Corporal por el Instituto Europeo de Salud y Bienestar Social (IE). Es autor de numerosos trabajos clínicos de su especialidad.

Si el lenguaje no es el correcto, lo que se dice no es lo que se pretende decir, lo que debe hacerse queda sin terminar, la moral y las artes se deterioran, la justicia se extravía y los hombres quedan sumidos en el desconcierto.

Confucio

AGRADECIMIENTOS

Nuestro más sincero agradecimiento a los Profesores de la Facultad de Medicina de la Universidad de Salamanca, Dª Elisa Muñoz Torres, Profesora Titular de Anatomía Patológica, D. José Antonio Mirón Canelo, Profesor Titular de Medicina Preventiva y Salud Pública por su valioso consejo y supervisión y, especialmente a D. Agustín Bullón Sopelana, Catedrático y Jefe de Servicio de Anatomía Patológica que además, ha tenido la gentileza de prologarlo, lo que supone un honor.

También estamos agradecidos a D. Federico Bello Landrove, Fiscal de la Audiencia Provincial de Salamanca quien ha revisado y aportado un juicio crítico sobre el contenido de responsabilidad médica y consentimiento informado. Asimismo tenemos la gran suerte de reclutar a Dª Pilar Martín Martín que con su experiencia y ayuda elaboró algunos criterios de estilo de exposición y corrección. También tuvimos la suerte de contar con D. Jesús Maria Corredera Martín, periodista, que hizo una revisión didáctica, mejorando el texto. Por último, al equipo profesional de la Editorial Cultiva Libros S.L., que con su elevado nivel de requerimientos aportó una dosis de exposición y claridad del que nos sentimos orgullosos.

PRÓLOGO

La invitación de la Dra. Rebeca Martín Polo para que prologue su libro me ha llenado de satisfacción. Es un tema, el del error en Medicina, que siempre me apasionó y al que dediqué muchas horas como Presidente del Colegio de Médicos de Salamanca.

Las nuevas maneras del ejercicio profesional médico han cambiado profundamente. Hoy los enfermos, salvo en el caso de la Asistencia Primaria, no dicen quién les ha tratado u operado Don Fulano o Don Zutano sino que han sido tratados u operados en un hospital o en otro, ignorando en muchas ocasiones el nombre del médico. Se ha perdido la relación directa médico-enfermo y ha sido sustituida por Servicio-enfermo o incluso por Hospital-enfermo.

A fin, entre otros motivos, de luchar contra las desventajas de este anonimato personal, los Servicios y Centros poseen una serie de protocolos consensuados de obligado cumplimiento de manera que todos los integrantes de un Servicio actúen de igual forma ante un problema determinado. Es así más difícil que el enfermo pueda negarse a un tratamiento, al ser no uno, sino una serie de especialistas, los que le repitan una y otra vez la bondad del protocolo en el que ha entrado.

Por ello, es importante dejar abierta la posibilidad para salirse de un protocolo rígido, para aceptar un cambio en el tratamiento. En una encuesta realizada por la Universidad de Harvard a pacientes que precisaban una laringectomía total por cáncer, se comprobó que cuando se ofertaba la alternativa de la radioterapia, lo que permitía conservar la laringe a costa de un claro descenso en la supervivencia, un 20% eligió esta propuesta, porcentaje que se elevó a un 40% cuando se ofreció una laringectomía de rescate en caso de recidiva. Es decir, los protocolos no deben interferir con la autonomía del paciente, la cual es consecuencia de la capacidad de autogobierno de las personas. Sin entrar en otras razones, culturales, religiosas, etc., cada persona debe ser dueña en todo momento de elegir el tratamiento que desea recibir. Es una de las razones por la que la autora dedica un amplio capítulo al consentimiento informado.

La autopsia es el eje conductor del libro y donde se concentran los datos más originales del estudio. No en vano fue el tema de su Tesis Doctoral.

Además de la importancia como acto médico (no olvidemos que los cuadros anatomoclínicos son consustanciales con el desarrollo y progreso de la Medicina), la autopsia tiene una gran trascendencia investigadora y docente para patólogos y clínicos y sobre todo para los Residentes no sólo de Anatomía Patológica sino del resto de los especialidades. Posee también un gran valor como instrumento de calidad asistencial hospitalaria y por último mejora la calidad del Certificado Médico de Defunción. Ésta es una asignatura pendiente que tenemos los médicos españoles, pues no le damos la importancia que posee, a pesar del interés de algunas cátedras de Medicina Legal en hacer entender a los estudiantes que la cumplimentación correcta de dicho certificado es un hecho crucial en la investigación epidemiológica.

El aumento en el número de litigios por presunto error médico es indiscutible en nuestra sociedad. En el libro, la Dra. Martín Polo hace un análisis concienzudo de las causas de dicho aumento, así como de la actitud ante el error, del concepto de *Lex artis ad hoc* y de las formas de responsabilidad tanto civil como penal.

Termina el libro con un capítulo sobre perspectivas de solución dentro de las cuales nos llaman la atención los Órganos de Mediación, Conciliación y Arbitraje, no existentes en nuestro país en el terreno de la Medicina pero sí en otras áreas de la Justicia. Solamente algunos Colegios de Médicos han puesto en marcha esta metodología.

Estos Órganos de Mediación, al parecer, tienen más ventajas que inconvenientes.

El asunto central del libro visto por una profesional médico, que representa un caso de metaplasia precoz pues acaba de cambiar el microscopio por las técnicas anestésicas, hace que la muerte sea vista en su justa dimensión: el final de la vida, el fin de un proceso biológico que comienza en la fecundación y termina con la muerte. Esta dimensión biológica es totalmente distinta de la que admite la mayor parte de la sociedad, para la cual la muerte es un fracaso. Como consecuencia de esta visión se espera de la Medicina la curación en el 100% de las enfermedades menos graves y en más del 90% de las enfermedades graves. La alegría con la que ciertos medios de comunicación transmiten las noticias sobre la Medicina y sus adelantos no es extraña a esta falsa esperanza.

Le deseo a la autora todo el éxito que su trabajo merece, así como lo mejor en la nueva especialidad que ahora comienza.

Prof. Dr. Agustín Bullón

Salamanca, Julio 2011

ÍNDICE DE FIGURAS

ÍNDICE DE TABLAS

ÍNDICE DE ABREVIATURAS

AAE: Acontecimiento adverso evitable.

AAI: Acontecimiento adverso inevitable.

ACV: Accidente cerebro vascular.

AHRQ: Agency for Health Research and Quality.

AENOR: Asociación Española de Normalización y Certificación.

AMA: Asociación Médica Americana.

ANM: Academia Nacional de Medicina. Buenos Aires.

art.: Artículo.

BED: Boletín Estadístico de Defunción.

CCHSA: Canadian Council on Health Services Accreditation.

CB: Causa básica.

CE: Comisión Europea.

CI: Cardiopatía isquémica.

CIE-10: Clasificación Estadística Internacional de Enfermedades y Problemas Relacionados con la Salud.

CMD: Certificado Médico de Defunción.

CHAID: Chi-squared Automatic Interaction Detection.

CONAMED: Comisión Nacional de Arbitraje Médico. México.

DDP: Discrepancia Diagnóstica Primaria.

DDS: Discrepancia Diagnóstica Secundaria.

DDT: Discrepancia Diagnóstica Terciaria.

EA: Efecto adverso.

EICH: Enfermedad injerto contra huésped.

EFQM: European Foundation for Quality Management.

EN-ISO: Organización Internacional de Normalización para Europa.

ENEAS: Estudio Nacional de Efectos Adversos.

FAD: Fundación Avedis Donabedian.

FEA: Facultativo Especialista de Área.

FMO: Fallo multiorgánico.

HUS: Hospital Universitario de Salamanca.

HD: Hemorragia digestiva.

HQS: Health Quality Service.

IOM: Instute of Medicin.

ISO: Organización Internacional de Normalización.

JAMA: The Journal of American Association.

JCAHO: Joint Commission on Accreditation of Healthcare Organization.

JCIA: Joint Commission Internacional Accreditation.

MAP: Médico de Atención Primaria.

MIR: Médico Interno Residente.

MSC: Ministerio de Sanidad y Consumo. España.

NHS: Servicio Nacional de Salud Británico.

OCDE: Organización para la Cooperación y el Desarrollo Económicos.

OMS: Organización Mundial de la Salud.

PAAF: Punción aspiración con aguja fina.

PCR: Parada cardiorrespiratoria.

PET: Tomografía por emisión de positrones.

RAE: Real Academia Española.

RD: Real Decreto.

RM: Resonancia magnética.

SIDA: Síndrome de inmunodeficiencia adquirida.

SNS: Sistema Nacional de Salud.

SDRA: Síndrome de distrés respiratorio del adulto.

STS: Sentencia del Tribunal Supremo.

TAC: Tomografía axial computarizada.

TBC: Tuberculosis cerebral.

TEP: Tomboembolismo pulmonar.

TQM: Total Quality Management.

UNE-EN-ISO: Organización Internacional de Normalización para España.

TQM: Total Quality Management.

UCI: Unidad de Cuidados Intensivos.

UNESCO: Organización de las Naciones Unidas para la Educación, la Ciencia y la Cultura.

UVI: Unidad de Vigilancia Intensiva.

WHA: Asamblea Mundial de la Salud.

I.
INTRODUCCIÓN

La preocupación por la calidad de la asistencia al enfermo no es novedosa. Ya en la medicina hipocrática del siglo V a. C. se establecía el principio de "primum non nocere" y actualmente en el siglo XXI surge una preocupación mundial que se inicia en EE.UU. en el año 1999 a raíz de la publicación del informe "To Err is Human: Building a safer Health System" del Institute of Medicine (IOM), sucediéndose recomendaciones y directrices de Organismos Internacionales como la Organización Mundial de la Salud (OMS) del año 2004, la Unión Europea en la Declaración de Luxemburgo del año 2005, que promueven el desarrollo de políticas sanitarias en diferentes países tendentes a mejorar la calidad asistencial y particularmente la seguridad del paciente al objeto de conocer y prevenir los daños surgidos en la asistencia sanitaria.

A tal fin, se han desarrollado modelos de acreditación como herramienta eficaz de evaluación y gestión de la calidad hospitalaria.

Una dimensión del concepto de calidad asistencial está referida a la evaluación y mejora del conocimiento médico y de la tecnología utilizada en la práctica asistencial. En este sentido, la autopsia clínica es un instrumento de calidad de los más valiosos por cuanto mejora el razonamiento médico para futuros diagnósticos, tratamientos y prevención de enfermedades. La autopsia clínica está considerada por la comunidad científica y gestores hospitalarios como uno de los indicadores más importante de la calidad hospitalaria.

La seguridad del paciente es la prioridad básica en la medicina asistencial. Evitar las complicaciones, incidentes, los efectos adversos y/o errores médicos, es el reto a prevenir en cualquier actuación médica, siendo el más grave que el paciente fallezca a consecuencias de los mismos. Conocer el mecanismo de muerte, la causa fundamental e inmediata cuando por la clínica no ha sido posible esclarecer, la autopsia clínica constituye el instrumento que lo va ha determinar; una parte de este libro está dirigida a dicha investigación.

Un componente importante de la calidad asistencial es la prevención de los errores de todo tipo. Analizamos el error en medicina como ciencia falible, y que como tal no es comprendida incluso por nosotros mismos. Esto puede tener su explicación en el tipo de razonamiento que ha predominado en el siglo XX, y que se mantiene en el actual, en el sentido de que todo efecto tiene necesariamente una causa que lo produce; no se admite que se produzcan hechos al azar, y en medicina, como ciencia biológica con implicaciones psicológicas, socio-culturales y la forma en que se ejerce, está sujeta a numerosas variables que escapan al buen quehacer profesional del médico y de las que resultan efectos no deseados.

No podía faltar la referencia, desde mi perspectiva de médico y por tanto con conocimientos del derecho limitados, el tratamiento jurídico que se da a las consecuencias no deseadas en la práctica clínica, y que no es otro que el de la responsabilidad médica. En la civilización occidental el médico está sujeto a unos principios éticos desde el Juramento Hipocrático de la Grecia Clásica, como es el principio de "primum non nocere", hasta nuestros días con el Código de Deontología y Ética Médica. Es un deber primario anterior al deber jurídico. En términos de Gracia (1999) al médico se le pide rendir cuentas (aspecto ético, primario) o pedir cuentas (aspecto jurídico, secundario) de lo que uno hace.

La exigencia de responsabilidad jurídica se inicia en EE.UU en los años 70 y en España a partir de los años 80. Actualmente en nuestro país existe una doctrina jurisprudencial consolidada en cuanto a exigencia de los requisitos como son la existencia de culpa, la aparición de un daño y la necesaria relación causal entre la culpa y el daño. Opera en torno al principio de la lex artis ad hoc. Constituye la llamada responsabilidad subjetiva. A diferencia de la responsabilidad objetiva en la que es suficiente que se produzca el daño para condenar. Sin embargo, se están introduciendo en la actividad sanitaria otras teorías, como la teoría del riesgo o la de la pérdida de oportunidad, que no tienen otra finalidad que llegar a una condena indemnizatoria; producido el daño se indemniza (responsabilidad objetiva), sin tener en cuenta el buen quehacer del médico: la lex artis ad hoc.

II.
CALIDAD ASISTENCIAL

La calidad de un servicio médico es un asunto de uno; no es una cuestión de masas.

Rosander, 1992; Barrow, 1999.

1. Concepto y atributos

Según el Diccionario de la Real Academia Española (RAE), edición 2004, el término calidad deriva del latín quálitas -atis y tiene nueve acepciones :

1. Propiedad o conjunto de propiedades inherentes a algo, que permiten juzgar su valor.
2. Buena calidad, superioridad o excelencia.
3. Carácter, genio, índole.
4. Condición o requisito que se pone en un contrato.
5. Estado de una persona, naturaleza, edad y demás circunstancias y condiciones que se requieren para un cargo o dignidad.
6. Nobleza o linaje.
7. Importancia o gravedad de algo.
8. Prendas personales.
9. Condiciones que se ponen en algunos juegos de naipes.

Según María Moliner, edición 1994, el término calidad deriva del latín quálitas -atis; de "cualis". Tiene numerosas acepciones y dentro de éstas existen distintos matices. En un sentido amplio equivale a "cualidad".

Para Rosander (1992), el concepto de calidad es multidimensional. Puede restringirse a una dimensión y concluir que sólo ésta explica el concepto en su totalidad.

Por lo tanto, abordamos la calidad como un proceso multidimensional que varía en función del enfoque adoptado y de la distinta preponderancia dada a cada una de las dimensiones genéricas por los tres grupos implicados en la asistencia: profesionales, usuarios y Administración. Son los tres pilares sobre los que la OMS (2009) se apoya al plantear la seguridad del paciente.

Según Avedis Donabedian (2001), una de las figuras más destacadas en cuanto a aportaciones a la cuestión de la calidad en el ámbito sanitario, son tres los componentes de la asistencia sanitaria que, relacionados, conforman el conjunto de atributos determinantes de la calidad asistencial en un acto médico concreto: los aspectos técnico-científicos, la relación interpersonal y los elementos del entorno. Al objeto de nuestra investigación lo que nos interesa es la actuación científico-técnica que se compone de los aspectos relacionados con el correcto diagnóstico y tratamiento, y que depende de los conocimientos y juicios utilizados para llegar a las estrategias de asistencia adecuadas, así como de la destreza en ejecutar dichas estrategias.

En términos similares al modelo diseñado por Donabedian, Brook y Williams proponen la siguiente ecuación para determinar la calidad asistencial:

Calidad de la asistencia = Atención técnica (a) + Arte de la atención (b) + (axb) + Error (e). En la igualdad anterior, la calidad técnica hace referencia a los aspectos relacionados con los procesos diagnósticos y terapéuticos (calidad científico-técnica), mientras que el arte de la atención incluye tanto el componente social o relación interpersonal, como el relativo al entorno o ambiente; por lo que respecta al producto (axb), se pretende recoger con él los efectos sinérgicos que se presentan cuando ambos componentes actúan de forma conjunta.

Abordar el concepto de calidad asistencial implica necesariamente considerar las expectativas y necesidades de los tres grupos implicados en la asistencia (Villegas. 2003): los pacientes, los profesionales sanitarios y la Administración.

La calidad de la atención sanitaria se plantea como el resultado de dos elementos: a) los atributos fundamentales de la ciencia y la tecnología de la atención sanitaria; y b) las formas en que la ciencia y la tecnología se aplican en la práctica sanitaria (Donabedian 2001).

La calidad de la atención fruto de estos dos elementos cuenta con siete atributos principales (Vuori 1989; Rosander 1992; Palmer 1996; Donabedian 2001, entre otros): eficacia, efectividad, eficiencia, optimización, aceptabilidad, legitimidad y equidad. Estos siete atributos los encontramos en todas las definiciones de la asistencia sanitaria de calidad.

Aguirre-Gas et al. (2006) definen la calidad de la atención sanitaria en términos de "otorgar atención médica al usuario, con oportunidad, conforme a los conocimientos médicos y principios éticos vigentes, segura y que permita satisfacer las necesidades de salud y sus expectativas". Para la OMS (2009) la calidad es el grado en el que los servicios de salud prestados a personas y poblaciones aumentan la probabilidad de lograr los resultados sanitarios deseados y son coherentes con los conocimientos profesionales del momento.

La calidad asistencial, aunque se estima en términos de medición y cuantificación a través de indicadores o parámetros, debe ser concebida como un imperativo ético. La ética de las instituciones de salud debe constituir un elemento central, orientado a la toma de decisiones que aspiran a ser consideradas de excelencia. La excelencia debe ser técnica y ética. La sociedad de hoy lo debe demandar y la de mañana lo considerará irrenunciable (Simón 2005; Campaña 2006).

2. Modelos de calidad (modelo de atención a la salud -health care model- y modelo industrial -industrial model-)

Destacan dos modelos de garantía de calidad: uno propio del ámbito sanitario, tradicional, llamado modelo de atención a la salud (health care model) y otro recién incorporado, conocido como modelo industrial (industrial model) (Donabedian 2001).

En el modelo de atención a la salud se encuentran semejanzas y diferencias importantes. Una similitud es la obligación de reconocer la satisfacción del usuario mediante la prestación de servicios convenientes, aceptables y agradables. Para ello y de una forma aún más importante que la postulada para el modelo industrial, se valoran las preferencias del paciente informado tanto en lo relativo a los resultados como al proceso.

En relación a los costes en el modelo de atención a la salud se tiene muy presente el aumento de los costes en relación a la calidad. Los parámetros en los que se mueve la atención sanitaria son riesgo/beneficio y coste/efectividad. Si existen dos estrategias igualmente eficaces, la menos costosa es la más eficiente. La introducción de una nueva técnica debe evaluarse no sólo por su rentabilidad y complicaciones, sino también por su coste-eficiencia. Se considera que la estancia media hospitalaria es el indicador más frecuente utilizado en la valoración de la eficiencia (costes) (Escolar et al. 2009). En el modelo industrial los costes forman parte de la definición de calidad; precio y calidad están interrelacionados. La calidad no solamente es gratuita, sino que además genera ganancias y de ésta forma desaparece el conflicto potencial entre lograr mayor calidad y tener menos costes. En el modelo de atención a la salud, al médico se le exige responsabilidades individuales en un contexto de relaciones complejas, íntimas, que difiere diametralmente de la simple relación entre cliente y proveedor de servicios; además los médicos son responsables del bienestar social (Rosander 1992). Como señala Campaña (2006) los sistemas de salud donde se debate entre lo público y lo privado, las empresas prestadoras de salud cuyos fines incluyen beneficios marginales de lucro y beneficio para sus accionistas, pueden armonizar éste legítimo interés con el cuidado de salud de sus pacientes. Puede existir una efectiva conexión entre economía, ética y calidad, conceptos que son compatibles en las modernas instituciones prestadoras de salud.

3. Calidad de los servicios y métodos para mejorar la calidad

Simón Pablo (2005) define la calidad asistencial como el resultado de asegurar que cada paciente reciba el conjunto de servicios diagnósticos y terapéuticos más adecuado para conseguir una atención sanitaria óptima, logrando con ello el mejor resultado con el mínimo riesgo y la máxima satisfacción del paciente durante el proceso.

Para Rosander (1992) entre los significados de la calidad de los servicios tenemos los siguientes:

- Errores: la calidad es la prevención de los errores de todo tipo.
- Diagnóstico: la calidad es un diagnóstico correcto.
- Tratamiento: la calidad es encontrar un remedio apropiado.
- Tiempo: la calidad es cumplir con un calendario de trabajo. El tiempo requerido en la atención de un paciente constituye un factor de calidad.
- Costes: la calidad es obtener el menor coste posible. Los costes de calidad son los costes de prestar un servicio de calidad aceptable y nada más.

La calidad de un servicio es un asunto de uno; no es cuestión de masas. Cada paciente nuevo es una situación nueva generadora de incertidumbre; es el principal motor de la asistencia médica (Barrow 1999; Díaz et al. 2007; Agrest 2004; Aguirre-Gas et al. 2006; Escolar et al. 2009). Un enfermo que requiere un servicio médico es también una muestra de uno, es decir, no hay enfermedades sino enfermos. No hay una media, ni varianza, ni distribución. No es un problema estadístico sino médico, aunque es cierto que tras un diagnóstico y tratamiento se puede aplicar la estadística a una investigación médica. El enfermo quiere que ante todo se solucione su problema. La tarea del médico es hacer precisamente eso: elaborar un diagnóstico acertado y prescribir un tratamiento que solucione su problema. Cuando esto se logra hay verdadera calidad de servicio, pero no de otra forma. Excepciones son, por supuesto, enfermedades incurables, incapacidades permanentes y dolencias que tan sólo pueden aliviarse.

Si no consideramos al paciente como una muestra de uno sino como uno de entre millones de la misma clase surgen muchas dificultades (Rosander 1992):

- Las dosis de medicamentos son demasiado fuertes o demasiado flojas.
- La generalización extraída de revistas médicas no se aplican a esta persona.
- Los medicamentos que supuestamente funcionan en todas las personas no lo hacen en ésta en concreto.
- Puede que una persona no muestre los síntomas típicos de su enfermedad.
- Puede que las molestias de una persona no sean del tipo que el médico considera que "todo el mundo tiene".
- Que el médico no explique cómo utilizar adecuadamente un medicamento.
- Que los sedantes, que se suponen siempre fueron efectivos, no lo sean en este caso.
- Que las molestias de un paciente no remitan, revelando el error de uno o varios médicos.

Los médicos cometen el error, con óptica estadística, de tratar al paciente como uno de una gran población, cuando no es este el caso.

Por otra parte, los pacientes pueden valorar la atención de diferente manera. Una asistencia considerada de calidad, por parte de un paciente, puede ser distinta a la elegida por otro paciente, y ambas podrán ser a su vez distintas a la que el médico podría considerar como la mejor. Esto es debido a que los distintos estados de salud y enfermedad tiene un significado distinto según los pacientes, ya sea por motivos psicológicos, económicas, sociales u ocupacionales. Por ejemplo, el pronóstico de las enfermedades y por tanto la necesidad de seguir recibiendo atención médica, puede estar en relación a que el paciente tenga una actividad ocupacional por cuenta propia o ajena, entre otras motivaciones conscientes o inconscientes ajenas a la naturaleza de la enfermedad.

Para Corral (1994) una gran parte de las características que determina la calidad del acto médico, no dependen de él. El tiempo dedicado a la consulta, número de pacientes por médico, la accesibilidad de las pruebas complementarias, número de especialistas, lista de espera para consulta e ingreso hospitalario. Todo ello le es impuesto al médico, que se convierte en un burócrata, con escasa o nula representación en la planificación y en la gestión, dentro de la compleja estructura del sistema sanitario. Ante la crisis económica de la Sanidad Pública de Cataluña los médicos piden más capacidad de representación en la gestión sobre lo que se hace en los centros y cómo se gasta (Macpherson 2011).

A pesar de la difusión de información de contenido médico por los distintos medios, el paciente no está capacitado en general para valorar la calidad técnico-científica del acto médico, pero sí aquélla que es de contenido humanitario y que se plasma en la empatía y confianza que se derivan de un buen trato en la relación médico-paciente; informando e implicando al paciente o a la familia, ofrece a éstos la impresión del interés constante del médico y a éste le permita el control de posibles efectos no deseados.

Dentro de los métodos para mejorar la calidad se encuentran los sistemas de información, así como los protocolos y modelos de acreditación. Existen cinco modelos o sistemas de evaluación de la calidad de origen internacional con influencia en nuestro país (Simón 2005):

1. El modelo europeo de excelencia de la Fundación Europea para la Gestión de la Calidad (Peya 2004) o European Foundation for Quality Management (EFQM). La EFQM se centra en el empleo de la gestión total de la calidad (*Total Quality Management,* TQM) como vehículo para lograr la excelencia en la gestión de las organizaciones con sede en Europa. Su doble misión es:

a. Estimular y apoyar a todas las organizaciones de Europa en la participación en actividades de mejora que deriven en última instancia en la excelencia, en la satisfacción del cliente, en la satisfacción de los miembros del personal, en el impacto en la sociedad y en los resultados de gestión.

b. Ofrecer ayuda a los directivos de las organizaciones europeas para que haga de la calidad un factor decisivo para alcanzar una ventaja competitiva global.

2. El modelo de acreditación de la Joint Commission Internacional Accreditation (JCIA/JCAHO), que en España está representado por la Fundación Avedis Donabedian (FAD), presta servicios y acreditación elaborando unos estándares, realizando evaluaciones en organizaciones solicitantes y tomando decisiones de acreditación. A través de sus relaciones de colaboración con los gobiernos federales y estatales, la Joint Commission es una organización del sector privado que forma parte de una asociación entre el sector público y el privado, y su función es supervisar la calidad de la asistencia prestada al ciudadano.

Además, la Joint Commission facilita programas de formación y edita publicaciones para divulgar información sobre la mejora de la calidad de la asistencia médica a través de la acreditación. El enfoque de la Joint Commission para la prestación de servicios de acreditación es promover la mejora continua de la asistencia y de la actuación de las organizaciones sanitarias.

3. El modelo del Organismo Internacional de Normalización (ISO), para Europa EN-ISO y para España UNE-EN-ISO o Asociación Española de Normalización y Certificación (AENOR). Existen cinco documentos de normas principales, del 9000 al 9004. La ISO 9001 se caracteriza por tratar sobre los requisitos del sistema de calidad y está considerada la sección más completa. El objetivo de la norma ISO 9000 es facilitar una base común para el registro o

cualificación independiente de proveedores. Estas evaluaciones suelen ser realizadas por terceros. Mientras que muchos de los conceptos introducidos en los requisitos ISO se podrían trasladar a la asistencia sanitaria, otros muchos no resultan tan fáciles de aplicar, en especial en lo referente al aspecto clínico de la asistencia sanitaria. Los requisitos ISO se centran mayoritariamente en la producción y emplean un lenguaje distinto al de la asistencia sanitaria. Las normas ISO se centran en el cumplimiento de un proceso específico de gestión de calidad, diseñado para crear un producto (o servicio) que cumpla con unos requisitos preestablecidos y que evalúe ese cumplimiento. Actualmente se ha publicado la Norma ISO 9001:2008, que ha sido aplicado en el Hospital Universitario de Salamanca en la evaluación de la calidad.

4. El modelo británico de acreditación del Health Quality Service (HQS).

5. El modelo canadiense de acreditación del Canadian Council on Health Services Accreditation (CCHSA).

El modelo EFQM ha empezado a utilizarse en nuestro país en el sector sanitario. Han optado por este modelo el País Vasco, Castilla y León, y Madrid, así como el servicio de Urgencias del Hospital Clínico de Salamanca, bajo la dirección del Dr. Mirón. En Galicia existe experiencia piloto con el modelo británico de acreditación HQS. El Hospital General de Barcelona, el Instituto Oftalmológico de Alicante, el Hospital Costa del Sol de Marbella, la Clínica Universitaria de Navarra, han optado por la acreditación de la JCIA., etc. La Sociedad Española de Calidad Asistencial elabora el registro español de Certificación y Acreditación sanitaria, y el Plan de Calidad del Sistema Nacional de Salud ha elaborado instrumentos de validación de indicadores de calidad. Comprobamos que las prácticas relativas a la gestión de calidad en la atención a la salud, difieren entre países y culturas e incluso dentro de un mismo país. Hace falta una normalización internacional en cuanto a definiciones y métodos comunes de medida (Pardo 2009).

4. Normativa Legal

La preocupación por la calidad en el sistema sanitario español no es una novedad; así se desprende de la Orden de 7 de julio de 1972, por la que se aprueba el Reglamento General para el Régimen, Gobierno y Servicio de las

Instituciones Sanitarias de la Seguridad Social, donde queda recogido en el Título III, artículos 20 y 23, la creación de Comisiones Clínicas, Tejidos, Mortalidad, Infecciones y Farmacia, en las Instituciones Sanitarias que ejercerán un control permanente de calidad de la asistencia.

La Ley General de Sanidad, de 25 de abril de 1986, establece que la calidad es una de las características básicas del Sistema Nacional de Salud.

Igualmente el Real Decreto de 1987, por el que se aprueba el Reglamento sobre Estructura, Organización y Funcionamiento de los Hospitales gestionados por el Instituto Nacional de la Salud, se ocupa de la calidad asistencial en el artículo 22 con la creación de la Comisión Central de Garantía de la Calidad de quien dependerán las Comisiones Clínicas de Infección Hospitalaria; Profilaxis y Política Antibiótica; Historias Clínicas, Tejidos y Mortalidad; Farmacia y Terapéutica; y la de Investigación, Docencia y Formación continuada.

La Ley 16/2003, de 28 de Mayo, de cohesión y calidad del Sistema Nacional de Salud, trata el tema de la calidad en el capítulo VI, sección 1ª, artículos 59 a 62. En el artículo 44, apartados a) y b) hace referencia a que la investigación científica contribuya a mejorar procedimientos preventivos, diagnósticos, terapéuticos y rehabilitadores cuyos resultados se sustenten científicamente de manera demostrable. Es la medicina basada en la evidencia. En el artículo 60 hace referencia a la creación de la Agencia de Calidad del Sistema Nacional de Salud. El Real Decreto de 25 de junio de 2004, que desarrolla la estructura orgánica básica del Ministerio de Sanidad y Consumo, establece en su artículo 12, punto 2, las funciones de la Agencia de Calidad y, entre otras, en su apartado e), el de fomentar y facilitar la investigación por parte de los propios servicios sanitarios.

5. Conclusión

La verdadera calidad asistencial está en que el paciente que acude al médico quiere ante todo que le curen su dolencia. Para ello el médico debe estar en posesión de conocimientos científico-técnicos que han de darse dentro de un contexto de relación que lo haga humano, accesible y ético. No puede ser uno más dentro de la lista que le espera esa mañana en la institución. Cada paciente es único.

III.
SEGURIDAD DEL PACIENTE

Las condiciones de trabajo son factores con una gran influencia para facilitar actos inseguros.

Lockey et al. 2004

La cultura de la seguridad en medicina es un campo relativamente nuevo y un componente importante de la mejora de la calidad (Ilian et al. 2005). Un elemento clave de la calidad asistencial es la seguridad del paciente, en orden a que reciba una atención médica diagnóstica y terapéutica adecuada para aliviar, mejorar o recuperar su salud. Forma parte de los modelos y atributos de los sistemas sanitarios que gestionan la calidad de la atención al paciente con protocolos de actuación, desarrollo normativo, etc.

En España esta inquietud por la seguridad del paciente queda reflejada en el Plan de Calidad para el Sistema Nacional de Salud de 2006, en su estrategia ocho, donde se recogen una serie de medidas para mejorar la seguridad del paciente.

Dada la magnitud del problema de los acontecimientos adversos no deseados que se derivan de la atención médica a los pacientes, está de actualidad en el siglo XXI el "Primum non nocere" (ante todo no hacer daño) de la medicina hipocrática del siglo V a. C., recogido en el Corpus Hipocraticum; lo que indica que siempre se ha reconocido la posibilidad de que la actuación médica produjera consecuencias indeseables.

Podemos definir la seguridad del paciente como "la ausencia de acontecimientos no deseados para el paciente en el curso de la asistencia sanitaria". Esta definición incluye cualquier daño causado al paciente por el personal sanitario así como por las deficiencias del sistema asistencial. Una definición más restringida sería la ausencia de perjuicios accidentales en el curso de la asistencia sanitaria (Aranaz 2003).

En Estados Unidos en 1995 una serie de incidentes médicos altamente divulgados en los medios de comunicación con serias consecuencias para los pacientes despertaron el interés de la población en general y de los profesionales de la salud en particular sobre la seguridad del paciente en la sanidad. En respuesta al reconocimiento de que la sanidad podría aprender mucho acerca de la seguridad de otras industrias, en octubre de 1996, la Asociación Americana para el Avance de las Ciencias, la Asociación Médica Americana (AMA), y la Joint Commission on Accreditation of Healthcare Organization (JCAHO), se unieron al Annenber Center for Health Sciences para celebrar la primera conferencia multidisciplinaria sobre errores en la sanidad (Leape et al. 1998). Cada año, la JCAHO establece nuevos objetivos y requisitos para la seguridad del paciente basándose en los nuevos datos obtenidos de sus encuestas nacionales y grupo de asesores (Richard 2008).

Después de poner en marcha las premisas reflejadas en el informe del Instituto de Medicina en 1999, "To Err is Human" (Kohn et al. 2000), se han llevado a cabo un gran número de iniciativas en cuanto a la seguridad del paciente se refiere, tanto a nivel internacional como nacional, y muchos hospitales han intensificado sus esfuerzos en prevenir daños a pacientes, y en particular aquellos debidos a errores en la medicación.

En Europa, se ha denunciado la extrema lentitud con la que se está abordando la seguridad del paciente. Faltaba liderazgo en los centros hospitalarios que encarrile una transformación ya de por sí difícil de asumir. Además, las complicadas relaciones entre los médicos y sus pacientes hacen que el temor a una demanda continúe planeando sobre los profesionales, que siguen siendo reacios a admitir y a discutir sobre el tema. A este lado del Océano Atlántico, también se han puesto en marcha algunas iniciativas. Un documento elaborado por la Agencia Nacional de la Seguridad del Paciente, organismo dependiente del Servicio Nacional de Salud británico (NHS), se plantea el reto de entender el error, aprender qué lo provoca y disponer los mecanismos para prevenirlo (Infante 2006).

A partir de la iniciativa americana y británica y dada la dimensión mundial de las consecuencias de la asistencia sanitaria, la seguridad del paciente se considera hoy día un aspecto clave de las políticas de calidad de los sistemas de salud y, por ello, es un objetivo fundamental de los gestores sanitarios. Las principales organizaciones internacionales, como la Organización para la Cooperación y el

Desarrollo Económicos (OCDE), el Consejo de Europa, la Unión Europea o la Organización Mundial de la Salud (OMS), entre otras, han incluido este tema en su agenda de prioridades. La propia OMS creó en 2004 la llamada "Alianza Mundial para la Seguridad del Paciente", en respuesta a una resolución de la LV Asamblea Mundial de la Salud de 2002 en la que se instaba a la OMS y a los Estados miembros a prestar la mayor atención posible al problema de la seguridad de los pacientes. En el mismo marco, la Presidencia luxemburguesa del Consejo, en 2005, adoptó la Declaración de Luxemburgo sobre la seguridad de los pacientes, en la que se reconoce que el acceso a una asistencia sanitaria de calidad es un derecho humano fundamental valorado por la Unión Europea, y que la mejora continua de la calidad es un objetivo clave tanto para la seguridad de los pacientes como para la gestión eficiente de los sistemas de salud. La red Europea por la Seguridad del Paciente The European Network For Patient Safety (EunetPas) focalizó la seguridad en cinco áreas:

1. Promoción de una cultura de la seguridad del paciente.
2. Educación estructurada y entrenamiento en la seguridad del paciente entre los Estados Miembros.
3. Propuesta de poner el tema en el currículo de la educación superior.
4. Implantación de sistemas de comunicación y aprendizaje.
5. Implantación piloto de seguridad de los medicamentos.

Forma parte del EunetPas, la puesta en marcha de actividades formativas como la reciente Diplomatura de Seguridad del Paciente.

Conferencias Internacionales sobre Seguridad del paciente. La cuarta se celebró en Madrid en noviembre de 2008. La Alianza Mundial para la Seguridad del Paciente de la OMS ha establecido para los años 2008-2009 un Programa de actividades.

Bajo el lema "Ante todo no hacer daño", se persigue reducir las consecuencias sanitarias y sociales indeseables que puede tener el paciente durante los cuidados.

En España, el Ministerio de Sanidad y Consumo ha situado la seguridad de los pacientes como una prioridad para la legislatura. Durante el año 2005 más de 500 profesionales sanitarios recibieron formación al respecto y, unos 1000 en el año 2006. Además, la seguridad de los pacientes figura también como línea estratégica dentro de las actuaciones del Plan de Calidad para el Sistema Nacional de Salud (SNS), el cual se ha suscrito a la declaración conjunta con la OMS para impulsar la "Alianza Mundial para la Seguridad del Paciente". Dicho Plan de Calidad en su estrategia ocho busca "mejorar la seguridad de los pacientes atendidos en los centros sanitarios del SNS". El Ministerio de Sanidad y Consumo, a través del Plan de Calidad del Sistema Nacional de Salud, emite informes sobre establecimientos de un Sistema Nacional de notificación y registro de incidentes y eventos adversos (Romero et al. 2008). Las diferentes Comunidades Autónomas y servicios médicos desarrollan planes de calidad y estrategias de seguridad.

Se ha puesto en marcha por el Centro Cochrane Iberoamericano un Boletín sobre Seguridad del Paciente cuyo primer número salió en febrero de 2008. Es uno de los Centros Cohrane registrados que colabora con Cohrane Internacional. Es el centro de referencia para todos los países de habla hispana. En España tiene su centro en Barcelona y en Madrid es la Agencia Laín Entralgo el centro colaborador.

En la Clasificación internacional para la Seguridad del Paciente (OMS 2009) se define la seguridad del paciente como "la reducción del riesgo de daño innecesario relacionado con la atención sanitaria hasta un mínimo aceptable, el cual se refiere a las nociones colectivas de los conocimientos del momento, los recursos disponibles y el contexto en el que se presentaba la atención, ponderadas frente al riesgo de no disponer tratamiento o de dispensar otro".

Los componentes más destacados en una cultura de seguridad, dentro de una organización compleja, como es el de la asistencia sanitaria médica, en opinión de Pizzi et al. (2001) son:

1. El reconocimiento de que las actividades de una organización son de alto riesgo y propensas al error.

2. Un entorno que no culpabilice y en el que los individuos puedan notificar los errores sin ser castigados.

3. Una expectativa de colaboración entre estamentos profesionales para buscar soluciones a las vulnerabilidades.

4. La voluntad por parte de la organización para asignar recursos a la corrección de los problemas de seguridad.

Por último señalar, como refiere Cragno et al. (2009), que la seguridad del paciente no sólo está relacionada con la capacidad de la atención, sino también con una concepción profundamente humanitaria de la práctica asistencial.

1. Riesgo asistencial

La OMS (2009) define el riesgo como "la probabilidad de que se produzca un incidente". La asistencia sanitaria no es tan inocua como debiera. La práctica clínica es una actividad acompañada de riesgos e incertidumbres. En el campo de la atención a la salud y Salud Pública, el término riesgo presenta una serie de peculiaridades, ligándose clásicamente al estudio de la asociación causal y a la probabilidad de que ocurran hechos relacionados con la salud o su pérdida, tales como fallecimiento, enfermedad, agravamiento, accidente, curación, mejoría, etc. El interés por los riesgos relacionados con la atención sanitaria en general y con la hospitalaria en particular no es nuevo. Efectos indeseables de los medicamentos, infecciones nosocomiales, complicaciones del curso clínico y errores diagnósticos y terapéuticos forman parte de las preocupaciones diarias de los profesionales sanitarios. Es el tributo a pagar por los modernos métodos diagnósticos y terapéuticos, en tanto que Moser los denominó "las enfermedades del progreso de la medicina" (Aibar et al. 2003; Aranaz et al. 2006), o epidemia silenciosa con gran impacto económico, sanitario y social, que preocupa a profesionales, organizaciones sanitarias, instituciones y ciudadanos. Sin embargo, el concepto de riesgo asistencial es impreciso e incluye cualquier situación no deseable o factor que contribuye a aumentar la probabilidad de que se produzca, que está en relación con la atención sanitaria recibida y que puede tener consecuencias negativas.

En opinión de Aguirre-Gas et al. (2006) es necesario reconocer que siempre existe el riego, pues habiendo cumplido con todas las normas y cánones de una buena práctica médica, se puede presentar un acontecimiento adverso no previsible, no prevenible e inevitable, teniendo en cuenta los numerosos factores capaces de ocasionarlo tanto intrínsecos como extrínsecos. Seguridad no es igual a ausencia de riesgos al existir riesgos inevitables (Aibar et al. 2003). La seguridad viene dada por evitar los eventos adversos o errores asistenciales que son evitables. Michel et al. (2003) establecieron una escala de seis grados para determinar el carácter evitable de un evento adverso y/o error, que de menos a más sería: 1°: excluido; 2°: muy poco probable; 3°: poco probable; 4°: escasamente probable; 5°: muy probable, y 6°: cierto. Un valor superior a 3 es requerido para dar un acontecimiento como evitable. Pensamos que ésta graduación debe basarse en evidencias y cuál es el valor de las mismas dentro del contexto clínico del momento (ad hoc).

Con gran acierto se recoge en textos legales como el Decreto de 9 de septiembre de 2004 que promulga la Comunidad de Madrid, que la actividad sanitaria, por especiales características, puede considerarse como una actividad de riesgo. Dicho texto señala tres factores: 1) la incertidumbre que puede acompañar a cualquier decisión clínica. 2) la utilización creciente en la práctica médica de nuevas tecnologías y 3) la mayor utilización de los servicios sanitarios por la población (masificación). Estos tres factores han incrementado el riesgo de que se produzcan sucesos con consecuencias adversas para el paciente. Para mejorar la calidad y seguridad de los pacientes en los hospitales de Madrid, se crea el Observatorio Regional de Riesgos sanitarios derivados de la práctica médica.

Para disminuir los riesgos asistenciales y con ello aumentar la seguridad del paciente, hay que emprender tres acciones complementarias (Pardo 2009): 1) prevenir los eventos adversos; 2) sacarlos a la luz y 3) notificar los efectos adversos, mejorando los sistemas de notificación y realizando una investigación de los mismos e introducción de mejoras del sistema.

La notificación de los eventos adversos y/o errores médicos debe ser voluntaria y confidencial y evaluada por un comité de expertos de la que formen parte dos especialistas en la materia.

En la literatura médica observamos la existencia de una plétora de términos, conceptos y definiciones sobre seguridad del paciente en relación con las consecuencias no deseadas en la asistencia médica. Un amplio glosario de términos actualizado es el que realiza el Instituto de Investigaciones Epidemiológicas de la Academia Nacional de Medicina de Buenos Aires (2010), Argentina. Establece 25 términos con sus definiciones. El Ministerio de Sanidad y Consumo (España) ha desarrollado un modelo teórico sobre riesgos asistenciales (Figura 1).

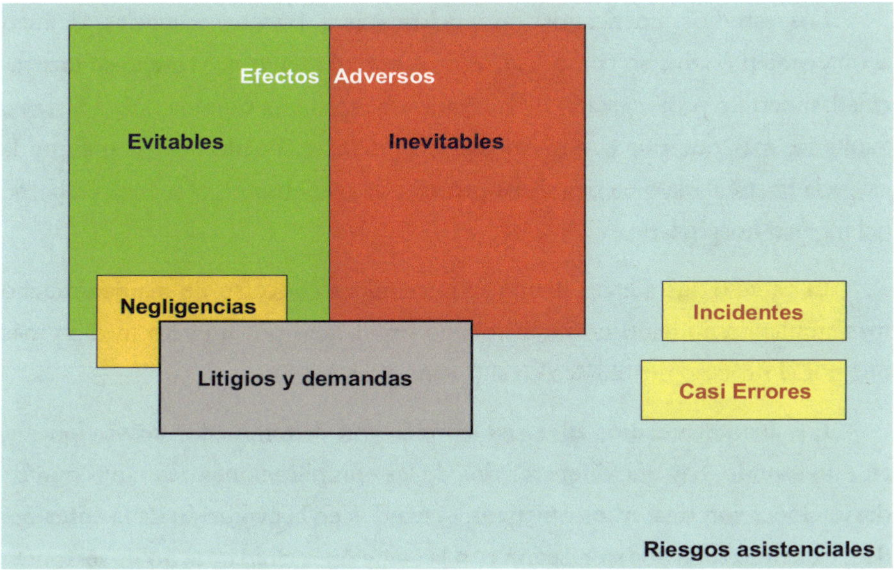

Figura 1. Modelo teórico de riesgos asistenciales del Ministerio de Sanidad y Consumo. España. Informe 2006.

Podemos hablar de riesgos asistenciales para referirnos a condiciones como las siguientes:

- *Acontecimiento adverso*: Es el término más utilizado en la literatura anglosajona. Los acontecimientos adversos son una causa fundamental del daño causado a los pacientes (Aranaz et al. 2006). Se considera acontecimiento adverso todo accidente imprevisto e inesperado, recogido en la historia clínica del paciente, que ha causado lesión y/o incapacidad, y/o prolongación de la estancia hospitalaria y/o éxitus, y que se deriva de la asistencia sanitaria y no de la enfermedad de base del paciente; es decir, cualquier acontecimiento asociado al proceso asistencial que supone consecuencias negativas para el paciente. Pueden ser evitables (no se habrían producido, en caso de hacer alguna actuación y si los cuidados se hubieran ajustado a la prevención considerada como satisfactoria en el momento de ocurrir este acontecimiento) o inevitables (imposibles de predecir o evitar). Los acontecimientos adversos inevitables suelen estar condicionados por las características del paciente o por la historia natural de la enfermedad (Aranaz et al. 2006; Aibar et al. 2003; Michel et al. 2003).

Los estudios americanos, orientados más a las consecuencias, definen acontecimiento adverso como una lesión o complicación que resulta en incapacidad, muerte o prolongación de la estancia hospitalaria causada por el Sistema Sanitario, más que por la enfermedad del paciente. Puede ocurrir durante la estancia hospitalaria o en una visita previa, y es responsable, al menos en parte, del ingreso hospitalario.

El estudio australiano define acontecimiento adverso de manera mucho más amplia como daño no intencionado provocado por un acto médico más que por el proceso nosológico en sí (Leape et al. 1998).

Los acontecimientos adversos también son denominados desviaciones y, en este sentido, hay que diferenciarlos de las complicaciones. En tanto que las desviaciones son trastornos objetivos, ocurridos en la evolución de la enfermedad, caracterizados por su relación con la atención recibida y la no intencionalidad, las complicaciones son alteraciones del curso natural de la enfermedad, derivadas de la misma y no provocadas por la actuación médica (Aibar et al. 2003).

- *Complicación:* Deriva del latín *complicatio -onis*. Fenómeno que sobreviene en el curso de una enfermedad sin ser propia de ella, agravándola generalmente (Diccionario de Ciencias Médicas 2004). También se define como enfermedad o lesión que aparece durante el tratamiento de una enfermedad previa. La complicación habitualmente altera el pronóstico. En Holanda, a un resultado inintencionado con daño se le denomina frecuentemente complicación. El concepto de complicación es algo más amplio que el de acontecimiento adverso: ambos pueden estar causados por un incidente ocurrido durante la prestación de asistencia (por ejemplo, por un error diagnóstico), pero también por una reacción imprevista del paciente (una reacción alérgica, por ejemplo);

pero el concepto de complicación incluye también los resultados indeseados que se derivan de la afección principal, o sea la comorbilidad del paciente; estos sucesos no se consideran acontecimientos adversos (Wagner et al. 2006).

- *Iatrogenia*: Del griego *iatrov*: médico y *geneiu*: generar. Producido por el médico o los medicamentos (Diccionario Mosby 2000). Acontecimientos "causados" por un acto médico o por los medicamentos incluso sin error médico (Michel et al. 2003).

El término iatrógeno se utiliza en Francia en el marco de las directrices políticas y en la investigación. Dicho término tropieza con dos dificultades: la primera es relativa a la definición del propio concepto y la segunda a la multiplicidad de causas del riesgo iatrógeno. Un acontecimiento iatrógeno grave vendría definido, (teniendo en cuenta el informe de la Conferencia Nacional de Salud de 1996, la contribución del Alto Comité de la Salud Pública de 1998, así como la Directiva 2000/38/CE de la Comisión Europea de 5 de junio de 2000), como (Michel et al. 2003):

a. Un acontecimiento no deseado por el paciente.

b. Vinculado con los cuidados médicos: el concepto de cuidados médicos incluye las estrategias y actos en relación con la asistencia sanitaria en el marco de la prevención, el diagnóstico, el tratamiento y la rehabilitación.

c. Responde a criterios de gravedad: un acontecimiento iatrógeno es considerado como grave si implicara la muerte, pusiera en peligro la vida del paciente, requiriera una hospitalización o la prolongación de la hospitalización, o fuera la causa de una incapacidad o de una desventaja al final de la hospitalización.

- *Error*: Existen numerosas definiciones sobre el término error médico. Así, la Academia Nacional de Medicina de Buenos Aires (2010) define el error como "la falta para completar una acción tal como fue planeada o el uso de un plan equivocado para lograr un objetivo, la acumulación de errores lleva a accidentes. No todos los errores producen daño o lesión"; establece dos tipos de errores: error latente y error activo. Acto de equivocación u omisión en la práctica de los profesionales sanitarios que puede contribuir a que ocurra un suceso adverso (Aibar et al. 2003). Todo acto médico de tipo preventivo, diagnóstico o terapéutico, que no se corresponda con el problema real de salud del paciente y en el que no exista la mala fe, negligencia, indolencia, incapacidad, ni ignorancia profesional (Ramos 2007; Galvez et al. 1998). En la actualidad, teniendo en cuenta las modernas concepciones sobre el error médico y su multicausalidad, se utiliza más el término evento o acontecimiento adverso .

- *Casi-error*: Categoría mal definida que incluye sucesos como los siguientes (Aranaz et al. 2006):

1. Caso en el que el accidente ha sido evitado por poco.
2. Cualquier situación en la que una sucesión continuada de efectos fue detenida evitando la aparición de potenciales consecuencias.
3. Hecho que casi ocurrió.
4. Suceso que en otras circunstancias podría haber tenido graves consecuencias.
5. Acontecimiento peligroso que no ha producido daños personales, pero sí materiales, y que sirve de aviso de posibles sucesos.

- *Accidente*: Suceso aleatorio imprevisto, inesperado, que produce daño al paciente o pérdidas materiales o de cualquier otro tipo (Aibar at al. 2003).

- *Incidente*: Acontecimiento aleatorio imprevisto e inesperado que no produce daño al paciente ni pérdidas (Aibar et al. 2003), siendo por lo tanto considerado como un "casi-accidente", aunque para otros autores como Wagner et al (2006) el concepto de incidente implicaría la posibilidad de producir un daño concreto al paciente.

Dependiendo de cómo ocurre (proceso) y de cuál es su consecuencia (resultado), nos podemos encontrar con efectos adversos diferentes: incidentes, referidos a hechos que no descubiertos o corregidos a tiempo pueden implicar problemas para el paciente, o accidentes, referidos a sucesos imprevistos e inesperados que producen daño al paciente (Aranaz et al. 2006).

- *Negligencia*: Error difícilmente justificable, ocasionado por desidia, abandono, apatía, estudio insuficiente, omisión de precauciones debidas, o falta de cuidado en la aplicación del conocimiento que debería tener y utilizar un profesional cualificado (Aibar et al. 2003). Es, por tanto, el incumplimiento de los elementales principios inherentes a la profesión y constituye un delito (Ramos 2007).

- *Mala praxis*: Deficiente práctica clínica que ha ocasionado un daño al paciente. Se entiende como tal cuando los resultados son claramente peores a los que, previsiblemente, hubieran obtenido profesionales distintos y de cualificación similar en idénticas circunstancias (Aibar et al. 2003). La historia clínica, (documento que contiene valoraciones e informaciones de cualquier índole sobre la situación y evolución clínica de un paciente a lo largo del proceso asistencial), se ha ido convirtiendo paulatinamente en un documento jurídico más que sanitario, dejándose de lado la finalidad primordial de la misma, que es servir de herramienta para un buen diagnóstico en el tratamiento del paciente. Hoy, es el elemento clave para acreditar si se ha realizado el acto sanitario con buena o mala praxis (Vitaller 2003).

- *Discrepancia clínico-patológica*: Discordancia entre el diagnóstico clínico y los hallazgos de autopsia.

Ante esta diversidad de términos, definiciones y conceptos en los que no hay coincidencias, la OMS en el año 2004, a través de la Alianza para la Seguridad del Paciente propuso como uno de los objetivos la formulación de una taxonomía para unificar criterios. En el año 2009 la OMS publica el marco conceptual de la Clasificación Internacional para la Seguridad del Paciente, instrumento que permite codificar y clasificar los errores o eventos adversos, al unificar criterios nacionales e internacionales.

Si no se dispone de unas definiciones conceptuales universalmente aceptadas, seguirá obstaculizando la comprensión del problema de seguridad del paciente. Identifica 48 conceptos con sus definiciones y términos preferidos. Para ello utiliza diferentes fuentes de información como la bibliográfica con 283 términos, con sus definiciones en la literatura médica. Mantiene abierta la posibilidad de incorporar nuevas definiciones y términos al considerar que "aún no es una clasificación completa".

La finalidad del marco conceptual, como así se indica, es ofrecer un método de organización de los datos y de la información sobre seguridad que permita analizarlos para:

1. Comparar datos del paciente entre disciplinas, organización, países y a lo largo del tiempo.
2. Analizar el papel que desempeñan los factores humanos y de los sistemas.

3. Identificar posibles problemas de seguridad del paciente, fijar prioridades y dar soluciones relacionadas con la seguridad.

El término utilizado para hablar de riesgo es el de *incidente*. Alrededor del mismo gira el concepto de seguridad del paciente. Lo define como un "evento o circunstancia que podría haber ocasionado u ocasionó un daño innecesario a un paciente". El adjetivo "innecesario" reconoce que en la asistencia sanitaria se producen errores que por definición son involuntarios, y lo distingue de las infracciones como desvío deliberado, no malicioso, de las normas, reglas o procedimientos operativos. El evento adverso es un incidente con daño, y un cuasi incidente es un incidente sin daño. En el origen y evolución de un incidente hay que pensar siempre en la existencia de más de un factor contribuyente o peligro dependiente de la organización, del personal o del paciente. Son los tres grupos implicados a los que ya hemos hecho referencia al hablar de calidad asistencial: administración, profesionales y usuarios, origen de los diferentes tipos de incidentes que pueden concurrir por interacción en la aparición de los mismos (Figura 2).

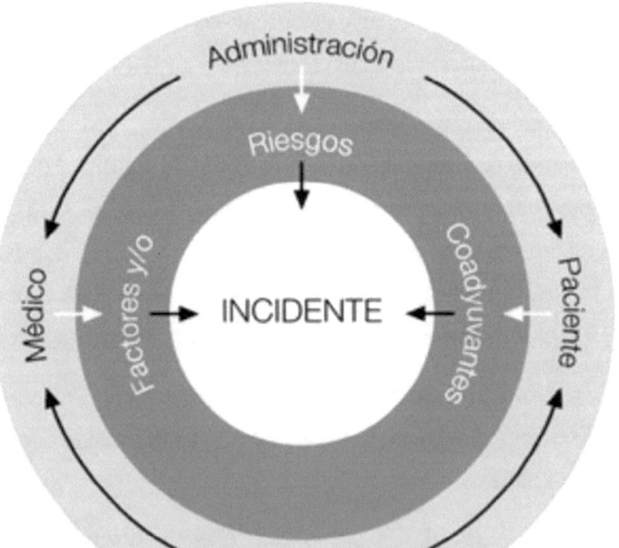

Figura 2. Marco conceptual de riesgos asistenciales.

2. Estudios epidemiológicos

La mayor parte de los estudios epidemiológicos se han realizado en los hospitales, debido a que los riesgos asociados con la atención hospitalaria son altos, y siguiendo una metodología retrospectiva a partir de la revisión de la historia clínica sobre las consecuencias no deseadas en la práctica sanitaria. El error médico, en principio atribuido a fallo humano, cobra actualidad en la década de los setenta con motivo de demandas judiciales a los médicos en los Estados Unidos, que conduce a una eminente preocupación que se ve reflejada en multitud de publicaciones y se extiende posteriormente a otros países del mundo occidental.

En la actualidad, el concepto de evento adverso es más amplio que el de error médico, e incluye cualquier acontecimiento no deseado a un paciente en el curso de los cuidados sanitarios. No tiene como objetivo hacer frente a los litigios por mala práctica, sino aumentar la seguridad del paciente con una política encabezada por la OMS dada la magnitud del problema en orden a mejorar la calidad asistencial.

a) Estados Unidos. Australia

En los Estados Unidos, fue la publicación en 1999 del informe del Institute of Medicine (IOM), titulado "*To Err is Human: Building a safer Health System*", lo que incitó a los Estados Unidos y posteriormente al resto del mundo a poner el acento sobre los errores médicos evitables. Dos estudios previos fueron ya el fundamento científico donde se dieron a conocer las características epidemiológicas de los efectos adversos ligados a los cuidados hospitalarios (Aranaz 2006). El *Harvard Medical Practice study* estimó la incidencia de daños iatrogénicos en los hospitales de Nueva York en 1984, siendo ésta de un 3,7%, y es el trabajo de referencia en la estimación de la importancia de los efectos adversos registrados en los hospitales. Se considera uno de los estudios clásicos en investigación sobre seguridad del paciente (Brennnam et al. 1991). En 1992, se repitió el estudio en Utah y Colorado encontrando una incidencia anual de acontecimientos adversos del 2,9%.

El tercer gran estudio se realizó en Australia en 1994. El *Quality in Australian Health Care study* es un estudio poblacional inspirado metodológicamente en el Harvard Study y el que ha arrojado cifras más elevadas de efectos adversos (16,6%). Estas diferencias en cuanto a la incidencia de efectos adversos guardan relación con la diferente definición operativa de efecto adverso comentada anteriormente: el estudio australiano pone mayor énfasis en la prevención y calidad de los cuidados, que en la negligencia o el fallo profesional, objetivo de los estudios americanos. Sin embargo, al estimar la proporción prevenible, se alcanzaron unos resultados muy homogéneos; la práctica totalidad de los estudios consideró evitables alrededor del 40% de los efectos adversos identificados (Aranaz 2006).

Solamente los estudios americanos se interesaron por la asociación entre efecto adverso y negligencia, estimándola en un 27,6% de los efectos adversos del estudio de Nueva York y un 32,6% de los efectos adversos del estudio de Utah y Colorado. El estudio de Nueva York encontró que la negligencia tenía mayor frecuencia en las personas de más edad y no se distribuía homogéneamente para cada grupo de efectos adversos identificados, de tal modo que estaba presente en el 75% de los efectos adversos ligados al diagnóstico, en el 77% de los ligados a procedimientos no quirúrgicos y en el 70% de los ligados a urgencias (Aranaz 2006).

Los tres estudios tipificaron los efectos adversos. El Harvard Study, identificó como el efecto adverso más frecuente el ligado al uso de medicamentos (19%), seguido de la infección de la herida quirúrgica (14%) y de complicaciones técnicas (13%). Aproximadamente la mitad (48%) de los efectos adversos se asoció a intervención quirúrgica. El estudio de Utah y Colorado analizó los tres tipos de efectos adversos que suponen más del 80%; el primer lugar lo ocupaban los ligados a intervención quirúrgica (49,4%) seguido de los efectos adversos medicamentosos (19,3%) y de los ligados a procedimientos médicos (13,5%). Los retrasos en el diagnóstico o diagnóstico equivocado alcanzaron un 6,9%; el mismo concepto en relación al tratamiento supuso un 4,3%. Dentro de los efectos adversos ligados a la cirugía, el estudio de Utah y Colorado encontró que el 60% eran ocasionados por causas técnico quirúrgicas, hemorragia e infección de la herida, y dentro de los efectos adversos ligados al uso de fármacos, el 60% tenía origen en cuatro grupos de fármacos: antibióticos, cardiovasculares, analgésicos y sedantes (Aranaz 2006).

Las motivaciones que han impulsado la realización de los diferentes estudios pueden haber sido distintas, ya sea por la búsqueda de respuestas al exceso de demandas a profesionales de los Estados Unidos (origen de los estudios de Nueva York, Utah y Colorado), o bien inferir políticas nacionales para mejorar la seguridad de la atención sanitaria del país, conociendo los errores, su gravedad y su importancia, en el caso australiano (Aranaz 2006).

Datos provenientes de extensas revisiones de historias clínicas (Berner et al. 2008), mostraron un alto porcentaje de efectos adversos relacionados con errores diagnósticos. En la educación sobre práctica médica de la Universidad de Hartad, donde se analizaron 30.191 historias clínicas, los errores diagnósticos representan el 17% de los episodios graves. Otros estudios realizados en distintos países mostraron porcentajes del 7% al 20%. Este porcentaje fue superior del orden del 35 % sobre un total de 805 informes voluntarios de 324 profesionales de Australia, durante un periodo de 20 meses. Los errores de diagnóstico fueron los que produjeron mayores daños, pero fueros los menos prevenibles. En un estudio reciente sobre 2.201 adultos en EE.UU. halló que el 35% de las personas encuestadas sufrieron un error médico en los últimos cinco años. El 50% de los errores se describieron como errores diagnósticos. El 35% de los los errores produjeron muerte o daños irreparables.

b) España

En España, el Ministerio de Sanidad y Consumo presentó en mayo de 2006 el primer Estudio Nacional de Efectos Adversos (ENEAS). Por la magnitud de la investigación, el estudio ENEAS es el segundo más completo sobre esta materia realizado hasta la fecha en Europa, y el quinto en el mundo (Espino 2005; Jano 2005).

El objetivo principal de esta iniciativa ha sido estimar la incidencia de efectos adversos en pacientes atendidos en los hospitales españoles y, por otro lado, describir las causas que los producen. Para ello se ha trabajado sobre una muestra de 24 hospitales públicos españoles, representativos de los que conforman el Sistema Nacional de Salud. Se han revisado 5.755 historias clínicas de pacientes ingresados en un periodo de una semana, para hacer un diagnóstico de situación sobre los riesgos relacionados con la atención sanitaria. La revisión sistemática de estas historias clínicas se ha realizado por 128 profesionales de diversos centros sanitarios y universidades (Espino 2005).

Los resultados del estudio indican que un 8,4% de los pacientes ingresados en los hospitales españoles presenta algún efecto adverso relacionado directamente con la asistencia hospitalaria. Esta cifra aumenta al 9,3% si se incluyen todos los efectos relacionados con la asistencia sanitaria. Estos resultados son comparables a los encontrados en otros estudios similares realizados en el Reino Unido, Francia, Dinamarca, Nueva Zelanda y Canadá, oscilando las tasas entre el 4 y el 17%, con lo que los hospitales públicos españoles se sitúan en este terreno a la altura de algunos de los países más desarrollados del mundo (Espino 2005; Aranaz et al. 2006). En el estudio se observa que, una cuarta parte de los problemas que se definen como efectos adversos tienen que ver con el tipo de enfermedad que padece el paciente, y las otras tres cuartas partes son achacables al modo en el que se aplican los tratamientos, se realizan las pruebas diagnósticas o se organiza la atención sanitaria que recibe el paciente. Otro hallazgo del estudio es que las tres causas principales de efectos adversos en los hospitales están relacionados con el uso de los medicamentos (37,4%), con las infecciones hospitalarias (25,3%), y con la aplicación de procedimientos quirúrgicos (complicaciones postquirúrgicas) (25%), en particular si requieren anestesia (Espino 2005). La incidencia de ingresos hospitalarios relacionados con reacciones adversas a medicamentos supera el 10%, y constituye la causa directa del ingreso en el 80% de los casos (Lorenzo 2006). En este estudio, el 45% de los efectos adversos se consideraron leves (flebitis, infección del tracto urinario, etc.), el 39% moderados (los que prolongan la estancia hospitalaria) y el 16% graves (los que causan una incapacidad permanente o requieren una intervención quirúrgica) (Espino 2005; Jano 2005), con una tasa de fallecimientos del 4,4%. De todos ellos más del 40% (42,8%) de estos efectos adversos fueron evitables (Espino 2005). En un estudio nacional de incidentes y acontecimientos adversos en medicina intensiva llevado a cabo en 78 servicios, encontró que el riesgo de presentar un efecto adverso es del 29%; el 10% comprometió la vida del paciente y el 2% causó la muerte (Merino 2008).

Recientemente, la Sociedad Española de Urgencias y Emergencias (2011) ha llevado a cabo un estudio (Evadur) sobre los efectos adversos en los Servicios de Urgencia en 24 hospitales y durante 24 horas. La muestra la forman 3.854 pacientes, sufriendo efectos adversos el 12% del total, provocando daño en el 7%.

c) Otros países

A los estudios retrospectivos realizados en los Estados Unidos y Australia les han seguido otros, como el emprendido por el Sistema Nacional de Salud británico y otros países como Canadá, Francia, Nueva Zelanda y España, confirmando la magnitud y la posibilidad de evitar el problema (Tabla 1). Se ha encontrado una significativa variación de resultados como consecuencia, probablemente, de la diferente metodología utilizada y de la conceptualización de suceso adverso (Michel et al. 2003; Aranaz et al. 2006; Aibar et al. 2003).

Recientemente se ha realizado un trabajo de investigación (Estudio IBEAS 2009) en 58 hospitales de 5 países Hispanoamericanos (México, Perú, Argentina, Costa Rica y Colombia) bajo la coordinación del Ministerio de Sanidad y Política Social (España), la OMS y la Organización Panamericana de Salud (OPS), y en el que han participado diferentes equipos nacionales. La muestra la forman 11.555 pacientes ingresados en el hospital. La prevalencia de efectos adversos (EA) es de un 10,5%, considerando EA prevalente aquél que está presente el día del estudio de forma clínica, en fase de secuelas o en tratamiento, estando incluidos aquéllos que se han originado previamente al ingreso y provocando la hospitalización. De los EA el 13,27% está relacionado con los cuidados, el 8,23% con la medicación, el 37,14% con procesos infecciosos, el 28,69% con algún procedimiento y el 6,15% con el diagnóstico. Surgieron EA graves el 19,8%. Los pacientes ingresados en cuidados quirúrgicos o ginecología tienen riesgo de sufrir EA más severos que los ingresados en servicios médicos. El 4,9% está relacionado con el fallecimiento. En 60 casos (0,53%) aparece fallecimiento inesperado. El paciente, según el estudio de prevalencia un día dado, debía fallecer el mismo día del estudio. En general alrededor del 60% de los EA se consideran evitables. La evitabilidad es mayor en los pacientes de los servicios médicos que en los quirúrgicos por complicaciones y cuando el paciente ha ingresado de forma programada.

Un reciente estudio retrospectivo ha sido llevado a cabo por Fajardo et al. (2009) en la Comisión Nacional de Arbitraje Médico de México (CONA-

MED) y cuyo objetivo era formular recomendaciones para prevenir las quejas y mejorar la planificación para su atención. Comprende 11 años, de 1996 a 2007, durante los cuales se recibieron 18.443 quejas. La evidencia de mala práctica en las quejas se limitó al periodo 2003 a 2007 en una muestra de 7259 quejas de las cuales 1959, el 27%, presentaron evidencia de mala práctica, daño permanente en el 3,6% y muerte en el 3% (Figura 3).

Referencias	**Nº pacientes**	**% pacientes con EA graves**	**% EA evitables o ligados a negligencia**	**% EA que conducen a éxitus**
Brennan T.A. et al, 1991 HPMS (EEUU)	30.121	3,7	27,6	13,6
Wilson R.M. et al, 1995 QAHCS (Australia)	14.179	16,6	51,2	4,9
Thomas E.J. et al, 2000 UTCOS (EEUU)	14.700	2,9	27,5 Colorado) 32,6 (Utah)	6,6
Vincent C. et al, 2001 (UK)	1.014	11,7	48,0	8,0
Scholar T. et al, 2001 (Denmark)	1.067	9,0	40,4	6,1
Davíes T. et al, 2001 (New Zealand)	1.326	10,7	49,0	4,5
España, 2006 Ministerio de Sanidad	5.755	16	42,8	4,4
Estudio IBEAS, 2009 (Hispanoamérica)	11.555	19,8	60	4,9
Fajardo et al. 2009 (México)	7.259	3,6	27	3
Estudio EVADUR, 2010 (España)	3.854	12	70	

Tabla 1. OMS (2001); Michel et al. (2003); Aranaz y Aibar (2005), ampliada. Frecuencia, carácter evitable y consecuencias de eventos adversos (EA) identificados en EEUU, Australia, Reino Unido, Dinamarca, Nueva Zelanda, España, Hispanoamérica y México.

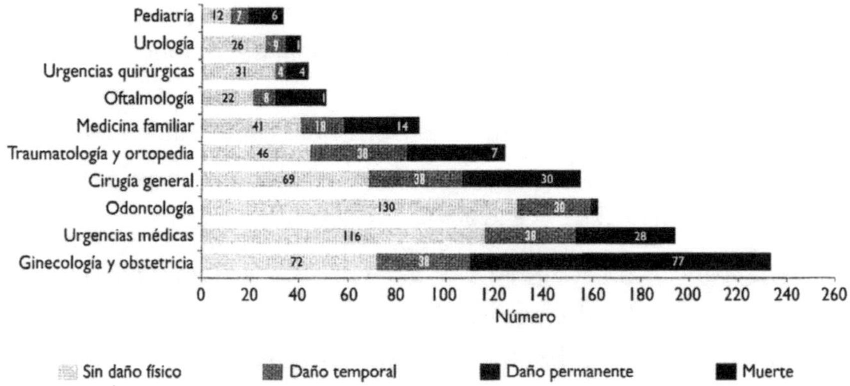

Figura 3. Las diez especialidades con mayor evidencia de mala práctica, según gravedad del daño, octubre 2003-2007. Fuente: Saqmed. Fajardo et al. 2009.

3. Causas y consecuencias de los eventos adversos

Según el estudio IBEAS (2009) y de Alvarado et al. (2009), las variables que explican que un paciente presente un EA un día dado son: el servicio donde está el paciente (menor riesgo en servicio médico); la complejidad del hospital donde es atendido (a mayor complejidad mayor riesgo); si ha ingresado de forma urgente o de forma programada (mayor riesgo en urgencia); el tiempo que lleve hospitalizado (a más tiempo, mayor riesgo); la presencia de factores de riego extrínseco (sondas, catéter, ventilación mecánica etc.), o factores intrínsicos (comorbilidad), mayores riesgos como en pacientes pediátricos y ancianos.

Entre las causas inmediatas de los eventos adversos, el 70% se deben a fallos técnicos, introducción de nuevas técnicas y procedimientos, inexperiencia de los profesionales (defectos en la toma de decisiones, no actuar de la manera más apropiada en función de la información disponible, problemas en la anamnesis, ausencia de cuidados que eran necesarios o a la prestación inadecuada de éstos) o la necesidad de atención urgente (Aranaz 2006; Aranaz et al. 2003).

La presión asistencial como fuente de acontecimientos adversos merece una especial consideración. En este sentido, se ha estudiado la frecuencia de complicaciones que aparecen durante la jornada de trabajo de un médico, y se ha observado que estas complicaciones disminuyen significativamente cuando se reestructura la jornada laboral y el médico tiene más horas de descanso. En este contexto, los efectos adversos serían una consecuencia (prevenible en cierta medida) de la forma de trabajar en el sistema sanitario. El modelo explicativo de la cadena causal de un suceso adverso mantiene que son más importantes los fallos del sistema que los fallos de las personas. Las condiciones de trabajo son factores con una gran influencia para facilitar los actos inseguros (Aranaz 2006; Liftord et al. 2006; Lockley et al. 2004).

En la aparición del evento adverso influyen otros factores como la fragilidad del paciente y gravedad del proceso. Así, a medida que aumentan la edad y comorbilidad del paciente, se ha observado que el riesgo relativo de sufrir un efecto adverso es de 1,96 veces mayor. Asimismo, el tiempo de estancia hospitalaria también facilita la aparición de un efecto adverso (Aranaz et al. 2006). Los enfermos atendidos en la Unidad de Cuidados Intensivos (UCI), por su complejidad y gravedad, están expuestos a sufrir, uno de cada cinco enfermos, un acontecimiento grave. Se estima, según diversos estudios, entre el 1 el 35% la frecuencia de errores y acontecimientos adversos en dicho servicio (Martín et al. 2006).

Por otro lado, los datos de los países en desarrollo son más escasos. Según la OMS, más de la mitad del instrumental médico utilizado en esos países no es seguro; además, el 77% de todos los casos notificados de medicamentos falsificados y de mala calidad se produce en los países más pobres. Por eso, no cabe duda de que millones de adultos y niños del mundo en desarrollo sufren enfermedades prolongadas, discapacidad permanente, o mueren debido a vacunas inadecuadas, a transfusiones con sangre contaminada, a medicamentos de mala calidad, al control inadecuado de las infecciones y, en general, por causa de métodos no fiables aplicados en establecimientos mal equipados (Donaldson 2007).

La medicina que en el pasado solía ser simple, poco efectiva y relativamente segura, en la actualidad se ha transformado en compleja, efectiva, pero potencialmente peligrosa. En los últimos cincuenta años se ha producido un cambio cultural importante en la sociedad, que ha pasado de considerar los efectos adversos de la asistencia sanitaria como el tributo a pagar por el progreso científico a la criminalización de los errores médicos fatales (Pietro et al. 2000; Vitaller 2003; Aranaz et al. 2006).

En el individuo, la repercusión del efecto adverso viene modulada por dos actitudes divergentes. Por un lado, han aumentado las expectativas y exigencias que depositan los usuarios en el sistema sanitario. Por otro lado, se percibe una menor confianza en los profesionales de la asistencia sanitaria, consecuencia de la respuesta mediática, y en muchos casos catastrófica, de errores y efectos adversos ligados a la asistencia sanitaria, a veces inevitables. La actitud de desconfianza es en muchos casos desproporcionada una vez analizado el problema de forma objetiva, pues si bien la incidencia de efectos adversos no es nada despreciable, los estudios realizados establecen que en la mayoría de los casos las consecuencias derivadas del efecto adverso en el individuo se han considerado incapacidades leves y transitorias en el 70% de ellos. Sin embargo, en el 3% de los casos las discapacidades fueron permanentes, y en el 14% de los pacientes contribuyeron a la defunción (Aranaz et al. 2006).

Las consecuencias de los efectos adversos se han estimado en términos de prolongación de la estancia hospitalaria, incapacidad para el sujeto y de impacto económico para el hospital y/o para el sistema de cuidados. También se ha analizado la asociación entre efecto adverso y mortalidad (Aranaz et al. 2006). Diversos estudios han demostrado que algunos países pierden entre 6.000 millones y 29.000 millones de dólares por año como consecuencia de internamientos prolongados, demandas legales, ingresos perdidos, discapacidad y gastos médicos (Donaldson 2007). Así mismo han encontrado una prolongación de la estancia, directamente imputable al efecto adverso que va de 6,7 a 8,4 días, y de 13 a 19,6 días en el estudio IBEAS (2009). La estimación de la incapacidad y sobre todo la consideración de ésta en un marco temporal, que exige un juicio de valor muy particular, hace que no haya acuerdo entre los resultados de los distintos estudios. Así, mientras que el estudio de Nueva York encuentra un 2,6% de incapacidad permanente, en Utah y Colorado hallan un 9%, en Australia un 13,7% y en Hispanoamérica la incapacidad absoluta es del 17,2% (IBEAS 2009). Por otra parte, es difícil comparar la incapacidad temporal de los diferentes estudios, dado que en unos casos ésta es considerada a los seis meses y en otros a los doce meses de aparición del efecto adverso (Aranaz 2006).

La mayor asociación entre efecto adverso y exitus se encontró en el Harvard Study, con un 13,6%, que multiplica casi por tres la hallada en el estudio australiano (4,9%). En España, el estudio ENEAS encuentra que tan sólo el 4,4% de los pacientes con efectos adversos falleció; una de las cifras más bajas de todos los estudios realizados hasta el momento en otros países (Espino 2005; Aranaz 2006).

4. Normativa Legal

En España, los instrumentos legislativos que velan por la seguridad del paciente son la Ley de 19 de julio de 1984, general para la defensa de los consumidores y usuarios; la Ley de 20 de diciembre de 1990, del medicamento; la Ley de 14 de noviembre de 2002, reguladora de la autonomía del paciente y derechos y obligaciones en materia de información y documentación clínica; la Ley de 28 de mayo de 2003, de cohesión y calidad del Sistema Nacional de Salud y el Real Decreto de 25 de junio de 2004, que desarrolla la estructura orgánica básica del Ministerio de Sanidad y Consumo.

5. Conclusión

La práctica médica no es infalible debido a su complejidad, tecnologías diversas y terapéuticas agresivas. Es una actividad en la que siempre está presente el riesgo en mayor o menor grado; riesgo que es asumido por el médico y que está dependiendo de una serie de variables, unas en relación con la naturaleza sobre la que actúa, la biología, y otras por la forma en que ejerce la medicina. Asume riesgos que no puede controlar por ser inevitables. La seguridad viene dada por evitar los eventos adversos y/o errores asistenciales que son evitables.

IV.
EL ERROR EN MEDICINA

Afortunado el paciente, y su médico, cuya enfermedad se presenta de forma clásica.

Graber, 2004

1. Importancia, concepto y evolución histórica

Los errores médicos representan un problema serio de Salud Pública y una amenaza para la salud del paciente. Berner et al. (2008) estiman que en clínica médica el promedio de error es del 15% aproximadamente, y para Campaña (2006) el error en el campo quirúrgico es de un 28%. Las instituciones de salud establecen el "error" como una prioridad clínica y de investigación (Graber et al. 2005). El Instituto de Medicina de los Estados Unidos (IOM) ha identificado el error médico como la octava causa principal de muerte y daño, con una mortalidad superior a la causada por accidentes de tráfico, cáncer de mama o SIDA, y la sexta causa de muerte en los hospitales (Proctor et al. 2003; Ramos 2007).

En Estados Unidos, se calcula que entre 44.000 y 98.000 personas que ingresan en un centro hospitalario pierden la vida anualmente por culpa de un error que podría haberse evitado. Apenas un 30% de los allegados del difunto recibe una explicación o una disculpa por el fracaso terapéutico (Infante 2006).

De todos los errores médicos, los errores diagnósticos comprenden una fracción sustancial y costosa. En un estudio llevado a cabo por la Universidad de Harvard sobre los hospitales del estado de Nueva York, los errores diagnósticos representaron la segunda causa de acontecimientos adversos. Haciendo una pequeña referencia, que no es objeto de este estudio, a los errores en el tratamiento y sus efectos adversos, los errores de medicación varían entre un 10% hasta un 70% (Monica 2008). Liam Donaldson, director del National Health Service (NHS) ha resaltado que, a pesar de que su sistema sanitario es fundamentalmente bueno, cada año unos 850.000 pacientes en el Reino Unido (primera potencia en materia de seguridad) sufren algún daño derivado de sus tratamientos. Algunos testimonios reflejan pequeños olvidos sin consecuencias, pero otros ponen de manifiesto hasta qué punto las cosas pueden torcerse en un acto médico. James Underwood, presidente del Real Colegio de Patólogos, reconoce que en una ocasión valoró apresuradamente una biopsia y extirpó los testículos a un paciente completamente sano creyendo que tenía cáncer (Infante 2006).

De forma similar, en un estudio reciente de hallazgos de autopsia se encontraron discrepancias diagnósticas en un 20% de los casos, y los autores estimaron que en casi la mitad de los casos el conocimiento del diagnóstico correcto habría cambiado el tratamiento (Graber et al. 2002). Cada año mueren 108.000 personas de daño iatrogénico potencialmente prevenible. Uno de cada 50 pacientes hospitalizados experimenta un acontecimiento adverso prevenible. Hasta un 3% de estos daños o acontecimientos tienen lugar en el servicio de urgencias, concretamente en sujetos con patología de riesgo: infartos de miocardio no detectados, apendicitis no detectadas, e interpretación errónea de radiografías (Schenkd 2000), elevándose en dicho servicio al 7,2%, según el estudio EVADUR (2010).

El error, incluso si no es realizado mediante negligencia, siempre afecta al médico. Esto probablemente explica por qué la literatura acerca del error médico es escasa. Gracias a amplios estudios llevados a cabo principalmente en los hospitales americanos se pueden demostrar tres hechos importantes (David 2003; Ramos 2007):

1) La frecuencia de errores con serias consecuencias es cerca del 3% de todas las hospitalizaciones.
2) Debido a la creciente complejidad del sistema moderno de salud, los errores médicos tienen nuevas características. Incluso si aparentemente se originan del comportamiento de un individuo, en realidad están enraizados en la organización del sistema de salud y por lo tanto son errores del sistema.
3) Muchos de estos errores del sistema podrían ser prevenidos o corregidos mediante medidas a nivel de la organización.

La importancia del error radica en que cada error puede ser una oportunidad para la mejora de la seguridad del paciente.

Según el diccionario de la Real Academia Española (RAE), edición 2004, el término error procede del latín *error -oris* y tiene cinco acepciones:

1. Concepto equivocado o juicio falso.
2. Acción desacertada o equivocada.
3. Cosa hecha erradamente.
4. Vicio del consentimiento causado por equivocación de buena fe, que anula el acto jurídico si afecta a lo esencial de él o de su objeto.
5. Diferencia entre el valor medido o calculado y el real.

Para María Moliner (2004) y Selecciones del Reader´s Digest (1997), el término error tiene diversas acepciones y dentro de estas existen distintos matices. En su acepción quinta, refiriéndose al lenguaje científico, se llama error accidental al debido a defectos inevitables de los instrumentos o de las observaciones; ésta sería la acepción más claramente aplicable a la práctica médica. Otras acepciones son: conducta reprobable, desacierto o equivocación. Por su parte el Diccionario de Términos Médicos de Ruiz (2011) lo define como "suceso en el curso de un proceso".

La palabra error se usa muy ampliamente para incluir equivocaciones, grandes errores, accidentes y otras actitudes que influyen en la calidad, ya que el error humano es el principal factor de entre los que determinan la calidad (Rosander 2002).

A pesar de una creciente literatura e investigación sobre el error en medicina, pocos estudios han definido o medido el "error médico" directamente. En vez de esto, los investigadores han adoptado medidas de error que ampliamente se basan en resultados adversos del paciente o daño causado. La falta de nomenclatura estandarizada y el uso de múltiples y solapadas definiciones de error médico han ocultado la síntesis de datos, el análisis y la evaluación del impacto de cambios en la prestación de cuidados de la salud. Se necesita una definición de error médico clara, comprensiva y aceptada universalmente que explícitamente incluya los dominios clave de causa de error y los procesos defectuosos que los causan, independientemente del resultado (Graber et al. 2005; Ramos 2007).

Aguirre-Gas et al. (2006) definen el error como "la conducta clínica equivocada en la práctica médica como consecuencia de la decisión de aplicar un criterio incorrecto", y por criterio médico entienden los autores el "juicio clínico tendente a la toma de la decisión correcta en la práctica médica, sustentada en los conocimiento médicos, en las evidencias y en la experiencia". En relación con las evidencias se puede considerar que existe mayor riesgo de error médico en las siguientes circunstancias:

1. Tomar decisiones sin evidencias.
2. Tomar decisiones sin tener en cuenta las evidencias.
3. No tomar decisiones hasta no tener evidencias.

En la medida que la práctica clínica pueda contar con evidencias suficientes, la decisión clínica se realizará con menor riesgo y las posibilidades de un error médico se reducirá profundamente.

Ha tenido gran difusión e influencia la definición que hizo el Instituto de Medicina de los EE.UU. (IOM 1999) en su publicación To err is Human Report, como un fracaso de aplicar un plan de acción que fue el propuesto, o también del uso de un plan equivocado para alcanzar un objetivo. Tanto el hecho de no llevar a cabo una acción prevista como el de aplicar un plan incorrecto, es recogido en las definiciones de la OMS (2009), y de la Academia de Medicina de Buenos Aires. Argentina (2010).

En algunos países de Hispanoamérica, la definición de error médico está basada en acepciones o principios de la moral, ética y deontología médica; es decir, está vinculada al deber, al humanismo. Por ejemplo, error médico es el que resulta de una equivocación en que no existe mala fe, ni se pone de manifiesto imprudencia, negligencia o impericia. Error médico es también todo acto preventivo, diagnóstico o terapéutico que no se corresponde con el real problema de salud del paciente (Ramos 2007).

Hay que diferenciar error médico de daño iatrogénico. La palabra iatrogenia deriva del griego *iatros*: médico (curar) y *genos*: origen. Es el daño en la salud del paciente causado por el médico a través de un acto profesional, errado o acertado. No deriva pues de la voluntad del médico sino que es producto de un hecho imprevisible. Hoy se utiliza más el término evento adverso para indicar el daño causado en el proceso de atención médica. Para Ramos el origen del daño iatrogénico es multicausal y puede obedecer a:

- La propia evolución de una enfermedad.
- Las condiciones del paciente.
- La mala práctica.
- Error médico.

En cuanto a la evolución histórica, para dicho autor, el problema del error médico no es nuevo sino que tiene una larga historia. Bien conocido por todos es el aforismo hipocrático "Primum Non Nocere", acuñado en el mundo antiguo, y atribuído a Hipócrates que señala como prioridad, la necesidad de no causar daño al paciente. Estados como Egipto y la India se han servido de funcionarios que se encargaban de velar por el cumplimiento de las normas establecidas .

Posteriormente, en el Código de Hammurabi, 2000 a. C., queda reflejada la posibilidad de castigar la práctica médica según el nivel social del enfermo y la gravedad de los resultados obtenidos. El Juramento Hipocrático, siglo V a. C., viene a postular las bases para la ética y conducta médica, postulados vigentes actualmente.

En el siglo XII la primera escuela de medicina del mundo creada en Salermo, Italia, regula el trabajo médico que contiene elementos de auditoría.

Abraham Flexner, en 1910, en su informe al congreso de los Estados Unidos, puso de manifiesto la pobre calidad de los servicios hospitalarios, lo que obligó a mejorar la atención médica y esto motivó el comienzo del control de calidad moderno.

En la década de los noventa, en los Estados Unidos se empiezan a poner de manifiesto los malos resultados de la atención médica, referidos especialmente a los errores.

La reciente publicación por la OMS (2009) del Marco Conceptual de la Clasificación Internacional para la Seguridad del Paciente, utiliza el término incidente como primera y única referencia, situándolo en el vértice de la pirámide sobre seguridad del paciente. Define dicho término como "evento o circunstancia que podría haber ocasionado un daño innecesario a un paciente". Siempre se acompaña de una serie de factores contribuyentes. Se consideran incidentes los errores, infracciones, maltrato, actos deliberadamente poco seguros y evento adverso; estos incidentes constituyen las consecuencias, el daño innecesario, Lo errores son por definición, siempre involuntarios, a diferencias de la infracción que es un desvío deliberado de las normas, reglas o procedimiento operativos.

Las diferentes definiciones etimológicas no son concordantes. Así, la palabra incidente (del latín. *incidens -entis*) la define el Gran Diccionario Enciclopédico Ilustrado del Reader´s Digest (1977), como acontecimiento que sobreviene en el curso de un asunto, y tiene con él algún enlace, a diferencia del Diccionario Terminológico de Ciencias Médicas (2004), que la define como suceso o alcance en el curso de un proceso más o menos independiente de éste. El Diccionario de Uso del Español de María Moliner (1994) señala, al referirse al término incidente (adj): se aplica a lo que incide. Para el IIER. El Diccionario Ilustrado de la Lengua Española (1981) define incidente (adj): que sobreviene en el curso de un asunto. Acontecimiento imprevisto.

El término incidente no es utilizado de forma habitual en la literatura médica cuando se habla de los efectos no deseados en el curso de la asistencia médica. Por otra parte, en la medicina asistencial no forma parte del cuerpo de conocimientos sobre las enfermedades, siendo el término habitual de complicaciones. En la formación y aplicación de los conocimientos médicos se expresa en términos de diagnóstico, pronóstico, tratamiento y posibles complicaciones derivadas de la evolución de la enfermedad o circunstancias personales del paciente y también el derivado de las aplicaciones técnicas terapéuticas o de diagnóstico. Y dentro del lenguaje que se utiliza en medicina, en la relación médico-paciente, el más comprensivo es que ha surgido una complicación, se ha complicado la intervención, la evolución o es una operación sencilla sin complicaciones etc., y la explicación que debe dar por ella, en términos comprensibles para el paciente o sus familiares, las ofrece el médico. Aunque en el Marco Conceptual la OMS ha delimitado el término incidente con el adjetivo innecesario e incluye los supuestos que lo originan, se corre el riesgo de que se divulgue al igual que ha ocurrido con el término de error médico para cuando surjan efectos no deseados en la asistencia al paciente, o incluso antes de la actuación médica, cuando se divulga por los medios de comunicación que tal o cual intervención es sencilla si no hay un error médico (incidente); a tal extremo hemos llegado con el término error con las consecuencias que ello implica. Por lo general el error en el diagnóstico no es un incidente innecesario. Las decisiones clínicas, basadas en la especificidad y sensibilidad de los datos clínicos, no siempre es absoluta, se da un cierto grado de incertidumbre, de las que puede resultar una complicación.

La mayoría de las palabras en español son polisémicas, como lo son las palabras incidente y complicación, por lo que, a menudo, para interpretarlas correctamente el hablante debe tener en cuenta el contexto y la situación. La palabra *complicación* se encuentra dentro del paradigma en el que se desenvuelve la medicina y su práctica. Forma parte de los riesgos asistenciales, y mientras no se demuestre lo contrario, pertenece a la categoría de error y/o evento adverso y/o incidente, inevitable.

Recientemente se ha puesto en marcha un Grupo Cochrane, sobre metodología de eventos adversos asociados a la asistencia sanitaria en nuestro país (Donaldson 2006).

2. Tipos y prevención

Para Rosander (1992) los errores humanos son tanto simples como complejos y surgen por varias causas:

1. Errores por desviaciones:

   a) Errores por desviaciones de valores correctos.
   Los valores correctos se encuentran en la aplicación tanto del lenguaje como de los números. Son los referidos a la gramática o constantes científicas.

   b) Errores por desviaciones en la selección.
   Es el caso de la selección errónea de un fármaco.

   c) Errores por desviaciones de procedimientos seguros y conductas prudentes.
   A menudo causan accidentes y se deben a falta de conocimiento, una actitud imperfecta, un falso enjuiciamiento o a una actitud descuidada.

   d) Errores resultantes de diagnósticos defectuosos o incorrectos de una situación o un problema.

Pueden consistir en una equivocación en la identificación del problema real porque los datos no sean pertinentes, exactos o suficientes o pueden ser una falsa lectura de apariencias.

2. *Errores bajo la forma de retrasos o negligencia:*

a) El retraso como incapacidad de actuación.
Es el caso en que la situación requiere acción y se comete un error al retrasarla. Incluye, por lo tanto, incapacidad para actuar, respuesta lenta, falta de resolución, duda en la toma de decisiones o miedo a aceptar una responsabilidad. El retraso tolerable está directamente relacionado con la gravedad de la situación, hasta el punto que el tiempo está directamente relacionado con la calidad del servicio y la naturaleza del resultado (enfermedades).

b) Error por negligencia.
La negligencia es una forma deliberada de espera para realizar un trabajo necesario.

3. *Errores por servicio excesivo o innecesario:*

Estos errores incluyen gastos innecesarios, demanda de tiempo adicional y aumento de costes. Ejemplos son: fármacos innecesarios, exámenes médicos, días de hospital, etc.

4. *Errores por falta de comunicación y entendimiento:*

Derivados de una deficiente comunicación entre médico y paciente.

Otra propuesta para clasificar las causas de error médico es la del Instituto Médico de los Estados Unidos (IOM), que las recoge en tres grupos (Ramos 2007):

1. *Por exceso de servicio (overuse):*

Sobreutilización de pruebas diagnósticas o de tratamiento. Consiste en realizar una prueba o tratamiento innecesario o que tiene pocas probabilidades de beneficios, como realizar una operación innecesaria, indicar incorrectamente un antibiótico que causa resistencia y reacciones adversas, etc.

2. *Por insuficiencia de servicio (underuse):*

Consiste en no utilizar o demorar un servicio o tratamiento adecuado favorable para el paciente y que trae como consecuencia complicaciones, muerte y altos costes. Por ejemplo, no realizar un control adecuado a los diabéticos para la prevención de complicaciones; un seguimiento inadecuado del embarazo, no administrar corticoides en asmáticos, etc.

3. *Por diagnóstico inapropiado (misuse):*

Son los errores en el diagnóstico. Se considera que este grupo incluye la mayoría de las causas de error médico. Para Gandhi et al. (2006) son multifactoriales y suelen involucrar a varios profesionales, siendo el error más común el fallo en solicitar la prueba adecuada.

Un sondeo reciente sobre 2.201 adultos en Estados Unidos, halló que el 35% de las personas encuestadas sufrieron un error médico en los últimos 5 años. La mitad de los errores se describieron como errores de diagnóstico. El 35% de los errores produjeron muerte o daño irreparable (Berner et al. 2008). Para Campaña (2006), los errores de diagnóstico en el campo quirúrgico se presentan en un 28% de los cuales un 15% son diagnósticos errados y un 13% son diagnósticos tardíos. Atribuye al paciente quirúrgico tres características especiales que lo hacen más susceptible que otros a caer en el riesgo, o definitivos daños causados por error en la práctica médica: a) ausencia de mecanismos de defensa. La anestesia disminuye o anula el mecanismo más primitivo y fundamental que es el dolor. Si el ser humano careciera de dolor como mecanismo de defensa, lo más probable es que tendría expectativas de vida menores o simplemente habría desparecido de la faz de la tierra. b) la cirugía supone una agresión mayor, y c) el paciente quirúrgico pasa dentro de la estancia hospitalaria por muchas unidades y cada una de ellas con riesgos diferentes, siendo para cada unidad un paciente nuevo. En las áreas quirúrgicas existen más probabilidades de cometer errores al actuar en pacientes (Lew et al. 2000; Alvarado T et al. 2009):

- Mayores.
- Con patologías más severas.

- Que requieran atención urgente.
- En intervenciones críticas.
- En el mayor tiempo de estancia hospitalaria.

Para Macia (2009) los errores en el diagnóstico son inherentes al mismo y estarán siempre presentes en la profesión médica. Se configura casi siempre como imprevisible e inevitable. Excepciones cuando existen conductas negligentes, imprudentes o impericia.

La naturaleza de la toma de decisiones clínicas ha sido aclarada a lo largo de las pasadas décadas y se han propuesto una gran variedad de sistemas para clasificar los errores diagnósticos. Se postula que cada error diagnóstico puede ser asignado a una de las tres categorías etiológicas siguientes (Graber et al. 2002):

A) "No-fault errors":

Incluyen casos donde la enfermedad es silente, o está enmascarada, o se presenta de una manera tan atípica que no cabría esperar adivinar el diagnóstico correcto con el conocimiento médico actual. Otros ejemplos incluirían estados o enfermedades raras, mal diagnosticadas, como procesos comunes y no emisiones de diagnóstico debido a que el paciente no presenta los síntomas de forma clara o porque no colabora. En otros casos cuando la evolución clínica, ad hoc, en un servicio de urgencias, muestra signos de beningnidad y dados de alta, horas más tarde surge un cuadro grave de shock séptico. Tal es el caso de niños con procesos banales febriles de dos horas de evolución, sin otras manifestaciones, que se diagnostica de bronquitis benigna o faringo-amigdalitis y con una evolución muy rápida presenta pasadas unas horas un shock séptico con meningitis o bronquiolitis.

Afortunado es el paciente (y su médico) cuya enfermedad se presenta de forma clásica. En muchas ocasiones la presentación clásica es la excepción y el espectro de posibles presentaciones de la enfermedad es amplio. Un ejemplo es el clásico dolor de cabeza en "relámpago" de la hemorragia subaracnoidea. Este hallazgo sólo está presente en un 20-50% de los pacientes, en detrimento de poder apreciar otros modos en los que se puede manifestar y en los que no se diagnostica. Análogamente, en los pacientes mayores de 80 años es más probable observar presentaciones atípicas de infarto agudo de miocardio que el típico dolor en el pecho que es la clave de un infarto en pacientes más jóvenes. En la mayoría de los casos estos errores reflejan las formas inusuales en las cuales incluso procesos frecuentes pueden manifestarse, y en algunos casos la enfermedad discutida puede incluso representar una nueva enfermedad, o una nueva variante. Este tipo de errores se presentan con mucha frecuencia en aquellos casos elegidos como retos diagnósticos, aunque la habilidad de las enfermedades para permanecer silentes o presentarse de forma atípica se puede encontrar en la práctica clínica diaria (Graber et al. 2005).

Este tipo de errores diagnósticos representan deficiencias del conocimiento médico o de las pruebas diagnósticas aplicadas, es una certeza que estos errores disminuirán a medida que el conocimiento médico avance o que se realicen pruebas diagnósticas cuando aún las manifestaciones clínicas son mínimas o incluso ausentes. Consideremos la capacidad para detectar cáncer presintomático con apropiados tests de screening, o la habilidad para detectar hiperparatiroidismo silente de un análisis rutinario de los niveles de calcio.

Sin embargo, parece poco probable que algún día tengamos un arsenal completo de pruebas diagnósticas para detectar cualquier posible enfermedad. Siempre habrá pacientes cuyas enfermedades existan en silencio o en estadios preclínicos, escapando al diagnóstico. Es probable que nuevas enfermedades o nuevos patógenos, o nuevos efectos secundarios de medicamentos que están por diseñar, emerjan en el tiempo. Los primeros pacientes que desarrollen estas nuevas entidades serán mal diagnosticados hasta que los nuevos síndromes se definan y caractericen.

Otros errores que no desaparecerán son aquellos que derivan del uso de enfoques predeterminados ante procesos inciertos consistentes en optar por la entidad diagnóstica con mayor probabilidad o frecuencia. Aunque técnicamente debería considerarse como un error cognitivo, es inapropiado tachar al clínico cuyo diagnóstico no es correcto como resultado (Graber et al. 2005).

Por otra parte, varios factores específicos del paciente contribuyen a la imposibilidad de eliminar estos errores diagnósticos, como la falta de colaboración del paciente, que puede estar influida por múltiples causas como calendarios apretados, creencias religiosas, atracción por la medicina alternativa o desconfianza. También hay que considerar cómo el paciente percibe y describe su estado de salud o sus síntomas: la información que da el paciente puede ser confusa, contradictoria o imprecisa (Graber et al. 2005). Los pacientes críticos son más propensos a que se cometan errores por la multitud de fármacos y procedimientos, así como por la imposibilidad de participación de los pacientes por su estado inconsciente (Orellana et al. 2009).

B) Errores del sistema.

La actividad sanitaria se ha convertido en una organización compleja debido al número de profesionales que actúan en un mismo proceso asistencial, la comorbilidad del paciente, la experiencia profesional, la alta tecnología, la comunicación defectuosa, éstas son, entre otras, causas de errores en la asistencia (Díaz 2007; Fajardo et al. 2009). La ANM de Buenos Aires (2010) distingue el error activo en el que está implicada la acción humana dentro de las complicaciones del sistema; sus efectos son conocidos de forma inmediata; el error latente que representa las fallas en el diseño, organización, entrenamiento o mantenimiento de los sistemas y cuyos efectos no son inmediatos reflejan defectos latentes en el sistema de salud. La OMS (2009) entiende por fallos del sistema un defecto, interrupción o disfunción en los métodos operativos, los procesos y las infraestructuras de la organización. Los factores que contribuyen a los fallos del sistema pueden ser latentes, evidentes, y estar relacionados con el sistema, la organización o el paciente.

Los errores del sistema reflejan defectos latentes en la organización sanitaria. En esta categoría se incluyen políticas débiles, pobre coordinación, aprendizaje o supervisión inadecuada, comunicación defectuosa y todos aquellos factores del sistema que impiden unas condiciones óptimas de trabajo como el estrés, la fatiga, las distracciones, la cantidad excesiva de trabajo, el papel burocrático adicional del médico en ciertos sistemas de salud, el caciquismo en la promoción profesional y el hostigamiento o acoso laboral, Mobbing, tan frecuente hoy en día por profesionales mediocres, frustrados, envidiosos, resentidos, etc. (Dolan et al. 2003; Liftord et al. 2006; Sainz 2009). Se ha analizado la deprivación de sueño y la posibilidad de errores médicos graves (Carvalho 2005). Después de 24 horas de guardia, sin dormir, la actividad psicomotora de un profesional de la salud es semejante al de un individuo con una tasa de alcoholemia mayor de 0,08%.

Cragno et al. (2009) se preguntan si es la formación postgrado (Residencia) un programa de educación que fomenta el desarrollo de las competencias necesarias para poder ofrecer un servicio que garantice la seguridad del paciente. Para ello deberíamos reflexionar sobre algunas evidencias disponibles como son:

a. Los residentes con más horas de trabajo tienen un mayor nivel de conflicto con otros, mayor percepción de humillación, mayor incidencia de accidentes personales y mayor incidencia de errores.
b. Muy frecuentemente la falta de atención a aspectos humanísticos y de profesionalismo generan ambientes de aprendizaje en la antítesis del buen acto médico.
c. La forma en que los residentes son tratados y los valores que exhíben de sus docentes y de la institución, influyen en el trato a los pacientes, sus compañeros y a sí mismo.
d. Las jornadas de largas horas de trabajo, la tradición jerárquica por la cual el residente más novato es abiertamente humillado o tratado irrespetuosamente, se traduce en efectos deshumanizantes.

Dentro de los factores ambientales se encuentra la inadecuada desinfección y presencia de personal extraño (Aguirre-Gas et al. 2006). No es raro encontrar en los centros hospitalarios multitud de personas que van y vienen por los pasillos de la unidades de hospitalización, y en las propias habitaciones donde los enfermos se encuentran ingresados formando grupos en tertulia amistosa, no respetándose el control horario, ni del número de personas que puedan visitar al enfermo. Los hospitales se parecen a centros comerciales en un día de rebajas. Estas condiciones ambientales no son las más adecuadas para que los profesionales desarrollen con garantías de seguridad la atención necesaria para atender al paciente.

Para el Instituto de Investigaciones Epidemiológicas de la Academia Nacional de Medicina de Buenos Aires (2010), el modelo centrado en el sistema explica el error humano teniendo como premisa básica que los humanos son falibles y los errores esperables. Los errores se ven como consecuencia y no como causas, teniendo sus orígenes básicamente en factores sistémicos. Cuando ocurre un error lo importante no es quién se equivocó, sino cómo y por qué las defensas fallaron (modelo de queso suizo de Reason). La revisión del sistema permite identificar cómo los fallos "atraviesan" las defensas (Figura 4).

Figura 4. Modelo de queso suizo de Reason que ilustra la concatenación de efectos para que se produzca un accidente. García-Barbero 2010.

El error individual es apenas una parte del problema de los fallos de la seguridad del paciente. En los estudios realizados en Utach y Colorado en EEUU encontraron un porcentaje de un 75% de efectos adversos debidos a fallos en el sistema (Gawande et al. 1999), por lo que se debe pensar más en términos de organización sanitaria que en términos de errores individuales para mejorar la seguridad del paciente dentro de las estrategias de calidad de la asistencia.

A comienzos del siglo XX, Richard Cabot (2003) llevó a cabo una revisión de 1.000 autopsias con sus correspondientes historias clínicas en pacientes fallecidos en el Hospital General de Massachussets (EE.UU). Encontró errores significativos que atribuyó a fallos del sistema. No eran el resultado de incompetencia, por lo que había que reformar y no culpabilizar. De forma similar, a finales del siglo XX, el informe del IOM (Kohn et al. 2000) declaró igualmente que los errores médicos son en gran medida un problema del sistema y el ambiente circundante de la atención sanitaria, y no en asignar la culpa a los médicos individualmente. La concepción actual de la seguridad del paciente atribuye la principal responsabilidad de los eventos adversos a las deficiencias del diseño de la organización y del funcionamiento del sistema. La mayoría no se debe a negligencias o la falta de formación sino que se producen más bien a causas latentes en los propios sistemas. Pensar en términos de sistema es el mejor modo de reducir riesgos (Pardo 2009; Sánchez 2008) y prevenir los errores latentes (Tamayo et al. 2003).

El papel dominante de los factores del sistema ha asumido el protagonismo tanto en el entendimiento como en la corrección de los errores en medicina. Se necesita un enfoque al sistema para disminuir de forma eficaz el error humano en medicina.

Los errores de laboratorio nos dan un ejemplo de lo poderosas que pueden ser las intervenciones del sistema en reducir los errores diagnósticos. Así, el abanico y precisión de diagnósticos médicos aumentó de forma dramática en el siglo XX de forma paralela al nacimiento de pruebas de laboratorio y otras pruebas diagnósticas como los rayos X y electrocardiograma (Graber et al. 2002). Y sin embargo, también están presentes los errores. Así, para Berner et al. (2008), el margen de error más bajo, se encontró en las especialidades que utilizan en gran medida la interpretación visual, como la Anatomía Patológica y la Radiología. En Dermatología una segunda opinión produjo cambios diagnósticos en el 11% de las biopsias y en el 8% hubo que modificar el tratamiento. En Anatomía Patológica una segunda opinión modificó el diagnóstico en el 1.4% de los casos, siendo particularmente dificultoso en linfomas y sarcomas, donde la diferencia entre la primera y la segunda opinión fue del 20% y el 25%. Se espera que los patólogos sean infalibles (Val-Bernal (2003), y sin embargo se producen errores. La variabilidad diagnóstica interobservador e intraobservador es frecuente, principalmente en los tumores tiroideos, neoplasias melánicas y en general las lesiones malignas tempranas. Entre los factores que pueden intervenir en esta variabilidad interobservador se incluye: a) Dificultad de aplicación de todos los criterios en la práctica. b) Evaluación de distintas imágenes en la misma preparación histológica. c) Subjetividad. d) Utilización de distintos criterios diagnósticos y e) Experiencia. En Radiología el margen de error diagnóstico está entre el 2% y el 5%. Cuando las imágenes eran interpretadas por médicos no radiólogos, el error ascendió al 16% en las radiografías simples y al 35% en las tomografías computarizadas de cráneo (Berner et el. 2008). En la resonancia magnética nuclear se da un componente subjetivo interobsevador en la interpretación de imágenes, por ejemplo la presencia o no de protusiones cervicales en un mismo paciente realizadas por distintos especialistas.

Para Borrajero (2010) los estudios imagenológicos son imprescindibles para el patólogo en determinados casos. Algunos imagenólogos tienen tendencia a emitir diagnósticos con carácter definitivo, sin confirmación citopatológica o histopatológica. La imagen es un reflejo electrónico, acústico o magnético que debe ser interpretada pudiendo ocurrir influencias o factores capaces de generar un error diagnóstico. Igualmente se dan limitaciones en la microbiología y en las pruebas de imagen cardiaca a pie de cama como han comprobado Pastores et al. (2007) en una investigación retrospectiva a 86 pacientes oncológicos, en estado crítico en UCI, a los que se le practicó la autopsia. Encontraron que no había sido posible diagnosticar en vida el 67% de infecciones oportunistas y el 33% de complicaciones cardiacas.

Los errores diagnósticos relacionados con el retraso son frecuentes y representan un gran grupo donde las intervenciones del sistema podrían ser efectivas. Los retrasos en los diagnósticos frecuentemente representan ineficiencia en evaluación diagnóstica, coordinación subóptima o falta de comunicación efectiva, en donde juega un papel de primer orden la masificación con unos recursos humanos y técnicos deficitarios. Estos son factores del sistema que pueden ser optimizados a través de la atención al diseño del mismo.

A pesar de la gran esperanza para reducir los errores diagnósticos relacionados con factores dependientes del sistema, no será posible eliminar totalmente dichos errores y ello debido, al menos, a cuatro factores (Graber et al. 2002):

a) Las mejoras del sistema se degradan con el paso del tiempo
b) Lo estable puede introducir nuevas oportunidades de error.
c) Los sistemas deben evolucionar de manera acorde con la tecnología y el manejo sanitario.
d) En la práctica la posibilidad de error se reduce en un sistema pero aumenta en otro.

C) Errores cognitivos

Son aquellos en los que el problema es un conocimiento médico insuficiente o por recogida de datos defectuosa o razonamiento clínico impreciso, es decir, por defectos en una de las fases del método científico, como por ejemplo una percepción defectuosa, lógica errónea o establecimiento demasiado temprano de un diagnóstico final.

Nunca podremos eliminar los errores cognitivos mientras sigamos siendo humanos. Ahora bien, sí es posible mejorar la percepción, memoria o toma de decisiones de dos maneras: de forma directa, mejorando el conocimiento, o de forma indirecta, mejorando la precisión diagnóstica utilizando un enfoque relacionado con el sistema o aplicando una serie de estrategias (Leape et al. 1998; Croskerry 2003).

Graber et al. (2005) realizaron un estudio de carácter retrospectivo en cinco hospitales de los Estados Unidos sobre la causa de los errores diagnósticos en 100 casos. El 46% de los casos de error diagnóstico se debían a una combinación de factores cognitivos y del sistema; el 28% eran de origen cognitivo; el 16% a factores del sistema y el 7% al paciente.

El aspecto cognitivo, no saber lo que no se sabe (Berner et al. 2008), determina que el médico cree haber hecho el diagnóstico correcto cuando no lo es. Los errores cognitivos se relacionan con la recogida de insuficiente información de un dato o síntoma, mala interpretación de los estudios y más frecuente a la incapacidad para sistematizar toda la información de una manera útil. Hay un fracaso en el razonamiento clínico basado en reglas sencillas y eficientes, así como un fallo en la capacidad de reflexión sobre los propios pensamientos y del examen crítico de las propias suposiciones, creencias y conclusiones. *Todo ello es debido a un exceso de confianza.* ¿Qué seguridad tiene el médico en sus diagnósticos? Por ejemplo, los dermatólogos tenían confianza para diagnosticar un melanoma en más del 50% de los casos, pero se equivocaban en un 30% de las decisiones. La mayoría de los errores cognitivos están en un fallo de síntesis del razonamiento clínico entre el cuadro clínico del paciente y los hallazgos del examen y en gran medida es un proceso subconsciente y automático. Las causas de error cognitivo pueden ser debidas a:

Heurística. Reglas sencillas y eficientes permiten resolver de forma correcta los problemas. Por ejemplo, una pericarditis. El diagnóstico se presenta tan obvio que el médico no contempla otros diagnósticos diferenciales.

Definición prematura. Es adoptar una hipótesis diagnóstica demasiado precozmente y se dejan de considerar otras alternativas.

Sesgos de confirmación. Se busca información que confirme la suposición original, en lugar de buscar información que ponga en duda dicha suposición.

Errores de contexto. El médico se deja influir por los antecedentes del paciente, diagnósticos previamente establecidos, u otros contextos.

Campaña (2006; ANM 2010) hace una clasificación de los errores en:

Errores de ejecución. Ocurren cuando algo que fue planificado como parte de la atención médica no funcionó como era deseable.

Errores de planificación. Cuando la planificación planteada fue la equivocada.

Ya sea en la fase de ejecución como en la de planificación, la OMS (2009) distingue el error por comisión, por hacer algo no correcto, y error por omisión, en no hacer lo correcto, a lo que podemos añadir lo manifestado por Wu et al. (1997) cuando han sido juzgados como tales por compañeros con igual conocimiento y entrenamiento al momento de ocurrir o generarse el error. En este sentido *hacer valoraciones retrospectivas de un error o incidente sin tener en cuenta el momento, lugar y circunstancias influyentes, como si el propio evaluador hubiera tenido que tomar la decisión, es utilizando un símil taurino "ver los toros desde la barrera".*

A esta clasificación podemos añadir *el error en la vigilancia.* Cuando algo que fue planificado y ejecutado no siguió la vigilancia necesaria de su evolución que permite afianzar los criterios anteriores o modificarlos. La falta de seguimiento o abandono del enfermo durante el proceso evolutivo, de tratamiento, constituye una parte importante de responsabilidad por negligencia.

De lo dicho anteriormente, el error diagnóstico es estudiado desde dos enfoques: 1) como error individual, centrado en la persona, siendo el médico el responsable, y 2) como error centrado en el sistema, teniendo sus orígenes básicamente en factores sistémicos.

Aprender de los errores de uno es de inteligentes y aprender de los errores de los demás, de sabios. "Si no somos capaces de aprender de los errores de los demás (colegas de profesión), ¿cómo podemos crecer como médicos?", se preguntaba Lucian Leape, uno de los líderes mundiales en seguridad del paciente y autor de un artículo publicado en The Journal of American Medical Association (JAMA) en 1998. En él se insta el abordaje de este incómodo tema como premisa indispensable para mejorar la asistencia y la seguridad del usuario.

La prevención del error es uno de los problemas más importantes que tiene planteada la profesión médica. La exigencia social en este sentido es cada vez mayor y el nivel de tolerancia menor, pero esto no se ha acompañado de actuaciones por parte de nuestro colectivo. El sistema sanitario es inherentemente arriesgado donde cabe el error humano, incluso entre los equipos sanitarios más conscientes y competentes. En realidad, todos los sistemas encierran la posibilidad de fallar. Cuanto más complicado es el engranaje, más probabilidades hay de que se produzca un incidente. De esta forma, sería ingenuo pensar que los miembros de la profesión médica están exentos de equivocarse (Leape et al. 1998; Infante 2006).

Partiendo de esta premisa, y aceptando que el primer paso para enmendar los errores es reconocerlos y analizarlos, ¿por qué ese procedimiento no es una práctica habitual? En opinión de los expertos, existen numerosos obstáculos que lo impiden, esencialmente culturales. El principal cambio que se necesita es, por lo tanto, un cambio en nuestra cultura. La Cultura de la Seguridad del Paciente viene dada por instaurar la confianza de los pacientes, de los profesionales y del conjunto de la sociedad en el sistema sanitario (AA.W 2002). Los profesionales sanitarios y algunas organizaciones de la salud han respondido al error con supresión y encubrimiento. Este enfoque ha sido todo menos exitoso. El daño médico no es el resultado de la ignorancia, malicia o pereza por parte de los profesionales u organizaciones implicadas. El riesgo de error está siempre presente. La prevención del error y la detección y corrección del mismo antes del daño ocasionado son los objetivos fundamentales. Se espera crear una cultura de reconocimiento del error y honestidad, enfocando el riesgo de daño al paciente como un problema del sistema, intentando prevenir que los problemas no ocurran de nuevo en esa o en otras situaciones similares y gestionándolos y convirtiéndolos en una oportunidad de aprendizaje (Leape et al. 1998; AA.W 2002).

Se necesita cambiar a una cultura de seguridad en la que se busquen las debilidades del sistema más que culpar a los individuos, y basada en la comunicación no punitiva, confidencial e independiente de las autoridades y, pensar en términos de sistema es el mejor modo de adoptar soluciones definitivas (OMS 2001). La información obtenida debe ser analizada por los expertos y enfocada en el sistema, y que permita poner en marcha prácticas seguras para evitar la repetición de los problemas (Leape 2002). Este necesario cambio cultural de pasar del enfoque individual al de sistema incluye el diseño y la estructura organizativa, la coordinación entre los servicios y dentro de los propios servicios, *jerarquía de liderazgo profesional y no político*, participativa, registro de los errores, análisis de los procesos, etc.

Y por último, en la prevención del error deben participar los propios pacientes en el proceso curativo, informando al médico de cualquier anomalía que perciba y cumpliendo las indicaciones dadas por el médico.

En estudios epidemiológicos sobre prevención del error como el realizado en los hospitales del Estado de Colorado (EEUU) en el año 1999, se encontró que el 54% de los errores médicos eren prevenibles y en el año 2000 alcanzó al 70% y el 24% eran no prevenibles (AHRQ 2000). Para Leape (2004) los errores se pueden reducir en un 80%.

Se dan serias dificultades en la notificación y análisis de los errores porque preocupa la violación del carácter confidencial de los datos y se teme la exigencia de responsabilidades médicas. Desde el Juramento Hipocrático hasta los Códigos de Ética y Deontología Médica, obligan al médico a respetar y guardar lo que vea y oiga, y cooperar en la creación de bancos de datos sin poner en peligro el derecho del paciente a la intimidad, seguridad y protección de su vida privada.

3. Conclusión

El error en medicina se ha divulgado de tal manera que cualquier efecto no deseado es consecuencia de un error. Sin embargo, nada más lejos de la realidad. Constituye la mínima parte de los efectos no deseados en la asistencia sanitaria y que por definición son involuntarios.

La sociedad vive instalada en un mito, el que su problema de salud sea resuelto de manera feliz. No acepta lo contrario, y cuando así ocurre tiene que buscar un culpable. El tratamiento punitivo que se le da al error y/o efectos adversos tiende a evitar su comunicación al darse una publicidad que a nadie favorece e impide la prevención.

La actividad asistencial, masificada, deshumanizada y en las condiciones en las que trabaja el médico, lleva a que los efectos adversos y/o errores médicos estén latentes en el sistema sanitario y es éste el que debe analizarlos y poner los medios en su estructura y en los procesos para evitarlos. Debe pasarse de una visión del error como algo individual al del sistema.

V.

IMPORTANCIA DE LA AUTOPSIA CLÍNICA

Hay que hacer prevalecer, sobre el optimismo de la ignorancia, un optimismo razonable.

Zazzo, 1972

La medicina se hizo ciencia hace más de dos siglos y medio con el aporte fundamental de la autopsia clínica, y se fortaleció en el siglo XX con el desarrollo de la citopatología, la patología molecular, la inmunopatología, etc.; y casi siempre con el patólogo como centro en el diagnóstico definitivo en células y tejidos. El estudio de los procesos no podrá aprenderse íntegramente por otros medios que no sea la autopsia clínica (Borrajero 2010).

La importancia de la autopsia clínica como método de investigación de la enfermedad a través de la correlación anatomo-clínica, es uno de los pilares sobre el que se sustenta el conocimiento médico.

Actualmente existe una preocupación mundial en materia de política sanitaria liderada por la OMS, que consiste fundamentalmente en la mejora de la calidad asistencial, siendo un aspecto fundamental de ésta la seguridad del paciente, previniendo los acontecimientos adversos y/o errores médicos que se dan en la asistencia sanitaria desde el punto de vista científico-técnico. Igualmente es preocupación de dicho Organismo en la investigación de la enfermedad conocer la causa básica o fundamental por la que una persona fallece.

Uno de los objetivos propuestos por la Alianza Internacional para la Seguridad de los Pacientes de la OMS (2004) es el referido a la investigación. La autopsia clínica cumple con dicho objetivo al ofrecer evidencias que reúnen las características de objetividad, reproductible y cuantificable. Es una herramienta que puede ser utilizada para reducir los errores médicos y/o eventos adversos. Prueba o demuestra algo que no se ha hecho patente en el examen clínico del paciente, permitiendo el aprendizaje y análisis de las causas que originan los errores y prevenirlos. Ha demostrado una mejoría significativa en el diagnóstico de algunos procesos, detecta actuaciones incorrectas derivadas del uso de la alta tecnología, como errores de diagnóstico, tratamiento inadecuado con una reducción de un 50%. Aporta, por tanto, calidad asistencial (Sandereffer et al. 2000; Darok 2000; Frable 2006; Pastores et al. 2007).

Las consecuencias de los acontecimientos adversos se han estimado en términos de prolongación de estancia hospitalaria, incapacidad, impacto económico y muerte (Aranaz et al. 2006).

El Instituto de Medicina de los Estados Unidos (IOM 1999) estima que la sexta causa de muerte en los hospitales es consecuencia de un acontecimiento adverso. Se calcula que cada año pierden la vida en EE.UU. 250.000 personas por culpa de errores médicos, y son la tercera causa de muerte al año (Starfield 2000); otros autores la cifran entre 44.000 y 98.000 y señala que muchos de ellos podían haberse evitado. Las autoridades británicas estiman en 40.000 los pacientes hospitalizados que mueren anualmente debido a errores (Schenkel 2000; Infante 2006). Cifras tan elocuentes como preocupantes, y cuyo análisis debe enfocarse desde la eventual responsabilidad de las instituciones que forman y gradúan al médico (Martínez 2010).

Se ha analizado la asociación entre acontecimiento adverso y mortalidad mediante un estudio retrospectivo de revisión de las historias clínicas. La mayor asociación se encuentra en el estudio llevado a cabo por Brennan et al. (1991) (EE.UU.), con un 14 por ciento de fallecimientos, duplicando la cifra a otros estudios y triplicándola al realizado en España (ENEAS 2006) que se encuentra el 4,4 por ciento .

También se ha estudiado el coste económico y diversos estudios han demostrado que algunos países pierden entre 6.000 y 29.000 millones de dólares por año como consecuencia de los errores y/o acontecimientos adversos (Bailey 2010; Donaldson 2006).

Los acontecimientos adversos que surgen en la atención del paciente hospitalizado representan un problema serio de Salud Pública y una amenaza para la salud del paciente. Las instituciones de salud establecen el acontecimiento adverso como una prioridad clínica y de investigación (Graber et al. 2005).

La autopsia clínica no sólo va a aportar información en aquellos casos en los que la muerte sea como consecuencia de un acontecimiento adverso probable o cierto, sino que además puede revelar datos en relación al diagnóstico de otras causas de fallecimiento al confirmar, ampliar o descubrir alteraciones que por la clínica no se han detectado. Además permite evaluar la eficacia de un tratamiento o de un método diagnóstico. A pesar de los recursos tecnológicos de diagnóstico de los que dispone la medicina actual, dos terceras partes de las causas de muerte que clínicamente no fueron diagnosticadas son consideradas como condiciones posibles de tratamiento (Nichols et al. 1998).

Aunque la tasa de autopsias hospitalarias ha descendido notablemente en el mundo occidental, la tasa de discrepancia clínico-patológica se mantiene constante desde hace años, entre un 8 y un 38 por ciento. La moderna y eficaz tecnología de la que dispone la medicina actual, aunque supone un gran avance en el conocimiento de la enfermedad, no excluye la existencia de errores estimando que los métodos de laboratorio y de imagen inducen a error diagnóstico entre un 7 y un 10 por ciento (Gonçalvez 2005).

Otro aspecto a considerar es el conocimiento de la causa básica o fundamental de la muerte. Al médico le incumbe la responsabilidad de constatar en el certificado de defunción el proceso patológico que inicia los acontecimientos que conducen a la muerte. El certificado de defunción es una poderosa herramienta estadística que permite el registro de mortalidad como única fuente universal de información sobre la causa básica o fundamental, incidencia y prevalencia de las enfermedades, así como diseñar y evaluar programas de intervención sanitaria y de investigación.

Se ha comprobado que cerca del 60 por ciento de los certificados de defunción tienen uno o más errores (Villar 1999), y en relación a la causa básica de muerte entre el 25 y el 59 por ciento de los diagnósticos clínicos son incorrectos cuando se comparan con los diagnósticos definitivos tras la autopsia (Pujol et al. 1994).

El conjunto de datos interrelacionados de los certificados médicos de defunción y hallazgos de autopsia clínica pueden ser utilizados para mejorar la precisión de las estadísticas de mortalidad y causa de muerte, procesos patológicos contribuyentes, efectividad de los tratamientos, información de factores demográficos y ambientales, como origen y patogénesis de enfermedades así para la correlación clínico-patológica (Kincher et al. 1985).

Uno de los métodos de investigación más eficaces para conocer no sólo las lesiones sino también el mecanismo de muerte lo constituye la autopsia clínica. Es el método más completo en la investigación de la enfermedad que garantiza la más elevada calidad asistencial, imprescindible en la formación de pregrado y posgrado de medicina, y permite realizar programas preventivos de Salud Pública (Villar 1989; Pérez et al. 2005).

Ambos aspectos de la calidad asistencial, el de la discrepancia clínico-patológica y el del certificado de defunción, son abordados en nuestra investigación al poner en relación el conocimiento clínico con el resultado de la autopsia.

1. Conclusión

La realización de autopsias posibilita el aprendizaje continuo sobre el control del error médico.

VI.
DESCENSO EN LA TASA DE AUTOPSIAS CLÍNICAS

La patología es el conocimiento científico de la enfermedad.

Mayayo, 2010.

1. Evolución histórica

Desde hace treinta años, existe una tendencia descendente en la tasa de autopsias clínicas en el mundo occidental, extensamente documentada en la literatura médica. Este descenso general de la investigación postmortem, es más o menos acusado dependiendo del país, y dentro de un mismo país del funcionamiento de un hospital y particularmente de sus servicios médicos (Word et al. 2001). En EE.UU está por debajo del 10% (Bernert et al. 2008) desde que se suprimió como requisito para la acreditación hospitalaria del 25% por la Joint Comisión on the Accreditation of Hospitals, esto pudo arrastrar a muchos países (Arce et al. 2009). Varía de unos países a otros. En España la tasa media oscila entre el 4 y 5%, desde un 1% en el Hospital Clínico Universitario de Salamanca (Figura 5), a tasa superiores al 5% en hospitales como Marqués de Valdecilla de Santander y el Hospital Clínico de Barcelona; ambos hospitales pioneros en la práctica de la autopsia (Martín Polo 2004). Este descenso de la tasa de autopsias determina que los médicos tengan una visión distorsionada de sus propios errores (Bernert et al. 2008).

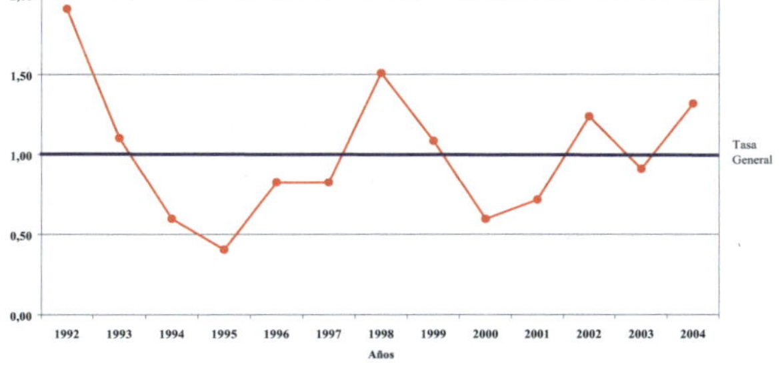

Figura 5. Tasa de autopsias en el Hospital Clínico Universitario de Salamanca entre los años 1992-2004.

Se han dado múltiples razones para explicar la reducción de la tasa de autopsias clínicas. Se han establecido los siguientes grupos de causas (Martín Polo 2004): médicas y sociales.

2. Causas médicas

2.1. Revisión bibliográfica

a) Informativas

Una de las causas del descenso de las autopsias clínicas se debe a la falta de política informativa en relación a la naturaleza e importancia de las mismas. En los planes de estudios de medicina, la autopsia no forma parte de la formación médica. Se sabe de la importancia del estudio anatomopatológico para el diagnóstico de numerosas enfermedades, pero no existe o es mínima la referencia al interés de la autopsia en la práctica médica (Welsh et al. 1998).

Los médicos más jóvenes son los que la estiman innecesaria, al considerar que la causa de la muerte está bien establecida, por lo que los familiares de los pacientes rehúsan dar permiso para realizar la autopsia (Lazda et al. 1994). La tendencia general de los jóvenes es a sobrevalorar sus aptitudes y el resultado de las tareas realizadas, lo que le lleva a un exceso de confianza, en contraposición con los que llevan más años de experiencia que realizan sus tareas de forma más eficaz y con menos consumo de recursos (Bernet et al. 2008). Las tasas bajas de autopsia, entre el 6% y el 10%, se obtuvieron en los servicios donde no había protocolos clínicos en relación a la petición de autopsias y que fue atribuido por los clínicos al fallo de su plantilla más joven; en cambio, las tasas altas de un 18 a 30% se asocian a servicios que tienen una política positiva y definida y que se lo habían transmitido a las nuevas promociones de profesionales sanitarios. Aunque los clínicos perciben y son conscientes de que la autopsia es un buen instrumento de formación médica e investigación, en cambio no son conscientes del valor confirmativo en el diagnóstico y como medio de revisión clínica (Harris et al. 1993). Esta actitud se refleja en la falta o deficiente información a los pacientes o familiares para que otorguen su consentimiento (Magret et al. 2006). La responsabilidad para pedir una autopsia es frecuentemente delegada a los médicos más jóvenes que no han recibido ninguna formación de cómo debería hacerse (Chana et al. 1990).

Recientemente se ha recomendado que para obtener un adecuado consentimiento informado debería participar un patólogo. En una encuesta realizada a 61 patólogos de Inglaterra se observó que sólo dos participaban directamente en obtener consentimiento, mostrándose el resto dispuestos a hacerlo. La impresión general fue que el consentimiento es más fácilmente obtenido por un clínico del equipo con experiencia que ha seguido la evolución del paciente, no siendo éste un papel primario para los patólogos (Williams et al. 2002).

Entre los pacientes cuyo permiso de autopsia no se obtuvo, un 30% fue debido a que los clínicos no fueron eficaces en la comunicación con los familiares, y un 69% a rechazo de los familiares (Souza et al. 1997). Los familiares conceden con más frecuencia permisos para autopsias fetales, pediátricas y del servicio de urgencias (Sinnard 2001). Existe mayor probabilidad de que se conceda una autopsia por parte de los familiares cuando la causa de la muerte haya quedado poco clara, frente a las causas teóricamente seguras, como pudieron comprobar Pastores et al. (2007), llegando a alcanzar una tasa de un 13%. El desarrollo de una política informativa haciendo ver a los médicos la importancia de la autopsia hospitalaria como herramienta de revisión clínica, conlleva un aumento progresivo de la tasa de autopsias situándose en un 35%, y la tasa de negativas fue del 11%. Las autopsias parciales excluyendo el cerebro, pasaron de un 20 al 50%. Si bien la tasa de autopsias ha descendido de manera progresiva no es un hecho inevitable como se ha podido comprobar en aquellos servicios hospitalarios con una política definida que promueva su realización. Así ha sucedido en el servicio de la UCI del hospital público de Santiago de Chile, donde se alcanzó una tasa del 60% de los fallecidos, o en el servicio de Medicina Interna del Hospital Universitario Central de Utrecht (Holanda), donde se elevó la tasa de autopsias a un 28% de los fallecidos en dicho servicio (Aalten et al. 2006; Schmitzler 2003). Por otra parte, a raíz de información negativa en los medios de comunicación respecto a la práctica de la autopsia se produjo un marcado descenso del 30% en el consentimiento de los familiares.

Rosenbaum et al. (2000) en un estudio llevado a cabo de forma aleatoria en hospitales universitarios de los Estados Unidos, evaluó la práctica de obtención del consentimiento de autopsia examinando el conocimiento y actitudes de los médicos residentes en dicho proceso. Más de la mitad (64,9%) de todos lo médicos residentes informaron que en la enseñanza no habían recibido instrucciones acerca del procedimiento de autopsia, tipo de pruebas a realizar o disposición de los órganos en la institución. Respecto al procedimiento de autopsia el 93,8% no tenía conocimiento de cómo los órganos eran desechados en el hospital, y el 96,4% de cuánto tiempo los órganos eran retenidos; el 74,8% desconocía las alternativas a la autopsia convencional; el 50,1% las técnicas de extracción de tejidos y órganos, y el 51,3% el tipo de pruebas realizadas en tejidos y órganos. Respecto al consentimiento, el 45,1% no tenía instrucciones en cómo obtenerlo, y el 81,6% no las tenían en cuestiones religiosas o culturales. En relación a la información que debe ofrecerse a la familia, el 27,1% creía que las familias no deberían ser informadas acerca de los órganos diseccionados; el 10% no deberían ser informadas acerca de la disposición de los órganos tras la autopsia, y el 6,7% desconocían la posibilidad de ofrecer una autopsia limitada. En relación a este último punto el 90% consideraban que a las familias debería ofrecérsele la posibilidad de una autopsia limitada. El 90% de los patólogos afirmó que las autopsias limitadas no eran satisfactorias o no arrojaban resultados equivalentes a aquéllos obtenidos de autopsias completas. Los datos disponibles de la literatura científica muestran que la mayoría de los patólogos creen que la autopsia completa permanece como el criterio estándar y que las limitaciones al procedimiento aumentan en gran medida el riesgo de resultados incompletos o imprecisos, y además comprometen los objetivos sociales de investigación y enseñanza.

El Colegio Americano de Patólogos ha propuesto una serie de recomendaciones a las clínicas, suministrando material educativo y un cuestionario de 10 ítems para mejorar la información sobre el procedimiento de la práctica del consentimiento que ayude a clínicos y familiares. Las autopsias parciales son un inevitable mal menor o la autopsia por imagen o por ecopsia son un pobre sustituto de lo que debiera ser (Arce et al. 2009).

A diferencia de los Estados Unidos, en España el formulario de consentimiento informado es una autorización (acto de consentimiento) para el examen postmortem. En el formulario establecido en el Hospital Universitario de Salamanca figuran los datos siguientes: nombre, dirección, DNI, parentesco o relación y firma de la persona que autoriza la autopsia, así como el nombre del fallecido y la fecha de muerte. No hace referencia concreta a posibles limitaciones del procedimiento de autopsia sino que "*el examen del cadáver se realizará en la extensión necesaria para determinar las causas directas e indirectas de la muerte*". No se incluye como vemos las palabras "*extracción*", "*retención*", "*limitada o parcial*", material educacional para el clínico ni para la familia, disposición final de los órganos, ni tampoco la expresión: "*he sido informado acerca de la naturaleza general y propósito del procedimiento y todas las preguntas acerca del procedimiento han sido contestadas de manera satisfactoria*".

En otras ocasiones, los clínicos opinan que la información dada por los patólogos a través de sus informes es demasiado amplia o se dan retrasos inadecuados en comunicar los resultados (Mac Manus et al. 1992; Sanner 1994; Arce et al. 2009) En un trabajo de investigación realizado de 1995 a 1998 en el Hospital St. Mary´s de Montreal (Canadá), se comprobó que el tiempo medio de emisión para casos con informes provisionales y finales era de 56 días. El informe de autopsia provisional puede contribuir a un mayor retraso en los diagnósticos finales así como a errores basados sólo en hallazgos macroscópicos. En consecuencia, a partir de 1999 el Servicio de Patología de dicho Hospital decidió eliminar el informe de autopsia provisional y sólo emitir el informe final en un periodo de 7 días. Con esto se consiguió un mayor compromiso por parte de los patólogos y se eliminó un número significativo de diagnósticos erróneos que podrían confundir al clínico (Lai et al. 2003).

La introducción del requisito legal de autorización en la autopsia clínica trajo consigo una restricción en su realización debido a una falta de información por parte de los médicos para obtener el consentimiento. Se necesita un compromiso renovado por parte de clínicos y patólogos en la sensibilización de la población en general, y del médico en particular, sobre la importancia de la autopsia (Longhrey et al. 2003).

b) Clínicas

La búsqueda de la alteración anatómica subyacente a la enfermedad mediante la autopsia constituyó hasta mediados del siglo pasado la fuente de investigación médica y la práctica clínica habitual. El clínico infería a partir de los síntomas y signos en la alteración anatómica que los producía.

El desarrollo tecnológico de las tres últimas décadas del siglo pasado ha influido en todos los campos del saber, y particularmente en la medicina, permitiendo conocer lo que antes se intuía y aumentando la validez y precisión de nuestros diagnósticos (Fariña et al. 2002).

El diagnóstico médico consiste en la identificación de una enfermedad a partir de los datos y signos obtenidos del enfermo. Se establece siguiendo un razonamiento, basado en el método científico, hipotético-deductivo, donde se van contrastando hipótesis sucesivas con nuevos datos y pruebas clínicas, para llegar a un nivel de certeza adecuado y válido. Es durante este proceso de evaluación cuando se suelen presentar los problemas de diagnóstico. El diagnóstico de la enfermedad no es, por tanto, un proceso estático, sino dinámico, susceptible de ser modificado en cualquier momento de la evolución de la enfermedad por la aparición de nuevos datos y, además, está sujeto al continuo progreso de la ciencia médica. Así, vemos cómo el diagnóstico médico se ha desenvuelto a lo largo de la historia de la medicina de acuerdo con los principios y reglas de las que se vale en cada momento para explicar la enfermedad. De los criterios sintomáticos atribuidos a los humores por Hipócrates, pasando por la visualización macroscópica, microscópica y posterior conocimiento del desorden funcional, etapa microbiológica, a la situación actual de las alteraciones moleculares para identificar la enfermedad.

El desarrollo tecnológico en el que se desenvuelve la medicina actual tanto en el campo de la fisiopatología como del desorden estructural, pone en manos del clínico valiosos instrumentos y herramientas de fácil manejo con gran capacidad resolutiva para establecer el diagnóstico de la enfermedad.

Entre las técnicas de visualización del desorden estructural, por un lado tenemos las endoscópicas, que nos permiten ver a través de diversos instrumentos ópticos prácticamente todos los conductos y cavidades del organismo. Son la broncoscopia, artroscopia, gastroscopia, colonoscopia, etc. Por otro lado, las técnicas de imágenes radiológicas o isotópicas: ecografía, gammagrafía, tomografía axial computarizada (TAC), tomografía por emisión de positrones (PET), resonancia magnética (RM), angiografía por sustracción digital, etc. Las técnicas de diagnóstico por imagen (TAC, RM) contribuyen de manera notable a la comprensión y diagnóstico de la patología. Tanto las técnicas endoscópicas como algunas radiológicas permiten obtener material biológico que puede ser analizado a nivel tisular, celular y subcelular por el anatomopatólogo en busca de alteraciones estructurales.

Toda lesión orgánica comienza con alteraciones moleculares o estructurales en las células puestas de manifiesto por diferentes técnicas. El acceso a la tecnología diagnóstica está regulada por el clínico, quien indica qué enfermos han de someterse a una determinada prueba y quiénes no. La técnica en sí misma no contribuye a la deshumanización de la medicina. En cambio, sí lo ha ocasionado el abuso de su aplicación, la masificación, el cambio de relación médico-paciente a usuario-consumidor de servicios médicos, la sugerencia cuando no exigencia del enfermo en la aplicación de la técnica, o la preocupación por parte de los médicos a ser demandados, etc.

La anatomía patológica participa como uno de los recursos científicos y técnicos de los que dispone el clínico en el conocimiento de la enfermedad. Intenta explicar el porqué de los signos y síntomas manifestados por los pacientes. Mientras que la alteración estructural permanece en el corazón de la anatomía patológica diagnóstica, los análisis inmunológicos, citogenéticos y moleculares de tejidos y células se convierten cada vez más en guías para el diagnóstico, pronóstico y tratamiento de la enfermedad. En definitiva, proporciona fundamentos sólidos para la mejora asistencial y la aplicación de tratamientos clínicos racionales (Cotran et al. 2000).

Los importantes avances en técnicas diagnósticas modernas constituyen una de las principales causas del descenso de la tasa de autopsias clínicas (Cottril et al. 2000; O´Connor et al. 2002). La citología y, sobre todo, la punción aspiración con aguja fina (PAAF), adquirieron un papel principal en la actividad diagnóstica patológica, desplazando al examen postmortem (Bretones 1999).

Los clínicos, y con más frecuencia los médicos residentes, consideran innecesaria la práctica de la autopsia porque el diagnóstico y la causa de la muerte parecen estar bien establecidos. Piensan que actúan correctamente sin el "chequeo final" para confirmar o corregir sus diagnósticos diarios (Lazda et al. 1994; Petri 1993). Piensan, erróneamente, que la autopsia no les va aportar novedades de lo que ya sabían en vida del paciente. *"Yo sé todo lo que debo saber",* una actitud omnipotente y arrogante que expresa un desinterés hacia cualquier incorporación de información; por otra parte son pocos los médicos que buscan ampliar su conocimiento y asistencia diagnóstica a través de la autopsia (Berner et al. 2008; Puyol 2009). El desarrollo tecnológico aplicado a la medicina ha dado lugar a que los médicos perciban que la práctica médica es infalible, sin errores, un objetivo realista a pesar de lo irremediable de errores inevitables (Hasson 2001).

Tienen una excesiva confianza en el uso de las nuevas tecnologías diagnósticas y terapéuticas (Magret et al. 2006). Pero a pesar del progreso en tecnología diagnóstica, las tasas de confirmación de las causas de muerte y la tasa de diagnósticos clínicos incorrectos siguen siendo de un tercio, la misma desde 1912. Esta inevitable línea base de errores diagnósticos no indica necesariamente incompetencia o mala práctica médica (Helen et al. 2003; Leivobitz et al. 2001).

c) Causas legales.

Otra de las causas del descenso de la tasa de autopsias es la preocupación de los médicos a ser demandados por mala práctica (Fariña et al. 2002). La discordancia entre el diagnóstico clínico y los hallazgos de autopsia pueden derivar en litigio en casos de mala práctica médica. Para Bove et al. (2002), el temor a los hallazgos de la autopsia no tienen base racional y es un obstáculo importante para ocultar resultados. Y en opinión de Arce et al. (2009) los hallazgos de autopsia pueden ser neutrales o favorables al demandado, proporcionan más elementos útiles para la defensa de los médicos que lo contrario.

2.2. Investigación propia

A partir de las investigaciones llevadas a cabo por los diferentes autores, como hemos referido, sobre las causas médicas del descenso de la tasa de autopsias clínicas, hemos llevado a cabo un estudio para ver en qué medida los datos aportados son coincidentes o no con nuestra investigación.

La muestra está constituida por 223 individuos, de los cuales 110 son médicos que se agrupan en tres categorías profesionales: Facultativos Especialistas de Área, Médicos Internos Residentes y Médicos de Atención Primaria (FEA, MIR y MAP, con edades medias de 47.67 años, 28.04 años y 50.30 años, respectivamente) y el resto, 113, son alumnos de 6º curso de Medicina (edad media 23.93 años) a los que se le ha impartido la docencia de la asignatura de Anatomía Patológica.

Como instrumento de medida se utilizó un cuestionario de elaboración propia, confeccionado al respecto (ANEXO I). El cuestionario incluye diversas variables con las que se pretende conocer, de acuerdo con la categoría profesional, servicio médico y edad, la opinión de los médicos y estudiantes.

ANEXO I. CUESTIONARIO MÉDICO		
1. FEA, MIR, MAP, EST. 6° curso		
2. Servicio		
3. Edad		
	SÍ	**NO**
4. La autopsia tiene interés como herramienta de diagnóstico.	☐	☐
5. La autopsia es una prueba final para confirmar o corregir diagnósticos.	☐	☐
6. Se deberían solicitar más autopsias clínicas.	☐	☐
7. La autopsia es necesaria para aportar información de interés clínico.	☐	☐
8. La autopsia incrementaría el conocimiento médico.	☐	☐
9. Los medios técnicos clínicos agotan las posibilidades diagnósticas.	☐	☐
10. ¿Sabía que la autopsia revela datos clínicos significativos entre un 20-30%?	☐	☐
11. Tiene escaso conocimiento sobre el procedimiento de la autopsia.	☐	☐
12. Tiene escaso conocimiento sobre la utilidad de la autopsia.	☐	☐
13. Tiene escasa formación para obtener el consentimiento de autopsia.	☐	☐
14. Teme que la autopsia revele datos que le impliquen en una denuncia.	☐	☐
15. Teme que sean conocidos nuevos datos por sus colegas.	☐	☐
16. Existe excesivo retraso en la emisión del informe de autopsia.	☐	☐
17. Influyen factores religiosos o culturales para dar el consentimiento.	☐	☐
18. Tiene suficiente material docente acerca del procedimiento de autopsia.	☐	☐
19. Tiene suficiente material docente acerca del consentimiento de autopsia.	☐	☐
20. Deberían tener los familiares material informativo acerca del procedimiento.	☐	☐
21. Deberían tener los familiares material informativo acerca de su importancia.	☐	☐
22. ¿Acontecimiento adverso es sinónimo de complicación?	☐	☐
23. ¿Error médico es sinónimo de negligencia médica?	☐	☐
24. ¿Mala praxis médica es sinónimo de error médico?	☐	☐

Como puede observarse, en una primera parte (ítems 1 a 3) se recogen datos sociodemográficos; una segunda parte (ítems 4 a 24) se refiere a cuestiones específicas de contenido médico y constituyen el cuerpo principal de este instrumento. Al ser variables nominales, la herramienta descriptiva más adecuada es la moda, la categoría más frecuente.

En el estudio estadístico se ha optado por el Método Observacional o "Ex Post Ipso", sin control experimental de factores independientes. Los datos fueron analizados considerando los programas de análisis estadístico SPSS 14.0 para Windows y SPSS AnswerTree 3.1 para Windows. Para analizar si existían diferencias significativas en la tasa de respuestas positivas a las diversas preguntas del cuestionario entre las diversas categorías profesionales, se consideró el test Chi-cuadrado a un nivel $\alpha = 0,05$ y en caso de existir diferencias, se buscaron las causas de esta significación. Para establecer las diferencias de medias (en el caso de variables continuas) se utilizó un ANOVA de una vía, con sus correspondientes comparaciones *a posteriori*.

En algunos casos los individuos dejaron preguntas sin responder, por lo que los totales muestrales pueden variar de una pregunta a otra.

El resultado de la investigación muestra que para el 95,5% de los encuestados, incluyendo los médicos más jóvenes (MIR y Estudiantes de 6º curso de Medicina) la autopsia clínica sigue teniendo interés como método de diagnóstico, y el 85,5% estima que deberían solicitarse más autopsias. Estos resultados contrastan con investigaciones llevadas a cabo por otros autores donde los médicos más jóvenes la consideran innecesaria (Lazda et al. 1994; Schmitzler et al. 2003). El 96,4% de los encuestados considera que la autopsia clínica aporta información e incrementa el conocimiento médico, y el 81,6% estima que los medios técnicos utilizados en la clínica no agotan las posibilidades diagnósticas, si bien los importantes avances en técnicas diagnósticas constituye una de las principales causas del descenso de la tasa de autopsias (Corral 1993; Cottall et al. 2000; O´Conner et al. 2002). Los médicos piensan que la autopsia sigue siendo importante herramienta en la práctica médica, aunque el 68,8% desconoce el porcentaje de datos clínicos significativos que puede revelar la autopsia, siendo menor este porcentaje dentro de los FEA (52%).

Respecto al conocimiento técnico, más de la mitad (72,5%) desconoce el procedimiento de autopsia, más acentuado es el porcentaje para los MIR, MAP y Estudiantes (79,4%) que para los FEA (50 %), y ello atribuible a que en la enseñanza no se ha recibido formación al respecto (Kircher et al. 1985). De igual manera el 78% manifiesta que tiene escasa formación para obtener el consentimiento, existiendo diferencias significativas entre el grupo formado por FEA y MIR (51,9%) y el formado por MAP y Estudiantes (91,7%) considerando el 84,9% que los factores religiosos y culturales influyen en el consentimiento.

Acerca de si los facultativos disponen de medios como material docente suficiente respecto al procedimiento de autopsia, el 70% responde negativamente, y el 75% responde también de forma negativa respecto a la práctica de la obtención del consentimiento de autopsias clínicas. En relación con la información que debe darse a los familiares el 96,8% opina que habría que informar de la importancia de la autopsia, mientras que el 77,3% opina que deberían tener material informativo respecto al procedimiento. A la vista de este resultado proponemos un modelo de información al médico que ha asistido al paciente y que puede ser utilizado para obtener el consentimiento (Doc. 1).

CONSENTIMIENTO INFORMADO DE AUTOPSIA CLÍNICA

1. INFORMACIÓN

- **¿En qué consiste?** La autopsia consiste en la observación, por parte del médico, de los tejidos y órganos.
- **¿Cuál es el método?** El método consiste en abrir las cavidades y extraer tejidos y órganos necesarios para la investigación, sin desfigurar el cadáver.
- **¿Cuál es la finalidad?** Comprobar si existen alteraciones que no han podido ser detectadas por el estudio clínico o demostrar la eficacia de los tratamientos con la finalidad de mejorar el conocimiento de las enfermedades y con ello poder curar futuros pacientes.
- **¿Qué se hace con los órganos y tejidos extraídos?** Los órganos y tejidos extraídos se someten a estudio por diversas técnicas.
- **¿Qué se hace con el estudio realizado?** El médico patólogo realiza un informe del estudio realizado que lo remitirá al médico que solicitó la autopsia.
- **¿Cuánto puede tardarse en realizar una autopsia?** Como máximo dos horas. Inmediatamente queda a disposición de la familia. Sin coste alguno.
- **¿Desea recibir Vd. las conclusiones del estudio?** SI No

2. AUTORIZACIÓN

Informado por el médico, **AUTORIZO** que le sea practicada la autopsia a Dº/ª...

fallecido/a el día.......de.......................de............

Fdo.............................. Fdo..........................

Doc. 1. Modelo de información de consentimiento clínico.

El 84,6% de los médicos no temen ser denunciados, encontrando diferencias significativas según la categoría profesional (figura 6). Temen que los datos de autopsia puedan implicarles en una denuncia el 5,3% de los FEA y MIR, así como el 20,5% de los MAP y Estudiantes. Por otro lado, que los datos de autopsia sean conocidos por otros compañeros no le preocupa a un 91,4%. Opinión diferente es la de otros autores (Martín Polo 2004; Fariña et al. 2002) que consideran que el temor del médico a una denuncia por los datos que revela la autopsia sea un factor más en el descenso de la tasa de autopsias.

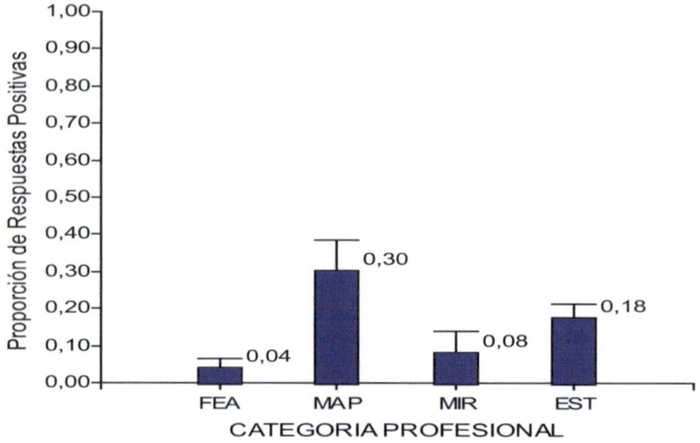

Figura 6. Proporción de respuestas positivas a la pregunta
¿Teme que la autopsia revele datos que le impliquen en una denuncia?

Una de las preocupaciones de los clínicos es el retraso inadecuado en la emisión del informe de autopsia (Mac Manus et al. 1992; Rosenbaum et al. 2000), que en nuestros resultados está representado por el 63,4%.

Debido a que la profesión médica está sometida en la actualidad en su práctica diaria a una posible demanda de responsabilidad, queríamos saber qué nivel de conocimiento tenían los encuestados respecto a determinados términos como acontecimiento adverso, complicación, error y negligencia médica. Comprobamos que la mayoría definen y diferencian correctamente dichos términos.

En una visión amplia, los resultados del porcentaje general y asociaciones significativas entre las variables demográficas y las preguntas del cuestionario médico quedan reflejados en la Tabla 2.

		FEA (%)	MIR (%)	MAP (%)	ESTUD (%)	Dif. Significativa.	
Importancia	Método diagnóstico	98,0	100,0	93,9	93,8		
	Solicitud autopsias	98,1	87,5	87,1	79,3	FEA	98,1
						MIR/MAP/EST	81,9
	Interés clínico	98,1	92,0	90,9	97,3		
	Avances técnicos diagnósticos	22,0	8,7	18,2	18,9		
Formación	Procedimiento	50,0	76,0	81,3	79,6	FEA	50,0
						MIR/MAP/EST	79,4
	Consentimiento	44,2	68,0	93,9	91,2	FEA/MIR	51,9
						MAP/EST	91,8
	Factores religiosos y culturales	80,0	88,0	78,1	88,3		
Material docente	Procedimiento	19,6	12,5	12,1	43,8	FEA/MAP/MIR	15,7
						EST	43,8
	Consentimiento	15,7	20,8	15,2	33,0	FEA/MAP/MIR	16,7
						EST	33,0
Información a familiares	Importancia	98,1	95,8	93,9	97,3		
	Procedimiento	82,4	91,3	57,6	77,9	FEA/MIR/EST	80,7
						MAP	57,6
Denuncia		3,9	30,3	8,3	17,7	FEA/MIR	5,3
						MAP/EST	20,5
Confirmar / Corregir		96,2	96,0	97,0	71,7	FEA/MAP/MIR	96,4
						EST	71,7

Tabla 2. Porcentaje general y asociaciones significativas entre variables demográficas y preguntas del cuestionario médico.

2. 3. Conclusión

La autopsia clínica como método de diagnóstico e investigación y criterio de calidad asistencial, es considerada por los médicos de nuestro medio como un instrumento útil e importante, que aporta información, incrementa el conocimiento científico y apoya la investigación, por lo que debe potenciarse. Por ello podemos informar que la hipótesis del descenso de la tasa de autopsias atribuidas a causas médicas, en nuestro medio, no se justifica.

Podemos atribuir el descenso de la tasa de autopsias clínicas a diversos factores, entre ellos a una formación deficiente y postergada por parte de los responsables de la formación continuada de los médicos; a una falta de información y a unos recursos económicos insuficientes de los Gestores de la Salud encargados de difundir la importancia de la autopsia como criterio de calidad asistencial; de proveer de recursos humanos, técnicos y económicos suficientes a los Servicios de Anatomía Patológica, etc.

3. Causas sociales

3.1. Revisión bibliográfica

Entre las razones que se han dado para explicar la reducción de la tasa de autopsias clínicas está el rechazo u oposición de los familiares del fallecido a otorgar consentimiento. Este rechazo puede deberse a causas sociales de tipo cultural, religioso o económico.

a) Factores culturales

El factor cultural está representado por el nivel de instrucción y el ambiente intelectual de una sociedad. En aquellas sociedades donde el nivel de instrucción es alto y el ambiente intelectual es libre, se acepta la autopsia mejor que en sociedades menos instruidas (Robbins et al. 1997).

Se ha estudiado la influencia de factores culturales en la tasa de autopsias en el Hospital de San Antonio (Texas), comprobando que existen diferencias entre la población anglosajona y la suramericana debido a los valores profesionales de los médicos; a la creencia del poder de la ciencia médica para confirmar las enfermedades; a la creencia de que el cuerpo debe estar íntegro y no mutilado, y a la creencia de la existencia del alma después de la muerte del cuerpo

(Perkins 1991). En la zona de Malmo en los Estados Unidos, el lugar de la muerte parece ser la mayor explicación del declive de la tasa de autopsias. Existe una menor petición cuando la persona fallece en edad avanzada, en su domicilio o en una residencia (Lidstrom et al. 1997). Es más probable que la autopsia sea consentida para los fallecidos en los servicios de urgencias, cirugía general, fetal, pediatría y cirugía cardio-respiratoria (Sinnard et al. 2001).

En Suecia, se han investigado las actitudes y reacciones de la población hacia la autopsia, comprobándose que el 84% aceptaban la autopsia y un 70% sentía malestar al pensar en el cadáver abierto, además de un sentimiento de falta de respeto hacia la persona muerta, teniendo las mujeres mayores una percepción más negativa. La tasa baja de autopsias no está en relación con actitudes negativas de la población, incluso si la reacción de desagrado es general, predominando los factores racionales. Por eso, depende de la comunidad médica ofrecer una información positiva para permitir que la autopsia vuelva a tener su papel de garantía de calidad (Sanner et al. 1994).

b) Factores religiosos

Los dictados religiosos no son, en general, razones válidas para no dar consentimiento de autopsia, ya que la mayoría de las religiones no prohíben la autopsia "per se". En el caso de los judíos ortodoxos y musulmanes está prohibida la extracción de órganos o desfiguración del cadáver, pues está considerada como una profanación, aunque sí se permite la autopsia cuando lo demanda la Ley, en casos de muerte dudosa, enfermedades hereditarias y cuando la autopsia sirva para salvar futuras vidas (Stephen 1984; Davis et al. 1996).

En el Reino Unido, por razones religiosas, se solicitó por la comunidad judía el estudio postmortem con resonancia magnética en lugar de la autopsia invasiva, y más tarde se extendió a la comunidad musulmana y cristiana (Bisset et al. 2002). Algunos grupos sociales como los gitanos muestran gran resistencia al examen postmortem, debido al respeto y veneración por el muerto.

Las objeciones religiosas a la autopsia no se derivan, en general, de los principios o dogmas de la fe sino de interpretaciones antiguas y de la ansiedad que puede producir. El servicio de autopsias pediátricas del hospital de Toronto utiliza las "tres Cs" en casos de rechazo de la autopsia por motivos religiosos: comunicación (implicando a otros profesionales si se quiere), compasión (mostrando a los familiares que sus preocupaciones son entendidas), y condescendencia (siendo flexibles en el protocolo de autopsia, si es posible). Está claro que el factor crítico en la obtención del consentimiento es el clínico, no la familia (Stephen 1984; Davis et al. 1996).

c) Factores socioeconómicos

Otros motivos son de carácter económico. Cuanto más alto es el nivel económico del fallecido más difícil es la práctica de la autopsia (Nemetz 1997). El mercantilismo imperante en la sociedad actual, que ve en cualquier ocasión una oportunidad de ganar dinero, ha puesto a la defensiva al Sistema Sanitario llevando a las instituciones y médicos a protegerse con planes de seguros al ser responsables económicamente por los daños a pacientes por errores inevitables. Temen que en la autopsia se descubran aspectos no observados en la clínica o que su diagnóstico haya sido equivocado y no la solicitan (Bretones 1999). El abandono por parte del gestor económico de los servicios de patología, por su visión de reducido coste/beneficio y el considerar prioritarios los recursos económicos para los servicios de cuidado a los enfermos, así como carecer los patólogos de incentivos financieros, también ha contribuido al descenso de la tasa de autopsias (Dennis 1984). En muchos de los hospitales americanos se ha dejado de practicar la autopsia porque las compañías de seguros no se hacen cargo de su coste, al no ser una práctica asistencial (Arce et al. 2009).

Mejorar la disposición a otorgar el consentimiento pasa por establecer programas de información médica adecuadamente enfocados que permitan resolver los problemas en la obtención, procesamiento, difusión y uso de los datos de autopsia. Por parte de los servicios de Salud Pública es importante que informen tanto a la población como a los profesionales de la salud acerca de la naturaleza e importancia de la autopsia.

3.2. Investigación propia

Las causas sociales que han llevado a reducir la tasa de autopsias clínicas, según los estudios de los autores a los que hemos hecho referencia, son objeto de nuestra investigación, para conocer en qué medida dichas causas influyen en la baja tasa de autopsias clínicas en el Hospital Clínico Universitario de Salamanca.

Para ello hemos utilizado una muestra de población de 218 sujetos que corresponden a dos fuentes diferentes de población: 48 a familiares de enfermos ingresados en los hospitales Clínico Universitario y Virgen de la Vega del

Complejo Hospitalario de Salamanca, y 170 a usuarios de Centros de Salud de la capital y provincia. La información ha sido recogida mediante un cuestionario de elaboración propia (ANEXO II) en el que se incluyen diversas variables sociodemográficas, y otra específicas para valorar el objetivo que se pretende. Al cuestionario se le adjuntó una hoja informativa y fue cumplimentado de manera anónima por los usuarios, siendo distribuido a los mismos por el personal médico.

ANEXO II. CUESTIONARIO USUARIOS
1. SEXO: Hombre ☐ Mujer ☐
2. EDAD: Menor de 30 años ☐ Entre 31 y 50 ☐ Entre 51 y 70 ☐
3. ESTADO: Soltero/a ☐ Casado/a ☐ Pareja ☐ Viudo/a ☐
4. INSTRUCCIÓN: Primarios ☐ Bachillerato ☐ Diplomatura ☐ Licenciatura ☐
5. LUGAR DE RESIDENCIA: Urbano ☐ Rural ☐
6. LABORAL: Trabaja por cuenta propia ☐ Por cuenta ajena ☐
7. RELIGIÓN: ¿Es creyente? SÍ ☐ NO ☐
8. TIPO DE RELIGIÓN: Católica ☐ Otra, ¿cuál?...............................
9. ¿Conoce qué es la autopsia? SÍ ☐ NO ☐
10. ¿Sabe para qué sirve la autopsia en Medicina? SÍ ☐ NO ☐
11. ¿Ha oído o leído cómo se hace? SÍ ☐ NO ☐
12. ¿Le resulta desagradable hablar de la autopsia? SÍ ☐ NO ☐
13. ¿Cree que estaría en disposición, en esta situación de dolor y aflicción, escuchar al médico cuando le solicite la autopsia de un familiar? SÍ ☐ NO ☐
14. ¿Sabe que los órganos o parte de ellos son extraídos para la investigación? SÍ ☐ NO ☐
15. ¿Desearía saber cuantos órganos se extraen y qué se hace con ellos? SÍ ☐ NO ☐
16. ¿En caso de incineración tendría Vd. inconveniente en autorizar la autopsia de un familiar? SÍ☐ NO ☐
17. Si el médico le informara ampliamente y le pidiera autorización para un familiar ¿estaría Vd. dispuesto/a a dar su autorización? SÍ ☐ NO ☐
18. ¿Vd. daría el consentimiento para un familiar por motivos religiosos? SÍ ☐ NO ☐
19. ¿Vd. daría el consentimiento para un familiar por motivos desagradables? SÍ ☐ NO ☐
20. ¿Desearía que le informaran del resultado de la investigación? SÍ ☐ NO ☐

En la primera parte del cuestionario (ítems 1-8) se recogen datos sociodemográficos; en la segunda parte (ítems 9-20) se recogen aspectos relativos a la información general y procedimiento de la autopsia clínica, así como aspectos relacionados con la reacción emocional, creencias, información médica e incineración.

Por tanto, se han analizado 20 variables. Todas las variables son nominales o categóricas, excepto la edad de los sujetos que es cuantitativa continua. Estamos pues ante un Método Observacional de recogida de datos o "Ex Post Facto", sin posibilidades de manipulación de ninguna variable por parte del experimentador.

Los datos fueron analizados considerando los programas de análisis estadístico SPSS 14.0 para Windows y SPSS AnswerTree 3.1 para Windows. Para analizar las posibles diferencias significativas en las tasas de respuestas positivas entre distintos grupos, se consideró el test Chi-cuadrado a un nivel $\alpha = 0{,}05$, y en caso de existir diferencias se buscaron las causas de la significación, para ver específicamente dónde se daban estas diferencias. Para analizar las diferencias de medias (en el caso de variables continuas) se utilizó un ANOVA de una vía, con sus correspondientes comparaciones *a posteriori*.

Los resultados observados muestran que existe un buen nivel de información general de la población acerca del conocimiento de qué es la autopsia clínica y para qué sirve en medicina, que en términos generales se sitúa en un 89,4% y 77,4%, respectivamente. El grado de información, como era de esperar, es más alto para los individuos con unos mayores niveles de instrucción, diplomados y licenciados, que alcanza el 100% y 95% de respuestas afirmativas para dicha información. Los individuos procedentes del medio urbano donde la renta por persona es más alta que en el medio rural, ofrecen respuestas afirmativas del orden del 97,2% y 90%. También existen diferencias significativas entre los individuos que tienen un familiar ingresado y los que no lo tienen, con un 89,4% y 74,1% de respuestas afirmativas, que puede ser debido a que se está percibiendo una situación más real de la enfermedad, y se es más sensible, lo que implica una buena disposición a hablar sobre la autopsia. Estos resultados son concordantes con otras investigaciones que ponen de manifiesto que a mayor nivel de instrucción mayor es la disposición para otorgar consentimiento (Robbins et al. 1997); en cambio difieren en cuanto al nivel socioeconómico, que para otros estudios a mayor nivel económico del fallecido, es más difícil la práctica de la autopsia (Nemetz et al. 1997).

Acerca de la información técnica por parte de los individuos encuestados el 57,9% han oído o leído cómo se hace una autopsia, aumentando dicho porcentaje a un 59,4% que saben que los órganos son extraídos para estudio. Dicho porcentaje aumenta con la mayor instrucción y altura económica en un 75,5 y 70% para individuos con estudios de diplomatura, licenciatura y procedentes del medio urbano. Igualmente existen diferencias significativas para los individuos cuyos familiares se encuentran ingresados, con un 72,3% de respuestas afirmativas que saben que en la autopsia se extraen órganos, lo que nos indica que están bastante más preparados de lo que los médicos puedan pensar para escuchar, hablar y dar su consentimiento.

En relación con respuestas emocionales que puede ocasionar la autopsia clínica vemos que únicamente les resulta desagradable hablar de ella al 33,7%, porcentaje que disminuye cuando el nivel de instrucción y socioeconómico es más alto, con un 23,8% para diplomados y licenciados y un 24,8% para los encuestados procedentes del medio urbano. Sin embargo, en esta situación de *dolor y aflicción* se encuentran en disposición de escuchar al médico el 79,1% de los encuestados, porcentaje que se sitúa en el 86,3% para los individuos con estudios superiores (Bachillerato, Diplomado y Licenciado). Estos resultados nos indican que los factores emocionales que pueden preocupar y condicionar al médico no son un impedimento para que éste pueda hablar con los familiares a la hora de obtener el consentimiento.

Una práctica cada día más frecuente es la incineración del cadáver. Cuando introdujimos esta variable en el estudio pensamos que la eliminación del cadáver por dicho procedimiento podría facilitar el consentimiento para la autopsia. Hemos comprobado que existe mayor predisposición al consentimiento, encontrando que únicamente se oponen el 23,8%, reduciéndose a un 8,4% en términos generales. Se encuentra mayor oposición cuando los individuos tienen más nivel de instrucción (Bachillerato el 0,08%, Diplomados el 0,33% y Licenciados el 0,06%).

En relación a la influencia de factores religiosos en el consentimiento de la autopsia, el 81,5% de los individuos son creyentes y de religión católica. Responden afirmativamente que no darían el consentimiento el 39%, lo que valida la hipótesis de que los factores religiosos no son, en general, razones válidas para negar el consentimiento (Stephen 1984; Davis et al. 1996).

Cuando los individuos reciben información por parte del médico solicitante de la autopsia, el 88,8% están dispuestos a dar el consentimiento y el 89,8% desean que le informen del resultado de la autopsia.

3.3. Conclusión

A pesar de que la práctica de la autopsia clínica ha descendido notablemente en los hospitales, la población sigue manteniendo un buen nivel de información y conocimiento respecto a la misma.

La disposición a otorgar consentimiento está en relación con factores racionales dependientes de la información médica y de la habilidad de su transmisión.

Esta investigación no apoya la hipótesis de las causas sociales en la reducción de la tasa de autopsias clínicas.

VII.
LA AUTOPSIA CLÍNICA COMO INSTRUMENTO DE CALIDAD ASISTENCIAL

La calidad es un diagnóstico acertado y un tratamiento adecuado con el menor coste posible.

Rosander, 1992

Históricamente, el examen postmortem era un diagnóstico indispensable para el avance del conocimiento de la medicina. Ahora, muchos clínicos e instituciones médicas no reconocen su utilidad en la medicina moderna y las tasas de autopsia han descendido a niveles muy bajos. Con ello un importante instrumento de calidad en el diagnóstico y tratamiento en los hospitales es probable que desaparezca (Welsh et al. 1998). Sin embargo, sigue considerándose que los beneficios de la autopsia clínica son numerosos y reconocidos por la inmensa mayoría de la comunidad científica; a pesar del descenso de la práctica de la autopsia en medio hospitalario, no cesan de aparecer publicaciones que alientan la continuidad de esta práctica, ya sea con fines educativos, de investigación médica y de desarrollo profesional (Burton et al. 2007). Puede afirmarse que la autopsia es el estudio más completo del enfermo y de la enfermedad y el método que garantiza la más elevada calidad del trabajo médico (De Mendoza 2005; Midelfart et al. 1998; González et al. 2004; Pastores et al. 2007, entre otros).

Dentro del conjunto de atributos determinantes de la calidad asistencial en la actuación médica se encuentran los aspectos técnico-científicos. La actuación técnico-científica se compone de diversos aspectos, como son el diagnóstico, pronóstico, tratamiento y la prevención en la investigación de la enfermedad.

Para Rosander (1992), la calidad es un diagnóstico acertado y un tratamiento adecuado con el menor coste posible. Cuando el médico satisface ambos parámetros de diagnóstico y tratamiento, podemos decir que existe una verdadera calidad de servicio y en aquellos casos donde no ha sido posible, la autopsia clínica será el método adecuado para mejorarla. La autopsia es una herramienta de gran valor diagnóstico (Cortés et al. 2004). Dentro del contexto del diagnóstico clínico la autopsia es considerada como un instrumento que puede permitir mejorar el razonamiento clínico al facilitar datos que permiten la revisión del caso y sirva para futuros diagnósticos.

Aunque la medicina actual dispone de medios diagnósticos de alta tecnología, (tomografía axial computarizada, resonancia magnética, isótopos radiactivos, etc.), en algunos casos la autopsia sirve para corroborar, completar o modificar el diagnóstico clínico y, en este último aspecto, la discrepancia clínico-patológica es de gran utilidad para prevenir en el futuro los efectos adversos, y en particular los errores que puedan haberse producido. Así mismo permite comprobar el grado de eficacia terapéutica o quirúrgica y sus posibles efectos secundarios o colaterales. Este análisis cobra especial relevancia en las sesiones clínico-patológicas que realizan los diferentes servicios del hospital, así como en la Comisión de Mortalidad. La autopsia se erige aquí en un elemento trascendental de control de calidad asistencial evaluando el proceso y resultado, determinando así el buen funcionamiento de un hospital (Bisset et al. 2002).

Otro elemento importante de la calidad asistencial es la prevención con fines de Salud Pública, a través del conocimiento de la causa fundamental o básica de muerte reflejada en el certificado de defunción. Este documento permite el registro estadístico y sanitario de la mortalidad (estadísticas vitales), como única fuente universal de información sobre las causas de muerte, incidencia y prevalencia de enfermedades, así como el diseño de programas de prevención de la causa que da origen a todas las demás alteraciones que conducen a la muerte. La autopsia aumenta la fiabilidad y la validez en el conocimiento de la causa básica o fundamental de muerte y el mecanismo que la produce cuando es dudoso o desconocido desde el punto de vista clínico, así como para tomar decisiones desde el punto de vista preventivo en la Planificación Sanitaria.

En España, la investigación postmortem de los fallecidos en el hospital viene reflejada tanto en el marco legislativo como en la práctica médica. En el marco legislativo ha existido una preocupación constante en el control de la calidad asistencial mediante la autopsia clínica a través de la Comisión de Mortalidad. Así, la Orden del 7 de julio de 1972 por la que se aprueba el Reglamento General para el Régimen, Gobierno y Servicio de las Instituciones Sanitarias de la Seguridad Social establece, entre otras Comisiones, la Comisión de Mortalidad, vinculada a la Junta Facultativa de la Institución y cuya función será la de asesoramiento a la Dirección Médica. Dicha Comisión tiene por objeto el "*análisis científico de la mortalidad habida en la Institución y el estudio comparativo por servicios. El servicio de Anatomía Patológica deberá, como mínimo, realizar un 25% de las necropsias de la mortalidad hospitalaria*". Más recientemente, el Real Decreto de 15 de abril de 1987, por el que se aprueba el Reglamento sobre Estructura, Organización y Funcionamiento de los Hospitales gestionados por el Instituto Nacional de la Salud, crea las Comisiones Clínicas y, entre ellas, la Comisión de Historias Clínicas, Tejidos y Mortalidad, dependiendo de la Comisión Central de Garantía de la Calidad, quien asesorará a la Dirección Médica y a la Junta Técnico-Asistencial. En los Estados Unidos hasta hace unos años se accedía a la acreditación hospitalaria con una tasa de autopsias del 20%. En España, en el hospital Universitario "Marqués de Valdecilla", la tasa es de un 13,4%. En la investigación médica existe actualmente preocupación en esta dirección por parte de los diferentes Servicios Médicos y Gestores de los hospitales, que constatan, como datos indicadores de calidad asistencial, la tasa de mortalidad y autopsias clínicas y confirman las sesiones de mortalidad y la práctica de la autopsia como un valioso instrumento de control de calidad (De Luis et al. 2004: González et al. 2004). La información clínico-patológica derivada de estudios postmortem es un indicador útil y en algunas patologías de vital importancia para evaluar la calidad del diagnóstico y terapéutica clínica (Magret et el. 2006; Amuchástegui et al. 2008). A partir de la experiencia de los servicios clínicos donde existe el interés de ampliar o contrastar información existen argumentos que permiten rebatir una por una las causas o creencias equivocadas del descenso de la práctica de la autopsia clínica, en opinión de quienes pensamos de que sigue vigente. Sin la autopsia, como señala Puyol (2009), no hubiéramos confirmado el diagnóstico, se hubieran ignorado datos no sospechados y se hubiera desconocido la causa de un desenlace súbito. De hecho los datos son contundentes. Allí donde hay criterio de solicitar la práctica de la autopsia los responsables clínicos propugnan su práctica por los beneficios que aporta. Tal es el caso de las Conferencias clínico-patológicas que se celebran habitualmente y publicadas en el New England Journal of Medicine del Massachusset General Hospital. En Noruega se realizó en el hospital del área de Sor–Trandelag un estudio para evaluar el valor de la autopsia desde el punto de vista clínico. Fueron entrevistados 250 médicos (110 médicos generales y 140 médicos hospitalarios); 179 médicos (73%) opinaban que la autopsia era un medio muy importante de garantía de calidad en el sistema de salud; 102 médicos contestaron que las mejoras en la medicina y tecnología durante las últimas décadas no habían reducido la importancia de la autopsia y 122 médicos contestaron que, especialmente, la TAC había reducido el valor de la autopsia (Midelfart et al. 1998).

Podemos decir que la autopsia tiene una función preventiva por cuanto sirve para reducir o prevenir futuros errores diagnósticos. Se constituye en una prueba de futuro al formar parte de la Medicina Basada en la Evidencia. Es el patrón oro para el diagnóstico de la causa de muerte. Tal es así, que los servicios donde existe una realización sistemática de autopsias permiten, como es el caso de Medicina Interna, en un periodo de cinco años consecutivos, reducir el porcentaje de discrepancias clínico-patológicas y, por tanto, la mejoría en la calidad diagnóstica (Puyol 2009).

Otro de los atributos de calidad asistencial es la eficacia/coste y coste/beneficio que representa cualquier mejora de la salud. La autopsia es un procedimiento que supone más esfuerzo y tiempo que otras pruebas en un servicio de Anatomía Patológica. Los recursos tanto de medios como de personal están dirigidos a resolver la numerosa demanda de pruebas diagnósticas mediante técnicas más rápidas, lo que limita la dedicación de los patólogos a promover la práctica de la autopsia (Aguirre 1998), por lo que se ha desviado su interés hacia otras áreas de la especialidad que son más gratificantes y menos consumidoras de tiempo, tan sólo el 30% de los patólogos la consideran como tarea relevante dentro de su práctica profesional (Arce et al. 2009; Puyol 2009) Por otra parte, los presupuestos de inversión de que dispone el gestor hospitalario están dirigidos a cubrir las necesidades de aquellos servicios con más demanda asistencial y que tienen una repercusión directa en la salud de la población. Las deficiencias presupuestarias dificultan realizar un procedimiento lento y cuya utilidad tarda en apreciarse (Medina 1997).

El tiempo aproximado para realizar una autopsia es de tres horas, a lo que hay que añadir el informe macroscópico provisional, la fijación de tejidos, el estudio histopatológico y el informe definitivo.

De Mendoza (2005), estima que los gastos en los Estados Unidos pueden calcularse actualmente en 3.000 dólares por autopsia, desglosándose en salarios (75%), muebles e inmuebles (15%), material fungible y servicios (10%). Un hospital donde se realizan anualmente 1.000 autopsias a un coste hipotético de 1.000 dólares cada una y que al año siguiente, por criterios de ahorro sólo se realizan 500, lejos de disminuir los costes, éstos aumentan. En el Hospital Marqués de Valdecilla de Santander (España) el coste es de 2.000 euros. En EE.UU al haber disminuido las autopsias en los hospitales por considerar las Compañías de Seguros que no forman parte de la medicina asistencial, no cubren los gastos. Se anuncian grupos privados para efectuarlas desde 1.700 dólares (Arce et al. 2009).

La autopsia clínica hospitalaria esta considerada por los expertos en gestión hospitalaria como un indicador de calidad asistencial al paciente en los siguientes casos (Real Decreto de 18 de junio de 1982; Colegio Americano de Patólogos, Arce et al. 2009; Hutchins 1990):

- Muertes debidas a un cierto o probable acontecimiento adverso.
- Muertes no esperadas e inexplicables tras procedimientos diagnósticos o terapéuticos, médicos o quirúrgicos.
- Muertes de pacientes que han participado en protocolos hospitalarios.
- Muertes producidas por infecciones de alto riesgo y enfermedades contagiosas.
- Muertes aparentemente naturales no esperadas o inexplicables en personas sanas, no sujetas a la jurisdicción forense.
- Muertes obstétricas, perinatales y pediátricas.
- Muertes de donantes de órganos en las que se sospecha alguna enfermedad que pueda repercutir en el receptor.
- Muertes por enfermedad ambiental u ocupacional.
- Muertes ocurridas durante las primeras 24 horas del ingreso en el hospital, así como en aquéllas que pudieran estar influidas por su estancia hospitalaria.

Hay que destacar que en nuestro medio las muertes naturales en las que no existen signos de violencia ni sospecha de criminalidad, en personas con antecedentes o patología en tratamiento o sin antecedentes, que ocurren de forma súbita o inesperada, pasan a la jurisdicción forense al no extenderse certificado médico de defunción por los servicios sanitarios de urgencias. Este tipo de fallecimientos tienen un interés más sanitario, familiar o social que forense. Tal es el caso de las miocardiopatías arritmogénicas, o en enfermos con patología tumoral intervenida, etc.

Para evaluar la fiabilidad de los diagnósticos clínicos, algunos autores han propuesto implantar un programa que requiere que el mismo servicio de Anatomía Patológica sea sometido a un control de calidad para asegurar la fiabilidad de los hallazgos de autopsia, incluyendo los diagnósticos hechos postmortem y la calidad de los informes de autopsia. Los hallazgos generados por este programa serían de gran valor para la mejora de la calidad del cuidado médico. El modelo tiene las siguientes ventajas:

1) Reconoce que hay un porcentaje inevitable de errores diagnósticos.

2) Los niveles de control, basados en la práctica médica actual, están establecidos de modo prospectivo.

3) Provee un escrutinio de alto poder que puede enfocar el diagnóstico de enfermedades concretas más que en el amplio campo de la práctica médica.

A pesar del descenso actual en la tasa de autopsias, éstas siguen siendo necesarias para el progreso de la medicina clínica moderna y para resolver muchos problemas diagnósticos y de tratamiento en la mejora de la calidad del trabajo médico (Martín Polo 2004). Recientemente se han publicado los resultados de una investigación que se está llevando a cabo en Italia al descubrirse el pago de jugosas comisiones a los cirujanos cardiacos del Hospital Monilette de Turín por parte de los distribuidores de las válvulas cardiacas For Med. El asunto surgió al fallecer un enfermo que había recibido diez días antes una de estas válvulas y descubrirse en la autopsia fragmentos de la prótesis por estar elaboradas con material defectuoso. Ahora se está procediendo a la exhumación de los cadáveres de las personas fallecidas a las que se le había implantado dicha prótesis, con el fin de establecer la causa exacta de la muerte si ello es posible, así como el estado de las válvulas cardiacas. También se está realizando la sustitución selectiva de las prótesis sospechosas en algunos de los enfermos intervenidos con este material (Matesanz 2002).

La recuperación de las autopsias en medios hospitalarios está siendo defendida por numerosos autores de prestigio. Es el método de referencia para detectar errores diagnósticos y patologías que pasan desapercibidas (Pasquier 2005; Burton et al. 2006; Amuchástegui et al. 2008; Berner et al. 2008; Arce et al. 2009, entre otros). Hay que aceptar que algo ha ocurrido para que la práctica de la autopsia en los hospitales haya descendido. Hay que apoyarse y potenciar sus puntos fuertes en opinión de quienes pensamos que sigue vigente. Para Puyol (2009) los argumentos que hablan a favor de la autopsia son:

a. Investigación médica:
- Detecta errores diagnósticos.
- Detecta patología desconocida.
- Evalúa nuevos fármacos.
- Evalúa microbiología.
- Evalúa nuevas tecnologías.

b. Formación médica:
- Correlaciones clínico-patológicas.
- Agudización de habilidades visuales.
- Explicación fisiopatológica (Epicrisis).

c. Epidemiología de la mortalidad:
- Certificado de defunción
- Estadísticas de mortalidad.

d. Información a familiares. Beneficio social.

e. Control de calidad asistencial.

La autopsia como instrumento de calidad debe cumplir una serie de objetivos como son:

- Interés del clínico por solicitar la autopsia.
- Informar del resultado de la autopsia en el menor tiempo posible.
- Evaluar la calidad diagnóstica y terapéutica de la asistencia médica.
- Análisis de las discrepancias clínico-patológicas.
- Razonamiento de la epicrisis con orientación clínica.
- Evolución y seguimiento de los servicios clínicos.
- Prevención de futuros errores.
- Mejorar la calidad de los documentos de registro con fines de Salud Pública (Certificado Médico de Defunción).
- Permitir a los Gestores de salud tomar las medidas necesarias para mejorar la calidad asistencial.

Para lograr dichos objetivos, una vez realizada la autopsia, sería necesario adoptar dentro de los hospitales las siguientes pautas de actuación (De Mendoza 2005).

A) En relación con el médico asistencial.

a) Reunión con el médico que solicitó la autopsia en un plazo de 24 horas, al objeto de informar, si es posible, sobre aspectos macroscópicos observados y causa del fallecimiento. Permitirá además cumplimentar el Certificado Médico de Defunción, para lo cual se remitirán al Registro Civil las causas de muerte.

b) Reunión clínico-patológica. Se llevará a cabo una vez realizado el estudio anatomopatológico completo y remitido el informe al servicio solicitante. En dicha reunión se someterán a discusión e interpretación los resultados obtenidos. Las conclusiones de dicho informe podrá ser remitido a la familia.

c) Reunión de análisis de mortalidad. Se evaluarán todos los casos de fallecimiento en los diferentes servicios, de donde se obtendrán datos que puedan ayudar a la mejora de la asistencia médica. Para Díaz et al. (2007), son el lugar adecuado para el análisis de los eventos adversos, errores, complicaciones. No deben ser interpretadas como una amenaza profesional, legal o emocional. La actitud debe ser constructiva y que permita el aprendizaje y buscar soluciones para mejorar la seguridad.

d) Celebración y publicación de conferencias clínico-patológicas.

B) En relación con el médico patólogo.

a) Conservación correcta del material de la autopsia.

b) Utilización plena de estos medios en la enseñanza de pregrado y postgrado.

c) Publicaciones y presentación en reuniones científicas.

d) La autopsia debe volver a ocupar un papel relevante en el patólogo

El servicio de Anatomía Patológica del Hospital "Marqués de Valdecilla" de Santander (España), establece un cálculo de calidad relacionando la tasa de mortalidad y la tasa de autopsias clínicas. Este cálculo determina la calidad de los servicios asistenciales hospitalarios de tal manera que aquellos servicios que tienen una tasa de mortalidad inferior al 5% la tasa de autopsias clínicas debería ser superior al 75%; entre el 5 y el 10% superior al 50% y mayor del 10% superior al 20% (Fernández et al. 2004). Una organización adecuada permitirá contar con una fuente de conocimiento de la más alta calidad, útil y necesaria para la divulgación científica e investigación.

VIII.
EL CERTIFICADO MÉDICO DE DEFUNCIÓN

La muerte permite comprender la fragilidad
de la vida biológica del ser humano.

Determinar la causa básica o fundamental por la que una persona fallece constituye una preocupación de la Organización Mundial de la Salud (OMS) en la investigación de la enfermedad. Conocer la causa que da origen a los demás acontecimientos patológicos es uno de los objetivos prioritarios en los programas de prevención en Salud Pública. Así se ha venido constatando en las diferentes Asambleas Mundiales de Salud a lo largo de su historia con sucesivas ampliaciones y modificaciones, siendo la actual la X revisión del año 2003 de la Clasificación Estadística Internacional de Enfermedades y Problemas Relacionados con la Salud (CIE-10).

Las recomendaciones propuestas en dichas Asambleas son puestas en práctica en los diferentes países, a través de legislación específica. En España son diferentes las normas legales, de obligado cumplimiento del Registro de la Mortalidad a través del Certificado Médico de Defunción (CMD) y del Boletín Estadístico de Defunción (BED).

Un aspecto de la actividad asistencial a los fines de nuestra investigación es conocer con qué grado de fiabilidad, por parte de los médicos, se cumplimenta el certificado médico de defunción en relación con la causa básica de muerte.

Se han publicado numerosos trabajos en los que se pone de relieve la existencia de deficiencias y errores de diferente tipo en la cumplimentación del referido certificado (Mirón et al. 1995; Villar et al. 1989; Segura et al. 1987). Algunos autores proponen que en el caso de insuficiente conocimiento clínico de las causas y mecanismos de muerte le sea practicada la autopsia clínica como fuente más fiable de conocimiento (Fernández et al. 1999). En estos casos, también se han observado errores en la cumplimentación del certificado médico de defunción (Villar et al. 1989; Puyol et al. 1994; Davis et al. 1997). Para disminuir los errores que se dan en la cumplimentación del certificado médico de defunción se ha propuesto mejorar el conocimiento médico tanto en su formación de pregrado como de postgrado, como proponen algunos autores (Mirón 1995; Oruña et al. 2004).

a) Normativa Legal

En España, la certificación de la muerte es un acto médico de obligado cumplimiento según la normativa vigente. En la Ley del Registro Civil, artículo 85: "Será necesaria certificación médica..." El Reglamento del Registro Civil, artículo 274: "El facultativo que haya asistido al difunto en su última enfermedad o cualquier otro que reconozca el cadáver..." y en el Real Decreto sobre Ordenación de 1995 de prestaciones sanitarias del Sistema Nacional de Salud, Anexo I, Apartado 5. 5º, cuando habla de los Servicios de información y documentación sanitaria y asistencial, hace referencia a la obligación de "expedir la certificación médica de defunción y demás extremos para el Registro Civil".

La Organización Mundial de la Salud (OMS) recomienda a sus Estados Miembros seguir las directrices respecto a enfermedades y causas de muerte según el Reglamento de Nomenclatura del año 2003. La Ley de autopsias clínicas, de 21 de junio de 1980, establece en su artículo 3.1 que "…el informe de autopsia servirá para extender el certificado de fallecimiento". Incurre en responsabilidad penal según el artículo 397 del código Penal, "El facultativo que librase certificado falso será castigado con la pena de multa de tres a doce meses".

La certificación de la muerte se lleva a cabo en un impreso oficial denominado Certificado Médico de Defunción (CMD), editado por el Consejo General de Colegios Médicos de España (Doc. 2). Actualmente modificado desde el año 2009.

CONSEJO GENERAL DE COLEGIOS MEDICOS · ESPAÑA · O.M.C.

CONSEJO GENERAL
DE
COLEGIOS OFICIALES DE MEDICOS
DE ESPAÑA

Derechos autorizados:
3,48 EUROS
I.V.A. INCLUIDO

COLEGIO OFICIAL DE MÉDICOS DE SALAMANCA

Clase 3.ª
Serie C
Nº 0981908

CERTIFICADO MEDICO DE DEFUNCION

Colegio de ______________________

D. ____
en Medicina y Cirugía, colegiado en ______________________________, *con el número* __________ *y con ejercicio profesional en* ______________________

CERTIFICO la defunción de ______________________________________
____
que ocurrió a las __________ horas del día __________ de __________
de ______________________ en la __________________ de __________
núm. ________ , cuarto __________ , población de ______________________
Murió a consecuencia de ______________________________________
(Causa inmediata de fallecimiento)
____
(Causa fundamental)
y son manifiestas en el finado las señales de descomposición ______________
______________________________ . El finado tenía la edad de ________ años
de estado ______________ . Era natural de ______________________
(Ciudad y Provincia)
hijo de ______________ y de ______________ , cuya identidad (1) ______________ .
____

Observación especial (2) ______________________________________
____
____

En ______________ , *a* ______________ *de* __________
______________________ *de dos mil* ______________

(1) «Se me acreditó con documento de identidad ______________ » o «se me asegura por don ______________________ domiciliado en ______________________, cuya identidad me acredita y firma este parte», o «Conozco de ciencia propia».
(2) Si hubiera indicios de muerte violenta se comunicará urgente y especialmente al Encargado del Registro Civil.

NOTAS.- Ningún Parte de Defunción podrá ser expedido por el Médico si no va extendido en este impreso, editado por el Consejo General de los Colegios Oficiales de Médicos, debiendo llevar estampado el sello oficial del Colegio Médico Provincial.
Los derechos autorizados por la Dirección General de Sanidad son independientes de los Timbres que exigen las disposiciones vigentes.
Corresponde al modelo 8 aprobado por la Orden del Ministerio de Justicia de 24 de diciembre de 1958.

Doc. 2. Certificado Médico de Defunción.

Es, por tanto, un documento médico legal, extendido a petición de parte, sin el cual no puede ser inhumada la persona fallecida, una vez comprobada la causa de la muerte. Pero además, el Reglamento del Registro Civil en el artículo 275 dice: "…el médico o en su defecto el encargado del Registro Civil, deberá cumplimentar el Boletín Estadístico de Defunción" (BED) (Doc. 3), en los casos de fallecidos por muerte natural que han vivido más de veinticuatro horas.

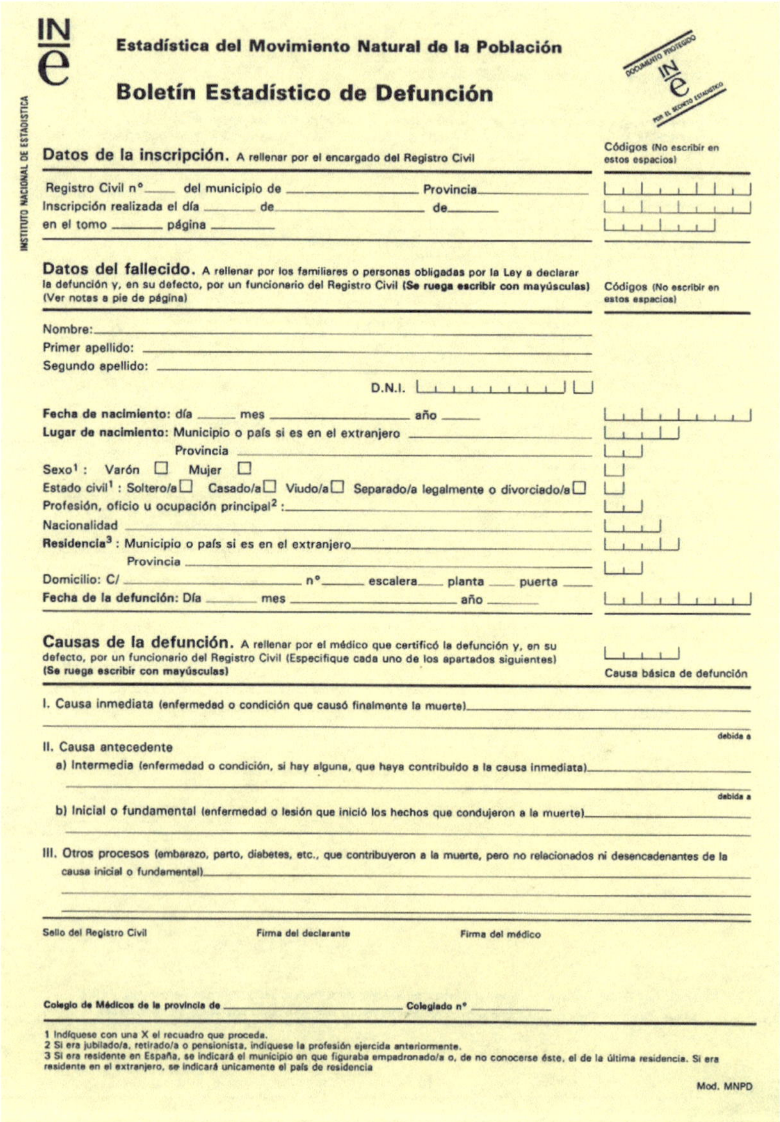

INSTITUTO NACIONAL DE ESTADÍSTICA

Estadística del Movimiento Natural de la Población

Boletín Estadístico de Defunción

DOCUMENTO PROTEGIDO POR EL SECRETO ESTADÍSTICO

Datos de la inscripción. A rellenar por el encargado del Registro Civil — Códigos (No escribir en estos espacios)

Registro Civil nº ____ del municipio de ____ Provincia ____
Inscripción realizada el día ____ de ____ de ____
en el tomo ____ página ____

Datos del fallecido. A rellenar por los familiares o personas obligadas por la Ley a declarar la defunción y, en su defecto, por un funcionario del Registro Civil **(Se ruega escribir con mayúsculas)** (Ver notas a pie de página) — Códigos (No escribir en estos espacios)

Nombre: ____
Primer apellido: ____
Segundo apellido: ____
D.N.I. ____

Fecha de nacimiento: día ____ mes ____ año ____
Lugar de nacimiento: Municipio o país si es en el extranjero ____
Provincia ____
Sexo[1]: Varón ☐ Mujer ☐
Estado civil[1]: Soltero/a ☐ Casado/a ☐ Viudo/a ☐ Separado/a legalmente o divorciado/a ☐
Profesión, oficio u ocupación principal[2]: ____
Nacionalidad ____
Residencia[3]: Municipio o país si es en el extranjero ____
Provincia ____
Domicilio: C/ ____ nº ____ escalera ____ planta ____ puerta ____
Fecha de la defunción: Día ____ mes ____ año ____

Causas de la defunción. A rellenar por el médico que certificó la defunción y, en su defecto, por un funcionario del Registro Civil (Especifique cada uno de los apartados siguientes) **(Se ruega escribir con mayúsculas)** — Causa básica de defunción

I. Causa inmediata (enfermedad o condición que causó finalmente la muerte) ____
debida a
II. Causa antecedente
a) Intermedia (enfermedad o condición, si hay alguna, que haya contribuido a la causa inmediata) ____
debida a
b) Inicial o fundamental (enfermedad o lesión que inició los hechos que condujeron a la muerte) ____
III. Otros procesos (embarazo, parto, diabetes, etc., que contribuyeron a la muerte, pero no relacionados ni desencadenantes de la causa inicial o fundamental) ____

Sello del Registro Civil — Firma del declarante — Firma del médico

Colegio de Médicos de la provincia de ____ **Colegiado nº** ____

1 Indíquese con una X el recuadro que proceda.
2 Si era jubilado/a, retirado/a o pensionista, indíquese la profesión ejercida anteriormente.
3 Si era residente en España, se indicará el municipio en que figuraba empadronado/a o, de no conocerse éste, el de la última residencia. Si era residente en el extranjero, se indicará unicamente el país de residencia

Mod. MNPD

Doc. 3. Boletín estadístico de Defunción.

No tiene carácter jurídico y es equiparable, aunque no lo reproduce fielmente, al modelo internacional de certificado médico de defunción (Doc. 4).

MODELO INTERNACIONAL DE CERTIFICADO MÉDICO DE CAUSA DE DEFUNCIÓN

Causa de defunción		Intervalo aproximado entre el inicio de la enfermedad y la muerte
I Enfermedad o estado patológico que produjo la muerte directamente*	(a)........................ debido a (o como consecuencia de)	....
Causas antecedentes Estados morbosos, si existiera alguno, que produjeron la causa consignada arriba, mencionándose en último lugar la causa básica	(b)........................ debido a (o como consecuencia de)	....
	(c)........................ debido a (o como consecuencia de)	....
	(d)........................	....
II Otros estados patológicos significativos que contribuyeron a la muerte, pero no relacionados con la enfermedad o estado morboso que la produjo	....	....

***No quiere decirse con esto la manera o modo de morir, p. ej. debilidad cardíaca, astenia, etc. Significa propiamente la enfermedad, traumatismo o complicación que causó la muerte.**

Doc. 4. CIE – 10, ed. 2003.

A partir del día 1 de enero de 2009 entra en vigor un nuevo modelo de Certificado Médico de Defunción por consenso entre los Ministerios de Justicia y de Sanidad, la Organización Médica Colegial y el Institutito Nacional de Estadística. Este modelo puede coexistir con el modelo viejo hasta que estos se agoten. Es un documento único. Se unifica en el mismo impreso el CMD y el BED. El médico debe cumplimentar exclusivamente la primera página del CMD, no siendo de su competencia la segunda (BED). Recoge las orientaciones de la OMS para certificar la causa de defunción siguiendo la secuencia fisiopatológica de la muerte, evitando errores, haciendo la tarea más ágil, eficaz y de mejor calidad de la información para el procesamiento de los datos (doc. 5).

CERTIFICADO MÉDICO DE DEFUNCIÓN

OMC ORGANIZACIÓN MÉDICA COLEGIAL DE ESPAÑA

Colegio de ______ Colegio Oficial de Médicos de Salamanca — Sello

006344066
Nº Certificado

CLASE 3ª SERIE A

D. / Dña. ______________________
en Medicina y Cirugía, colegiado/a en ______________, con el número ______
y con ejercicio profesional en ______________________

CERTIFICO la defunción de

Nombre del fallecido/a:
1er Apellido del fallecido/a:
2º Apellido del fallecido/a:

3,54 Euros. Derechos autorizados, I.V.A. incluido

Fecha de nacimiento Día Mes Año — **Sexo:** Varón Mujer

Documento de identidad: D.N.I. Número: —
Pasaporte Número:
N.I.E. (Tarjeta de Residencia) Número: — —

Hora y fecha de la defunción Hora : minutos : Día Mes Año
¿En qué municipio ocurrió la defunción?: ______________________
Domicilio particular Centro hospitalario Residencia socio-sanitaria Lugar de trabajo Otro lugar

Causas de defunción (ver instrucciones en página 2) — **Intervalo de tiempo aproximado**[1]

I. Causa inmediata[2]
(a) Horas Días Meses Años
Debido a
Causas intermedias[3]
(b) Horas Días Meses Años
Debido a
(c) Horas Días Meses Años
Debido a
Causa inicial o fundamental[4]
(d) Horas Días Meses Años

II. Otros procesos[5]
Horas Días Meses Años

¿Ha habido indicios de muerte violenta? Sí No
¿Se practicó autopsia clínica? Sí No

¿La defunción ha ocurrido como consecuencia directa o indirecta de?:
Accidente de tráfico No Sí — Accidente laboral No Sí — Fecha del mismo: Día Mes Año

En ______________, a ____ de ______________ de ________ **Firma del médico**

Mod. CMD-BED-IVA — 1 2 3 4 5 (ver instrucciones en página 2) 01

Doc. 5. Nuevo modelo de Certificado Médico de Defunción.

Este documento es una poderosa herramienta estadística que permite el registro de mortalidad como única fuente universal de información sobre las causas de las distintas enfermedades. Permite conocer la causa de la muerte, incidencia y prevalencia de las enfermedades, diseñar y evaluar programas de intervención sanitaria, y desarrollar programas de investigación, como es el caso de la encefalopatía espongiforme y gripe aviar.

Las consecuencias del desconocimiento diagnóstico y del procedimiento de certificación por parte de los médicos se ven reflejadas en las estadísticas de mortalidad (Mirón et al. 1995; Segura et al. 1993). En efecto, en el Capítulo XVIII de la Clasificación Internacional de Enfermedades (CIE-10) se incluyen los signos, síntomas y estados morbosos mal definidos; es decir, aquellas causas de muerte inclasificables en cualquiera de los otros 21 grandes apartados de la CIE. En la década de los cincuenta este apartado llegaba a significar cerca del 15 por ciento de todas las causas de muerte en España. Aunque no se trata de un indicador suficientemente preciso de la calidad de la certificación, sirve como orientación general (Villar 1989). La validez de este indicador ha mejorado en la última década por la introducción de cursos y talleres sobre certificación y cumplimentación del CMD (Mirón et al. 1995; Segura 1990; Barreiro et al. 2003), así como otras iniciativas llevadas a cabo en España como valoración mediante encuesta telefónica (CIE-10. 2003).

b) La autopsia clínica

Mientras que la determinación del número de muertes es algo exacto y preciso, la notificación de las causas presenta con frecuencia, limitaciones, déficits y en ocasiones es errónea. A la hora de determinar la causa básica de la muerte según estudios realizados (Puyol et al. 1994; López et al. 2008), entre un 25 y un 50% de los diagnósticos clínicos son incorrectos cuando se comparan con los diagnósticos definidos tras la autopsia. Un amplio estudio retrospectivo de todos los fallecidos en la Comunidad Autonómica de Cantabria durante el periodo 1990-1998, ha sido realizado por Oruña et al. (2004) en el que se analizaron 1.510 diagnósticos de causa inmediata de muerte que figuraban en el CMD, y el hallado en la autopsia clínica; encontraron una discrepancia del 74%, por lo que la fiabilidad de los diagnósticos médicos de defunción en cuanto a la causa inmediata de muerte es baja. En medio hospitalario es de un 24,2% (Martín Polo 2004). El porcentaje de autopsias, considerado como el mejor estándar posible para conocer con qué exactitud se certifican las causas de muerte, es bajo no sólo en España sino en el resto de los países. Se estima como deseable realizar autopsias en un 30% de los pacientes que mueren en el hospital (Martín Polo 2004).

En nuestro país cada día fallecen aproximadamente dos personas por cada 100.000 habitantes. Dado que menos del 40% de las muertes ocurren en el medio hospitalario (y sólo en un 10% de éstas se llega a realizar estudio necrópsico, que en nuestro medio sanitario son de 49,71 y menos del 1% respectivamente), las estadísticas en base a datos hospitalarios no reflejan la verdadera incidencia de patologías causantes de muerte en la comunidad. Cuanto menor sea el tanto por ciento de autopsias realizadas, menor será el grado de fiabilidad y precisión de los diagnósticos de causa de muerte en los certificados de defunción. Este hecho podría sesgar y cambiar algunos de los resultados estadísticos de estudios epidemiológicos publicados en la literatura médica. No obstante, éste no es el único factor que explica las discrepancias en la certificación de las causas de muerte (Martín Polo 2004: Mirón et al. 1995).

Por otra parte, Segura et al. (1990) cuestionan la utilidad de las autopsias para la validación del diagnóstico de la causa de muerte pues consideran que las muertes objeto de autopsia pueden estar afectadas por un sesgo de selección; además un número considerable de enfermedades tienen un diagnóstico esencialmente clínico. Así, sin despreciar la utilidad del examen patológico para la confirmación de la muerte en algunos certificados de defunción, sí puede cuestionarse su validez universal para evaluar la calidad de las estadísticas de mortalidad. A pesar de la escasa proporción de autopsias, las estadísticas de mortalidad españolas proporcionan datos suficientemente válidos sobre la distribución de algunos problemas de salud que padece nuestra comunidad aunque, desde luego, pueda mejorarse notablemente la validez de esta fuente de información sanitaria.

c) Causa Básica

La certificación correcta de la causa de muerte requiere tener claros varios conceptos (Barreiro et al. 2003; Villar 1989):

1. Saber distinguir perfectamente entre "causa" y "mecanismo" de la muerte.
2. Comprender el significado de los términos "causa inmediata de muerte" y "causa fundamental de muerte o causa básica".

La Asamblea Mundial de la Salud (WHA) en sus resoluciones WHA 20.19 y WHA 43.24 definió causa de defunción como "*todas aquellas enfermedades, estados morbosos o lesiones que causan la muerte o que contribuyeron a ella, y las circunstancias del accidente o de la violencia que produjeron dichas lesiones*", y causa fundamental o básica de defunción como "(a) *la enfermedad o lesión que inició la cadena de acontecimientos patológicos que condujeron directamente a la muerte, o* (b) *las circunstancias del accidente o violencia que produjeron la lesión fatal*" (OMS. 1980 y 2003). Internacionalmente se utiliza el término de causa básica de defunción por ser el acordado en la Conferencia para la Sexta Revisión de la CIE (OMS 2003). En consecuencia, se reflejará una única causa, que es la que se codifica y clasifica. Es una entidad precisa y específica que se caracteriza por no ser secundaria a ninguna entidad nosológica, es por eso que se trata de enfermedades plenamente reconocidas por todos, con categoría independiente. Esto no significa que no se deba a trastornos y estados patológicos, hereditarios, congénitos o adquiridos de esa enfermedad como pudiera ser una enfermedad hipertensiva de causa renal. Por tanto, la característica principal, además de ser una enfermedad, es que no depende directamente de otra. Como ejemplos se incluyen enfermedades tales como cardiopatía arteriosclerótica, diabetes mellitus, tuberculosis o hepatocarcinoma.

La causa inmediata o final de muerte es "*la lesión, enfermedad o complicación que precede a la muerte*". La causa básica de muerte debe tener una relación etiológica o patológica con la causa inmediata de muerte, y debe haber iniciado la cadena letal de acontecimientos, sea cual sea la duración en el tiempo. Un ejemplo de la secuencia lógica de acuerdo con los conocimientos científicos de la historia natural de la enfermedad sería el edema agudo de pulmón, que es la causa inmediata de muerte, debido al infarto agudo de miocardio (causa intermedia) y a la ateroesclerosis coronaria (causa básica). La causa inmediata de muerte que se registra en el certificado médico de defunción es un dato que no se utiliza para elaborar las estadísticas de mortalidad. Sin embargo sería importante conocerlo para el médico asistencial que le permitiría saber las complicaciones por las que fallecen enfermos crónicos, enfermos quirúrgicos a los que se le ha dado de alta hospitalaria o han pasado por servicio de urgencias.

El mecanismo de la muerte es "*la alteración fisiológica o biológica originada o provocada por la causa*". Los mecanismos de muerte no son nunca etiológicos y pueden ser el resultado de más de una causa. Es el modo por el cual la causa ejerce sus efectos letales. Como ejemplos se incluyen: la insuficiencia cardiaca, la parada cardiorrespiratoria, la insuficiencia hepática, la hemorragia gastrointestinal o las alteraciones electrolíticas. El mecanismo de muerte nunca debería figurar en el certificado de defunción; esto puede confundir a quienes realizan estadísticas vitales, ya que no hay forma de conocer qué lesión o enfermedad fue la causa básica de la alteración fisiológica (OMS 2003; Villar 1989).

1. Errores en la certificación

1.1. Estudios epidemiológicos

Existen muchas posibilidades de cometer algún error en la certificación de la muerte. En algunos pacientes la causa de muerte es desconocida; otras veces está equivocada, y en otros casos existe la duda porque la autopsia no se ha practicado o se ha realizado sin estudio microscópico. Además, ya que el certificado se realiza horas después de la muerte, y una autopsia que comprende evisceración, fijación, procesamiento y estudio histológico se demora varios días para su terminación, en los casos en que se averigua el diagnóstico de la causa de muerte por regla general nunca es corregida posteriormente en el certificado. El error aumenta con la edad del fallecido, por la pluripatología que presentan estas edades (Alonso et al. 1999).

Se ha comprobado que cerca del 60% de los certificados de defunción tienen uno o más errores. El error más común (cerca de un tercio de los casos) es citar el mecanismo o los mecanismos de la muerte como causa. Ya que un mecanismo de muerte puede deberse a más de una causa, términos que expresen alteraciones fisiopatológicas como "fracaso multiorgánico", "hipoperfusión", "insuficiencia respiratoria" o "sepsis", se pueden atribuir a cualquier motivo. El segundo error más frecuente es incluir complicaciones del origen de la muerte en el apartado destinado a las enfermedades o situaciones que han contribuido a ella pero sin estar relacionadas con la causa que la produjo (Villar 1989).

El error de atribuir la causa de muerte a "parada cardiaca", "parada cardiorrespiratoria", "parada respiratoria" o "asistolia" tambien se observa en los certificados de defunción. Ya que la parada cardiaca sucede en todas las muertes (excepto en los donantes de corazón), es un término sin ningún significado. Es sencillamente una condición para estar muerto, aunque, de acuerdo con la OMS, la parada cardiaca es causa inmediata de muerte cuando se trata de "la complicación que precede a la muerte". Otra cosa es, desde luego, que se aplique abusivamente (Segura et al. 1990). Cuando es el único dato que dispone el certificado de defunción, constituye un serio problema estadístico, y generalmente, se suma al grupo de las enfermedades cardiovasculares, alterando y sesgando los datos epidemiológicos de mortalidad (Barreiro et al. 2003). En este sentido, Oruña et al. (2004) han observado sobre una muestra de 1.510 certificados a los que se le ha practicado la autopsia clínica que en el 45,96% se certifica parada cardiorrespiratoria como causa inmediata de muerte, lo que supone un 80% del total de los diagnósticos del grupo de las enfermedades cardiovasculares, frente al 0,72% del total y al 3,71% del grupo de enfermedades cardiovasculares como resultado de la autopsia. Esto es debido a que resulta más difícil para el clínico conocer la causa inmediata de muerte que la causa fundamental. Se usa el término parada cardiorrespiratoria como un comodín al que recurrir cuando no sabemos la complicación o causa última que llevó al fallecimiento. En los casos de autopsia no se debe utilizar dicho término, sino el de causa desconocida (Martín Polo 2004).

Es bastante frecuente el error de invertir el orden de las causas de muerte. En estos casos la causa inmediata aparece como la causa básica, y en lugar de ésta se suele citar un mecanismo de muerte o bien la causa intermedia o inmediata. Por último, términos como "estado vegetativo", "ventilación mecánica", abreviaturas y escritura ilegible, son ejemplos de datos inapropiados incluidos en los certificados de defunción (Villar 1989). En caso de enfermedades crónicas no transmisibles, la utilización de términos como "descompensación cardiovascular, hipertensiva, diabética o asmática", puede inducir a pensar en fallos en el control de dichas enfermedades por diversas causas, como por ejemplo, la falta de recursos económicos o atención médica (Nogueras 2006).

1.2. Investigación propia

En la investigación realizada, analizamos el grado de discrepancia clínico-patológica en relación a la causa básica (CB) o fundamental de muerte entre los datos que el médico ha registrado en el Certificado Médico de Defunción y los hallazgos en la autopsia clínica.

La muestra está constituida por los datos provenientes de 146 fallecidos a los que se les ha realizado la autopsia en el Departamento de Anatomía Patológica del Hospital Clínico Universitario de Salamanca durante el periodo investigado (1992-2004). Por lo tanto, la información sobre los fallecidos proviene de dos fuentes: los informes de autopsias del Departamento de Anatomía Patológica y de los certificados de defunción del Registro Civil de Salamanca para el mismo periodo.

El análisis estadístico descriptivo realizado se puede dividir en tres partes: la primera parte, donde se describe la prevalencia de la causa de la muerte, tanto en los certificados de defunción como en el informe del estudio postmortem. Para realizar el análisis fue necesario agrupar la causa básica en procesos patológicos a los cuales pertenecen. En el estudio de la prevalencia se realizaron tablas y gráficos de la distribución de la causa básica con respecto al año en el que se realizó la autopsia, el sexo del fallecido, la edad del fallecido y servicio clínico hospitalario que solicita la autopsia.

En la segunda parte se realiza un análisis descriptivo de la tasa de discrepancia. Esta tasa se calcula a partir del porcentaje de errores cometidos en los certificados en relación a la causa básica de muerte. Además de la tasa de discrepancia, también se presentan los tipos de errores cometidos. La tasa de discrepancia fue calculada para las variables: año, sexo, edad y causa básica de muerte del estudio postmortem.

Finalmente se realiza un estudio multivariante, que se efectuó en dos etapas:

1. Análisis de Segmentación, utilizando como variable independiente la presencia o ausencia de errores en los certificados de defunción. Este análisis nos permite construir grupos de certificados o fallecidos.

2. Análisis de Correspondencias, a la tabla bidimensional de los grupos encontrados con los tipos de errores hallados en los certificados de defunción.

La causa básica (CB) de muerte se ha agrupado en procesos patológicos (Tabla 3), según el criterio establecido en el trabajo de investigación precedente "Estudio retrospectivo sobre la autopsia clínica en el Hospital Universitario de Salamanca durante el periodo 1992-2002" (Martín Polo 2004).

Enfermedades	**nº de casos**
Enfermedades hematológicas	64
Neoplasia	19
Procesos infecciosos	16
Enfermedades cardiovasculares	14
Estado postoperatorio y/o postransplante	12
Otros	20

Tabla 3: Causa básica de la muerte agrupada por patologías encontradas en las 146 autopsias.

En el estudio postmortem, la causa básica más frecuente registrada en los informes de autopsia está representada por las enfermedades hematológicas con 64 casos, seguido de las neoplasias con 19 casos y los procesos infecciosos con 16 casos, (Tabla 3 y figura 7), en contraposición con lo registrado en los certificados de defunción donde los procesos infecciosos se sitúan con 35 casos y las neoplasias ocupan el cuarto lugar con 18 casos, por debajo de las enfermedades cardiovasculares y manteniéndose en primer lugar las enfermedades hematológicas con 40 casos (Tabla 4).

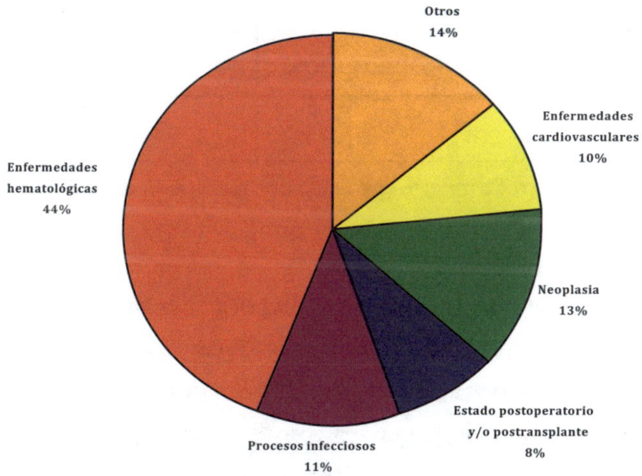

Figura 7. Distribución porcentual de las patologías encontradas en las 146 autopsias.

Seguidamente se presenta la causa básica de muerte establecida en los certificados médicos de defunción y agrupadas por patologías (Tabla 4). En estos certificados se encontraron algunas deficiencias: por ejemplo, en 12 (8,2%) certificados no constaba la causa básica de muerte. Existen otras irregularidades que serán descritas más profundamente en el apartado de discrepancias o errores en este registro. También hay casos donde aparecen dos causas de muerte, básica e inmediata, por lo que para estudiar su prevalencia se registraron dos veces. A la clasificación utilizada anteriormente para la variable causa básica de muerte se le sumaron dos categorías, parada cardiorrespiratoria (PCR) y fallo multiorgánico (FMO), pues se encontraron en los registros de los certificados de defunción.

Enfermedad	**Frecuencia**	**%**
Enfermedades hematológicas	40	28,37
Procesos infecciosos	35	24,82
Enfermedades cardiovasculares	26	18,44
Neoplasia	18	12,77
Parada cardiorrespiratoria (PCR)	**6**	**4,25**
Fallo multiorgánico (FMO)	**5**	**3,55**
Estado postoperatorio y/o postransplante	1	0,71
Otros	10	7,09

Tabla 4: Causa básica de muerte agrupada por patologías en los certificados de defunción.

Hay patologías que llaman la atención por presentar grandes diferencias: las enfermedades hematológicas son más frecuentes (64 casos) en los hallazgos del estudio postmortem, mientras sólo se anota en 40 certificados de defunción. Con los procesos infecciosos, sucede lo contrario, ya que aparecen 35 veces como causa básica de muerte en los certificados de defunción y sólo 19 veces en los informes anatomopatológicos; el estado postoperatorio y/o postransplante está una vez en los registros de defunción y los patólogos encontraron 12 casos en el estudio postmortem (Figura 8).

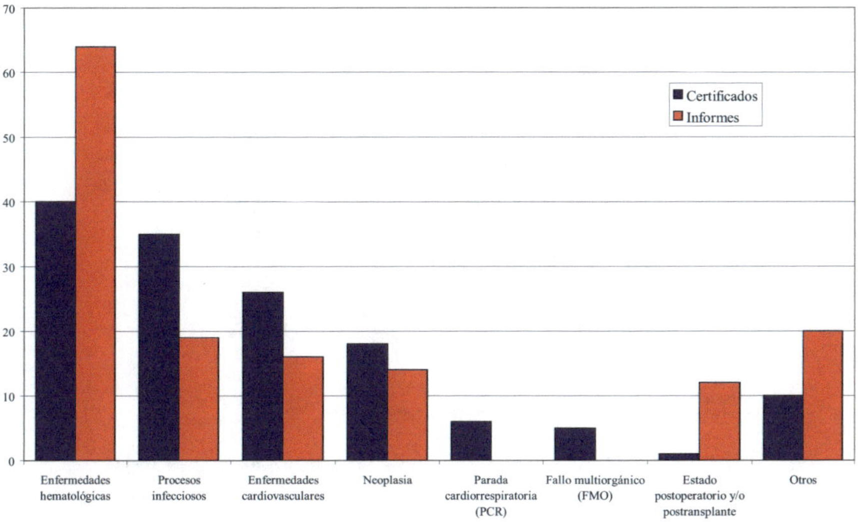

Figura 8. Número de autopsias por patologías encontradas para cada año.

Respecto al sexo, en los estudios postmortem no se encuentran diferencias significativas respecto a la distribución de la causa básica en las diferentes patologías. Los procesos neoplásicos e infecciosos son más frecuentes en el hombre, a excepción del estado postoperatorio y/o postransplante con 7 casos en las mujeres y 5 en los hombres.

La edad promedio de fallecimiento es de 56 años, por debajo de la cual están los procesos infecciosos con 42 años para las mujeres y 51.9 años para los hombres, y las enfermedades hematológicas con 49.4 años para los hombres y 55.5 años para las mujeres.

En relación a los servicios, la causa básica más frecuente encontrada por los patólogos en el servicio de Hematología son las enfermedades hematológicas (46 casos), en el de Medicina Interna son las neoplasias (13 casos) y en la UVI los procesos infecciosos (7 casos). En cuanto al número de patologías para cada año las enfermedades hematológicas son las más frecuentes, excepto para el año 1993 donde predominan los procesos infecciosos y en el año 1997 los procesos neoplásicos, (figura 9).

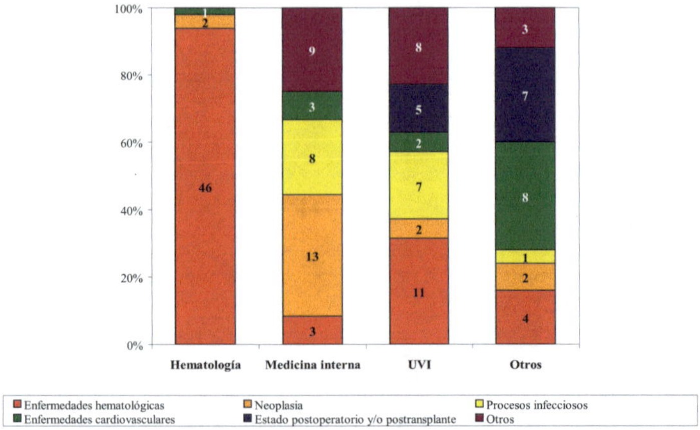

Figura 9. Distribución porcentual de las patologías encontradas por servicio solicitante.

Hemos observado que en 42 certificados de defunción se cumplimenta la causa inmediata en lugar de la causa básica (CI), representando el 55,3% de los errores encontrados en los certificados. La ausencia de causa básica de muerte en el Certificado de Defunción (NO), con 12 casos, representa el 15,8% de los errores. También es importante resaltar los 6 certificados, 7,9% de los errores, donde se anotó como causa básica de la muerte la parada cardiorrespiratoria (P/D, P) (Figura 10).

Tipos de Errores	Casos
NO	12
CI	42
E	9
D	5
P	1
F	2
P/D	5

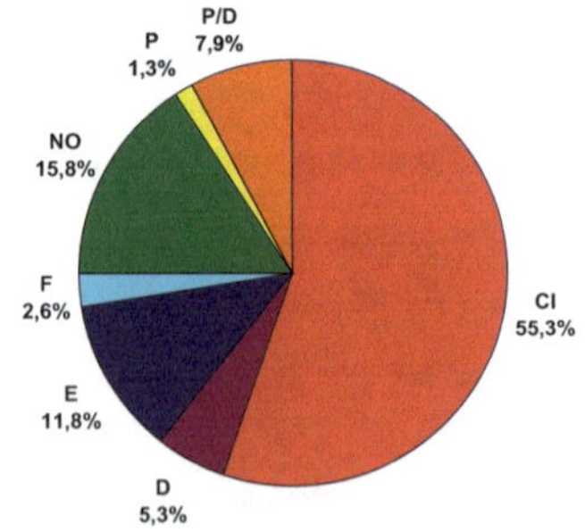

Leyenda

NO:	No consta la causa básica de muerte en certificado de defunción.
CI:	En el certificado de defunción, en vez de la causa básica se anota o cumplimenta con la causa inmediata.
E:	En el certificado de defunción la causa básica es distinta.
D:	En el certificado de defunción, la causa básica de muerte es la causa básica más la causa inmediata de muerte.
P:	En el certificado de defunción, en la causa básica de muerte aparece parada cardiorrespiratoria (PCR).
F:	En el certificado de defunción, en la causa básica de muerte aparece fallo multiorgánico (FMO).
P/D:	En el certificado de defunción, la causa básica es la causa básica más FMO, más la PCR.

Figura 10. Tipos de errores cometidos en los 76 certificados de defunción.

El número de casos discrepantes es de 76, en los que la causa básica registrada en los certificados de defunción no se corresponde con la del informe de autopsias. La tasa general de discrepancia o errores es del 52.1% (figura 11), cifra que se encuentra entre los parámetros encontrados en otras publicaciones, entre el 25 y 60% (Puyol et al. 1994; Villar 1989; Davis et al. 1986). Debería preverse una mayor concordancia entre ambas fuentes de investigación al ofrecer la autopsia datos más fiables (Fernández et al. 1999). Esta alta tasa de errores puede atribuirse a que los certificados de defunción se cumplimentan antes de la práctica de la autopsia. En este estudio no se observa información procedente de la autopsia en los certificados de defunción, lo que también ha sido apreciado por otros autores (Kircher et al. 1985).

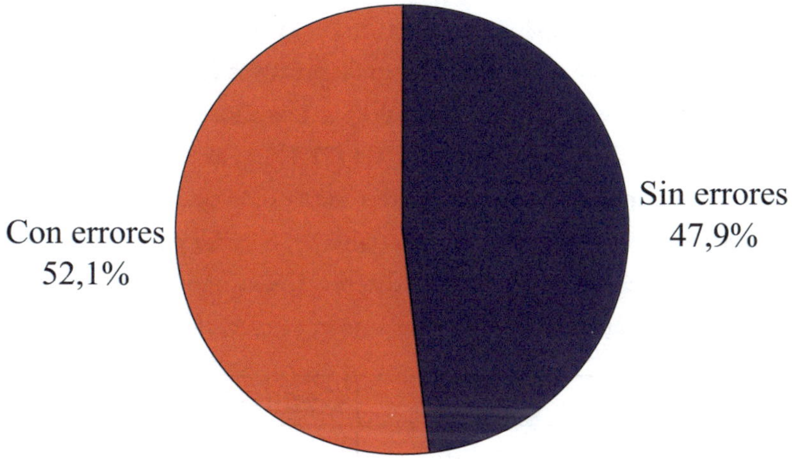

Figura 11. Porcentaje de errores cometidos en los certificados de defunción.

El servicio donde con más frecuencia se cometen errores es el servicio UVI, con una tasa de error superior al 70%. Una de las complicaciones más frecuentes que se dan en dicho servicio son los procesos infecciosos, lo que conduce a que se cumplimenten dichos procesos como causa básica de muerte. El servicio de Hematología, siendo el que más autopsias solicita, es el que tiene menor tasa de error, 34,7%, probablemente debido a que estos pacientes fallecen por la patología fundamental de la que son tratados. El servicio de Medicina Interna con una tasa de 54,05%, puede atribuirse a la pluripatología y edad avanzada de los enfermos (Alonso et al. 1999) (Figura 12).

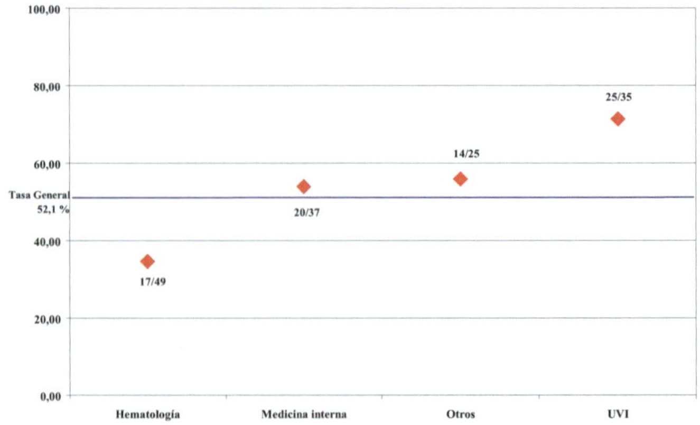

Figura 12. Tasa de discrepancias por servicio solicitante.

La tasa es mayor para los hombres (55.3%) y grupo de edad menor de 30 años (64%), posiblemente porque fallecen de procesos agudos, y mayores de 70 años (65%), por presentar múltiples patologías. Los años con mayor tasa corresponden a 1994 (66,7%), 1995 (75%) y 2004 (71,4%). Las patologías con menos errores corresponden a las enfermedades hematológicas, con un 12.5%, y a los procesos neoplásicos con un 33.3% (tabla 5). Kircher et al. (1985) también han encontrado que las neoplasias son diagnosticadas con menor tasa de error, siendo las enfermedades cardiovasculares las que presentan mayor tasa de error.

Causa Básica	**Certificados**	**Errores**	**Tasa**
Enfermedades hematológicas	40	5	12,5
Neoplasia	18	6	33,3
Procesos infecciosos	35	24	68,6
Enfermedades cardiovasculares	26	20	76,9
Estado postoperatorio y/o postransplante	1	1	100,0
Parada cardiorrespiratoria (PCR)	6	6	100,0
Fallo multiórgánico (FMO)	5	5	100,0
Otros	10	5	50,0

Tabla 5. Tasa de errores por causa básica de muerte en los certificados médicoa de defunción.

Los tipos de errores cometidos en los certificados de defunción son variables. El más frecuente es la presencia de la causa inmediata de muerte (57,9%). Le sigue en frecuencia la falta de anotación de la causa básica (15,8%). Estos tipos de errores se pueden evitar con un buen entrenamiento a través de talleres y/o seminarios o cursos de formación continua en cumplimentación de causas de muerte según las Normas Internacionales de Certificación de Causas de Muerte (Mirón et al. 1995; Barreiro et al. 2003; OMS 2003). Los certificados en los que la causa básica registrada en el certificado no coincide con la del informe de autopsia representa el 11,8%, y la presencia de mecanismos de muerte o modos de morir (PCR y FMO) el 11,8%. Esta última tasa está por debajo de la encontrada por otros autores que la sitúan entre un 20% y un 45,9%, considerándolo el error más común (Villar 1989). Los fallecidos de más de 79 años en los servicios de Medicina Interna y Hematología tienen una tasa de error del 81,8% del tipo E (discrepancia clínico-patológica), seguido de los fallecidos en UVI con una tasa del 71,43% del tipo CI (causa inmediata en lugar de causa básica) (Tabla 6).

Grupos	Tasa de Errores
2 Servicio: M.I., H y Otros Edad: >=79 años	81,82
1 Servicio: UVI	71,43
4 Servicio: M.I. y Hema. Edad: <79 años CB: P.Infe, E.Card y otro	61,11
3 Servicio: Otros Edad: <79 años	56,52
5 Servicio: M.I. y Hema. Edad: <79 años CB: E.Hema y neoplasia Sexo: hombres	35,90
6 Servicio: M.I. y Hema. Edad: <79 años CB: E.Hema y neoplasia Sexo: mujeres	20,20

Tabla 6. Grupo de Certificados
ordenados según la tasa de error.

Para estudiar los errores en los grupos de certificados, no sólo interesa conocer la presencia o ausencia de errores, sino también describir la causa de estos errores. Por lo tanto se realiza un análisis de correspondencias entre los grupos y los tipos de errores encontrados en los certificados.

A partir de los grupos encontrados en el análisis de segmentación se crea una nueva variable que clasifica a los fallecidos en el grupo al cual pertenecen. La otra variable para el análisis de correspondencia es el tipo de error. Esta variable se reclasificó, agrupando algunas categorías en "Otro" y colocando "Sin" a los certificados sin ningún tipo de error en la causa básica de muerte. Seguidamente, se presenta la tabla de contingencia a partir de la cual se realiza el análisis de correspondencia (Tabla 7).

	Tipos de Errores					
Grupos	CI	E	NO	Otro	Sin	Total
1 Servicio: UVI	20	1	0	6	10	35
2 Servicio: M.I., H y Otros Edad: >=79 años	4	2	2	1	2	11
3 Servicio: Otros Edad: <79 años	6	1	4	2	10	23
4 Servicio: M.I. y Hema. Edad: <79 años CB: P.Infe, E.Card y otro	6	2	1	2	7	18
5 Servicio: M.I. y Hema. Edad: <79 años CB: E.Hema y neoplasia Sexo: hombres	6	3	3	2	**25**	39
6 Servicio: M.I. y Hema. Edad: <79 años CB: E.Hema y neoplasia Sexo: mujeres	2	0	2	0	**16**	20
Total	44	9	12	11	70	146

NO:	No consta la causa básica de muerte en certificado de defunción.
CI:	En el certificado de defunción, en vez de la causa básica se anota o cumplimenta con la causa inmediata.
E:	En el certificado de defunción la cusa básica de muerte es distinta.
Otro:	En el certificado de defunción, la causa básica de muerte es la causa básica más la causa inmediata de muerte y/o aparece parada cardiorrespiratoria.
Sin:	Los certificados de defunción sin ningún tipo de error en la causa básica de la muerte

Tabla 7. Tabla de Contingencia de tipos de errores según grupos.

El plano factorial construido en el análisis de correspondencias tiene buena calidad de representación, pues muestra el 92,16% de la inercia de la tabla original, 69,4% para el eje 1 y 22,7% para el eje 2 (Figura 13).

Al observar el plano, se confirman conclusiones del análisis de segmentación. Por ejemplo, los grupos 5 y 6 están asociados a la no existencia de errores en los certificados de defunción (Sin). La Figura 13 también muestra nueva información sobre los tipos de errores cometidos al cumplimentar los certificados. Los 35 fallecidos provenientes del servicio UVI (grupo 1), con un 71,43% de errores, ahora sabemos que la mayoría se deben a que en vez de la causa básica se anota la causa inmediata en los certificados de defunción (CI), pero también por anotar FMO o PCR (Otro).

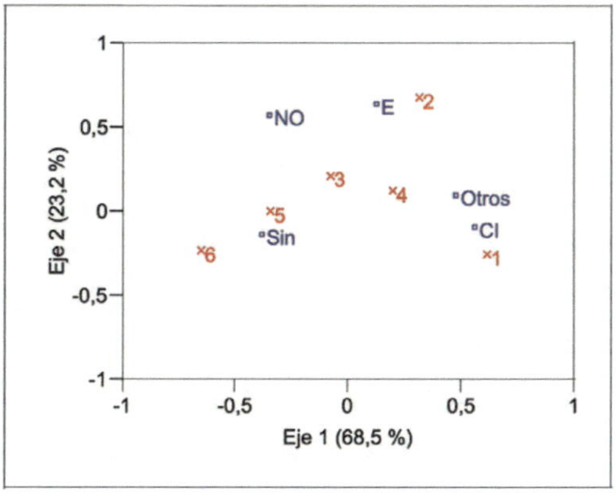

Figura 13. Plano Factorial de los grupos y tipos de errores cometidos en los certificados de defunción.

Por otra parte, el grupo 2 formado por los 11 fallecidos con 79 años o más, provenientes de los servicios de Medicina Interna, Hematología y otros servicios, con un 81,82% de casos con errores, están más asociados con un error tipo clínico-patológico, pues la causa básica de muerte del fallecido recogida en el informe anatomopatológico de autopsia, no es la misma que la recogida en el certificado de defunción (E) (Figura 13).

Los certificados con un sólo error en la causa básica de muerte representan el 66,86%, con dos errores el 5,7% y con tres errores igualmente el 5,7% (Figura 14).

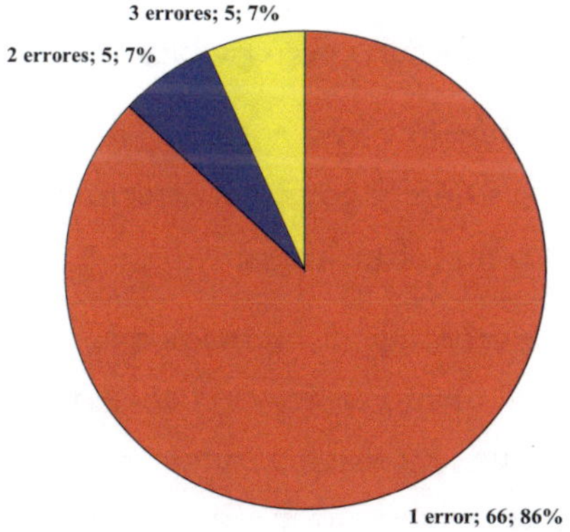

Figura 14. Número de errores en los certificados de defunción.

1. 3. Prevención de los errores

Mirón et al. (1989) valoraron la efectividad de un seminario informativo en la mejora de los indicadores de calidad de las certificaciones de las causas de muerte en nuestro país. Consistió en una exposición teórica sobre la importancia de las estadísticas de mortalidad en el contexto de la Salud Pública, el circuito de datos e información sobre mortalidad y el papel del médico en la calidad de dichas estadísticas. Para ello, en primer lugar, se realizaron seis ejercicios de cumplimentación de boletines estadísticos de defunción por parte de 173 alumnos voluntarios de sexto curso de la Licenciatura de Medicina de la Universidad de Salamanca. En segundo lugar, se llevó a cabo la exposición teórica de 60 minutos y, por último, se realizaron 6 nuevos ejercicios de cumplimentación de boletines estadísticos de defunción, con objeto de evaluar la mejora de los indicadores de calidad. Para dicho autor, los criterios de calidad utilizados se obtuvieron de las normas internacionales de certificación de causas de muerte. Dichos criterios fueron los siguientes:

C1. Cumplimentar correctamente la causa básica de muerte.

C2. Establecer una secuencia lógica compatible con el caso planteado.

C3. Existencia en las certificaciones de varias causas básicas de muerte.

C4. Confusión entre mecanismo y causa de muerte.

C5. Existencia de términos imprecisos e inespecíficos médicos.

C6. Existencia de abreviaturas y/o siglas.

C7. Existencia de minúsculas pero legibles.

Cada criterio fue valorado como correcto, si existía coincidencia con los criterios utilizados por la OMS, y como incorrecto cuando existía disparidad, ausencia o presencia pero no coincidencia.

Se observó que el porcentaje de alumnos que certificaron correctamente en el ejercicio posterior aumentó en relación al ejercicio anterior en todos los criterios de calidad, aunque con distinta importancia cuantitativa y cualitativa. El indicador más sensible, puesto que cambia sustancialmente casi en un 50%, es el referente al aspecto formal de las cumplimentaciones, como es el que se hagan dichas certificaciones con minúsculas pero legibles. El número de certificaciones con cumplimentación correcta de la causa básica o fundamental de muerte mejoró en un 7%, lo que influirá favorablemente en el número de causas de muerte que se clasificarán en los distintos grupos de la Clasificación Internacional de Enfermedades y específicamente disminuirá el número de certificaciones encuadradas en el grupo XVIII, aumentando la validez de las estadísticas de mortalidad, si bien dichas mejoras quedan supeditadas a la persistencia del efecto producido por el seminario, lo que podremos comprobar en los datos reflejados en el Movimiento Natural de la Población (INE) y en estudios posteriores (Mirón et al. 1995).

Otro aspecto importante es la mejora en el número de certificaciones que no confunden el mecanismo de muerte con la causa de la misma, lo que aumentará la validez de las estadísticas en el futuro. Ambos aspectos son de vital importancia en la mejora de la fiabilidad de las estadísticas de mortalidad.

Por otra parte, la mayor persistencia de respuestas incorrectas se produjo en el indicador de "secuencia lógica". Dicha dificultad se debe a que la mayor parte de las muertes acontecen en ancianos, portadores de enfermedades crónicas y multicausales. La cumplimentación del Boletín Estadístico de Defunción (ya no se realiza al entrar en vigor en el año 2009 el nuevo modelo de Certificado), que seguía las normas internacionales, estaba basada en la identificación de una sola causa como desencadenante del resto de las causas y que en un orden lógico conducen a la muerte (Mirón et al. 1995; Segura et al. 1987). Estudios previos referidos a la validez de las estadísticas de mortalidad en nuestro país reflejan la necesidad de difundir los criterios de certificación de causas de muerte propuestos por la OMS mediante cursos y/o seminarios, tanto a nivel de pregrado como postgrado, al objeto de mejorar la información que se deriva de la defunción de una persona, además de sensibilizar a los profesionales sanitarios de la importancia de actividades no asistenciales que complementan y, muchas veces, condicionan el desarrollo de la labor asistencial. Mirón et al. (1995) proponen las siguientes medidas:

1. Enseñanza:

    a) Es necesario reforzar la enseñanza de pregrado y postgrado sobre la cumplimentación correcta de los certificados de defunción.

Los estudiantes de medicina y los médicos residentes deben familiarizarse con la Clasificación Internacional de Enfermedades, y ser conscientes del valor que los certificados tienen, no sólo en estadísticas vitales sino en la práctica legal (juicios, pensiones de viudedad, pólizas de seguro).

b) La enseñanza o puesta al día podría ser llevada a cabo mediante seminarios, conferencias periódicas, talleres y/o cursos extraordinarios de formación continua o en cursos de postgrado (Desarrollo Profesional Continuo).

2. Aumentar el número de autopsias:

a) Sería necesario llegar a realizar necropsias en el 25-30% de los pacientes que fallecen en el hospital, pues es el mejor estándar para conocer con exactitud las causas de defunción (Martín Polo 2004).
b) La creación de un centro computarizado nacional de datos de autopsias podrían beneficiar a un extenso abanico de investigadores, estadísticos y científicos.

1.4. Conclusión

La tasa de error observada en los Certificados Médicos de Defunción referida a la *causa básica de muerte* en relación con la descrita en el informe de autopsia es del 52,9%, siendo para las enfermedades cardiovasculares del 76,9%.

El tipo de error más frecuente es confundir la *causa básica de muerte con la causa inmediata.* Este error es importante y representa el 57,8% del total de errores encontrados en los Certificados Médicos de Defunción.

El servicio de Hematología es el servicio hospitalario que registra una menor tasa de error (12,5%), y el de UVI el de mayor tasa de error (70%).

IX.
DISCREPANCIA CLÍNICO-PATOLÓGICA

La crítica siempre es constructiva, permite el avance de la ciencia y el desarrollo de la persona.

1. Estudios epidemiológicos

Para el Prof. Bullón Sopelana (1998) la correlación anatomo-clínica sigue siendo en nuestros días uno de los métodos más importantes de la medicina, tanto en el conocimiento de la patogenia como en el diagnóstico, tratamiento y pronóstico de las enfermedades. Este método de estudio desde hace más de cien años ha conformado la mentalidad no sólo de patólogos sino de todas las especialidades clínicas. La función más importante de la autopsia clínica es la de la correlación anatomo-clínica, y es uno de los métodos utilizados en diferentes países para medir la calidad de todo el proceso de atención médica que precedió al fallecimiento del paciente (Bombi 2004; Pérez et al. 2005). Es un indicador de calidad de los más valiosos y útiles (aunque no el único) de la atención hospitalaria al aumentar el nivel de conocimiento en relación a un grupo seleccionado de pacientes que han fallecido a pesar de los esfuerzos de los profesionales sanitarios y de los grandes recursos tecnológicos y terapéuticos existentes.

A pesar de los avances en la tecnología médica, permanece una alta tasa de discrepancia entre el diagnóstico clínico premortem y el diagnóstico del examen postmortem en pacientes que fallecen en el ámbito hospitalario (O´Connor et al. 2002; Kisch et al. 1996; Sonderege et al. 2000). Varios estudios han analizado la cuestión de los avances tecnológicos y la discrepancia entre el diagnóstico clínico y el anatomopatológico. Aproximadamente dos terceras partes de las causas no diagnosticadas de muerte fueron consideradas como condiciones posibles de tratamiento; esto sugiere que las autopsias pueden descubrir muchos diagnósticos importantes que no ve la medicina moderna de alta tecnología (Nichols et al. 1998). Sin duda, los recientes avances tecnológicos en la medicina posibilitan la aplicación de métodos más sensibles y certeros para el diagnóstico clínico durante la vida. No obstante, a pesar de la utilización creciente de exámenes endoscópicos, de imagen y marcadores tumorales, la tasa de casos discrepantes se mantiene entre un 8 y un 37%, como se ha podido comprobar en varios estudios de diferentes países. La inducción a error diagnóstico de los métodos actuales de laboratorio y de imagen es de un 7% a un 10% (Gonçalvez 2005). Los errores en radiología son relativamente frecuentes. Entre el 2% y el 30% de los informes radiológicos pueden tener errores y los errores diagnósticos serían responsables del 45% de los acontecimientos adversos (Biblioteca-noble 2009). El 8% de los errores radiológicos llegaron a los Tribunales por sus consecuencias negativas (Ortega et al. 2008). Una segunda lectura en radiología produjo discrepancias del orden del 24% al 42%. La mayor discrepancia fue en la mamografía para detectar cáncer de mama donde entre el 10% y el 30% de los tumores de mama se pasan por alto. En el otro extremo se observó un exceso de diagnósticos de cáncer de mama que determinó la realización de procedimientos invasivos innecesarios. Esto se debería a un temor de los médicos de caer en una mala praxis y prefieren pecar por exceso que por omisión (Berner et al. 2008).

A la hora de realizar una autopsia las tres categorías de preguntas más frecuentes de interés clínico son (Zarbo et al. 1999):

a) Identificar la patología que explica los signos o síntomas clínicos (28%).
b) Establecer la causa de la muerte (21%).
c) Confirmar el diagnóstico clínico (19%).

Dar respuesta a estas preguntas permitirá conocer el grado de concordancia o discrepancia entre los estudios clínicos y postmortem y sus probables causas; incrementar el conocimiento médico y, con ello, mejorar la calidad de la atención hospitalaria hacia los pacientes.

Diferentes autores han realizado estudios en series de autopsias, comprendiendo distintos periodos, en relación con la tasa de discrepancia clínico-patológica. Así, Shojania et al. (2003) han cifrado actualmente la tasa de errores graves en los Estados Unidos entre un 8,5 y un 24%. Bombi (2004) ha realizado una importante revisión bibliográfica sobre la discrepancia clínico-patológica encontrando cifras que oscilan entre un 3,51% hasta un 40%. Esta gran variabilidad entre las distintas series estudiadas es atribuible a la metodología utilizada y al personal que ha hecho el estudio. Así, en algunos casos, únicamente se han valorado las discrepancias en los diagnósticos principales y, en otros, se han correlacionado todos los diagnósticos. Además, existen diferencias en la valoración de la gravedad de la discrepancia que utilizan las distintas publicaciones. En muchos casos los estudios son efectuados a partir de resúmenes de historias clínicas o, incluso, de los certificados de defunción. También las diferencias pueden radicar en que el grupo de pacientes estudiados sean procedentes de áreas asistenciales concretas, como la UCI, o de áreas generales médicas o quirúrgicas. El personal que ha hecho el estudio también puede ser causa de estas diferencias, ya que en unos casos está realizado por los propios facultativos del servicio y, en otros, por un equipo interdisciplinario de diferentes áreas médicas como puede ser la Comisión de Mortalidad en el ámbito hospitalario.

La metodología más utilizada en la investigación de la discrepancia clínico-patológica es la propuesta por Goldman et al. (1983) y por Cameron y Mcgoogan (1981); las discrepancias se identifican en cinco categorías y son tipificadas como errores médicos. Los autores distinguen entre *errores o discrepancias mayores* que corresponderían a las categorías I y II; *errores menores*, que corresponderían a las categorías III y IV, y por último, la categoría V, que serían los casos no discrepantes. Esta clasificación está realizada en función del pronóstico. En tanto que para las categorías I y II la detección de la alteración en vida del paciente hubiera modificado el manejo y supervivencia del paciente, para las categorías III y IV no hubiera afectado al pronóstico.

1.1. Tasas

La tasa de autopsias clínicas ha descendido de manera progresiva y significativa en los últimos treinta años en el mundo occidental situándose como promedio en un 4% (Word et al. 2001; Martín Polo 2004), mientras que la tasa de discrepancia entre el diagnóstico clínico y anatomopatológico se mantiene constante para el mismo periodo, situándose entre un 19 y un 40% o más de los casos (Nichols et al. 1998; Schdevez et al. 2001; Magret 2006; Berner et al. 2008, entre otros). Existe una mayor discrepancia para la causa inmediata de muerte que para la causa básica (López et al. 2008). Una explicación probable para esta discrepancia entre el avance de los métodos de diagnóstico y el estancamiento del error diagnóstico se debería a que un alto porcentaje de casos que van a la autopsia son los de mayor complejidad diagnóstica dentro de la clínica (Berner et al. 2008). La menor tasa de discrepancia podría corresponder a una preselección de los casos autopsiados y la mayor tasa a pacientes con dudas en el diagnóstico clínico, o también según Harveit y Shojania et al. (2005) a que los clínicos estuvieran seguros de sus diagnósticos sobre la causa de la muerte; en relación a esta última hipótesis en un trabajo de investigación, que se basó sobre los resultados de las autopsias, se les pidió a los médicos que emitieran sus diagnósticos clínicos y el nivel de certeza. El nivel 1 era de certeza absoluta, el nivel 2 de certeza limitada y el nivel 3 de certeza escasa. Las tasas con que las autopsias mostraron discrepancias significativas entre la clínica y el diagnóstico postmortem fueron esencialmente idénticas entre los tres niveles. Los médicos del nivel 1 se equivocaron en el 40% de los diagnósticos. El nivel de autoconfianza o de seguridad del médico no estaba relacionado con la capacidad para predecir el diagnóstico con certeza (Berner et al. 2008). Comparando los diagnósticos clínico y anatomopatológico en cuatro décadas, Schaffi y Kirch (2005) muestran un cambio insignificante en los índices de discrepancia entre ambos diagnósticos. La evidencia de esta discrepancia refuerza la importancia de la autopsia para el esclarecimiento del diagnóstico.

Analizando la discordancia entre los hallazgos clínicos y de autopsia de diferentes hospitales, servicios, patologías y otros factores (edad, tiempo de estancia hospitalaria y legales) de los últimos años encontramos:

a) Muertes hospitalarias

Se estudiaron prospectivamente todas las muertes hospitalarias en un Hospital Universitario de los Estados Unidos durante tres años, desde 1996 a 1998. El 40% de las autopsias revelaron información significativa sobre la muerte del paciente más allá de lo que se conocía premortem, siendo menos frecuente para muertes fetales y relativamente constante para adultos de todas las edades (Sinnard 2001).

En un estudio de 2.479 autopsias llevado a cabo en un hospital de Detroit (EE.UU.), al menos un hallazgo inesperado de enfermedad que contribuyó a la muerte del paciente fue descubierto en el 29,7% del número total de autopsias (Zarbo et al. 1989).

En España, Bombi et al. (2003) en un estudio retrospectivo de diez años (1991-2001) realizado en el Hospital Clínico de Barcelona observan una tasa de discrepancia del 7,33%, siendo la discrepancia del tipo de errores graves del 3,51%. Los autores estiman que este porcentaje es inferior a la mayor parte de los estudios, pero es equiparable a los trabajos que han valorado la cantidad de errores médicos que se producen por mala práctica.

En el Hospital Universitario de Botucatu, Sao Paulo, Brasil, se analizó la discrepancia clínico-patológica en 156 autopsias entre 1992 y 1996, siendo de un 40% cuando se consideró la causa inmediata de muerte (Coradazzi et al. 2003).

En un estudio de 680 autopsias realizado en el Hospital de Base del Distrito Federal en Brasil, se encontró una tasa de discrepancia entre el diagnóstico clínico y anatomopatológico de un 31%, estableciéndose que en el 18 por ciento de estos casos el abordaje al enfermo hubiera sido diferente si el diagnóstico principal se hubiese realizado antes del fallecimiento. Estos resultados son compatibles con los referidos en las publicaciones mundiales en estudios semejantes (Segura 2005).

b) Servicios Hospitalarios

Servicio de Urgencias

La incidencia de diagnósticos equivocados en el hospital de Camberra (Australia) es de un 7%. En los pacientes que mueren en el servicio de urgencias es más probable encontrar hallazgos importantes no esperados (Sinnard et al. 2001).

Servicio de Medicina Interna

En el Servicio de Medicina Interna del Hospital Universitario Calixto García de Cuba, encontraron en un periodo de nueve meses, entre el año 2002 y 2003, en 173 fallecidos, una discrepancia del 41,3%; porcentaje que los autores consideran elevado siguiendo el criterio de Goldman con revisión de las historias clínicas (Pérez et al. 2005).

Servicio de Unidad de Cuidados Intensivos (UCI)

La discrepancia clínico-patológica es variable. Valladares et al. (2007), analizaron 403 autopsias de pacientes fallecidos por TEP en un hospital universitario desde 1999 al 2003, observando que la discrepancia es mayor en pacientes que se encuentran en servicios como UVI con porcentajes de un 74,4%, atribuyéndolo al estado crítico del paciente y a la rapidez con que cambia su situación. En un hospital de Florida (EE.UU.) se realizó la autopsia a 152 pacientes traumatizados de 158 fallecidos en el servicio (Ong et al. 2004). La edad media era de 50 años y 70 pacientes eran varones; 4 pacientes (3%) tenían un diagnóstico omitido de la clase I (meningitis, absceso retroperitoneal y úlcera gástrica sangrante); 25 pacientes (16%) tenían un diagnóstico omitido de la clase II (diagnóstico que si es reconocido y tratado apropiadamente habría cambiado los resultados) y 12 (88%) pacientes tenían un diagnóstico omitido de la clase III (diagnóstico menor).

Con una tasa de autopsias del 97%, 3% de las muertes tenían diagnósticos mayores omitidos que podrían haber afectado los resultados si hubieran sido reconocidos anteriormente.

En la UCI quirúrgica de Conneticut (EE.UU.) Mort et al. (1999) observaron que en un 41% de pacientes se encontró discrepancia clínico-patológica de los que el 23% tenían errores categorizados como menores. De todos ellos (41%), el 8% de los errores mayores fueron procesos infecciosos no diagnosticados. En un 58% de los casos existió completo acuerdo entre los diagnósticos pre y postmortem que varió con las especialidades: traumatología el 86%, cirugía cardiaca el 69% y transplantes el 17%. Pastores et al. (2007) encontraron, en 86 autopsias de pacientes oncológicos fallecidos en la UCI de un hospital de Nueva York, una discrepancia del 26% entre los diagnósticos clínicos y los hallazgos de autopsia.

En un estudio llevado a cabo por Podbregar et al. (2001) en la UCI de un hospital de Eslovenia, se observó que se realizaron autopsias más frecuentemente a pacientes más jóvenes (media 66 años), con estancias más cortas (media 5 días) y con mayor incertidumbre diagnóstica, sin ser portadores de enfermedad crónica.

En la UCI del Hospital Universitario de Getafe (España), se realizó la autopsia a 382 pacientes con el objeto de comprobar la validez clínica de los criterios diagnósticos del Síndrome de Distrés Respiratorio del Adulto (SDRA). Se encontró un grado de discrepancia clínico-patológica del 18,2%, correspondiendo a la neumonía el mayor porcentaje de discrepancia (11,4%) (Peñuelas et al. 2006).

En la UCI del Hospital Universitario Dr. Carlos J. Finlay sobre una muestra de 224 autopsias entre el año 2000 y 2002 encontraron López González et al. (2008) un 29,9% de discrepancias diagnósticas en las causas directas de muerte y de un 26,1% en la causa básica de muerte. Magret et al. (2006) analizaron la tasa de discrepancia en la UCI del Hospital Universitario Joan XXIII de Tarragona en pacientes con patología médico-quirúrgica. Las causas más frecuentes de error es la infección bacteriana con un 22%, y la patología cardiovascular con un 22%, incluyendo un caso de tromboembolismo pulmonar y un infarto de miocardio agudo. Los autores señalan que los pacientes ingresados en una unidad de UCI están sometidos a un gran espectro de procedimientos invasivos, que hacen aumentar el riesgo de padecer infecciones nasocomiales, tanto bacterianas como fúngicas. Es más frecuente el error en las primeras 24 horas, y concluyen que la autopsia de los fallecidos en UCI deberá ser una práctica habitual al encontrarse hallazgos relevantes que son útiles para valorar la calidad de nuestra práctica clínica.

Servicio de Cirugía Cardiaca

Deiwick et al. (1999) evaluaron la utilidad de la autopsia clínica en pacientes a los que se le había realizado cirugía cardiaca y que morían antes de ser dados de alta. En el 22,9% de las autopsias se encontró información relevante que no había sido clínicamente reconocida, como por ejemplo: infarto de miocardio, trombosis de injertos de by pass, neumonía, etc. En estudio con trasplante cardiaco de fallecidos entre enero de 1999 y 2005, se encontró un 12,9% de discrepancias entre la sospecha clínica y los hallazgos de autopsia (Amuchástegui et al. 2008). Estas discrepancias significativas confirman la importancia de la autopsia para todos los pacientes que mueren después de una intervención quirúrgica.

El interés de la autopsia en los enfermos fallecidos después de una intervención cardiaca viene reflejado por la posibilidad de encontrar defectos en el material de prótesis. La autopsia realizada a un enfermo al que se le había colocado una válvula cardiaca comprobó la fragmentación de la prótesis. Esto llevó consigo la exhumación de los cadáveres de las 12 personas fallecidas previamente intervenidas para establecer la causa exacta de la muerte y el estado de las válvulas cardiacas, así como la sustitución selectiva de las prótesis sospechosas de las 124 implantadas (Matesanz 2002).

c) Patologías

Neoplásica

De las 3.118 autopsias realizadas en la Clínica Mayo (EE.UU.) entre 1994 y 1999, se identificó una neoplasia maligna en 768 casos (24%). En 128 casos la malignidad no fue diagnosticada clínicamente (4,1%). En 14 pacientes (0,45%), la autopsia no confirmó la hipótesis de un diagnóstico clínico de cáncer (Avgerinos et al. 2003).

Según Burton et al. (1998) en un hospital de Nueva Orleans (EE.UU.), se revisaron un total de 1.625 casos de los que se excluyeron 250 fetos pretérmino. De un total de 433 neoplasias diagnosticadas 250, fueron malignas. En 100 pacientes 111 neoplasias malignas han sido o no diagnosticadas o mal diagnosticadas, y en 57 pacientes la causa inmediata de muerte podría atribuirse a la neoplasia maligna. La discordancia entre los diagnósticos clínicos y de autopsia de neoplasias malignas fue de un 44%. En el Hospital Universitario de Botucatu, Sao Paulo, en 252 autopsias se encontró un 38% de neoplasias no diagnosticadas clínicamente (Coradazzi et al. 2003). Pérez y Pérez (2005) encontraron una discrepancia del 28,3% en pacientes fallecidos por esta causa en el servicio de Medicina Interna.

Embolismo pulmonar

La autopsia confirmó la causa clínica de muerte por tromboembolismo pulmonar (TEP) en el 58% de los casos de un hospital geriátrico. El embolismo pulmonar obtuvo la tasa más baja de concordancia en el examen postmortem, de un 28% en mujeres y un 10% en hombres, lo que representa una tasa de discrepancia del 72% y 80% respectivamente (Leivobitz et al. 2001). Representan para Coradazzi et al. (2003), el 80% de las principales causas de discrepancia clínico-patológica. Pérez y Pérez (2005) encontraron una discrepancia del 100% en pacientes fallecidos en el servicio de Medicina Interna y del 69,5% en la UCI (Valladares et al. 2007). La clínica puede fallar en el diagnóstico del 55% de los tromboembolismos mortales, pero sólo en el 4% de todas las tromboembolias (Berner et al. 2008).

Infecciones

La tasa de discrepancia total así como la tasa de discrepancia infecciosa entre diagnósticos clínicos premortem y hallazgos postmortem es sustancialmente más alta en la UCI quirúrgica, comparada con el resto de los servicios hospitalarios, llegando hasta el 62%; una estancia más larga en la UCI aumenta la probabilidad de desarrollar un proceso infeccioso que sólo puede ser descubierto en el examen postmortem (Mort et al. 1989; Silfvast et al. 2003).

En un estudio de la población hospitalaria general del Centro de especialidades Médicas del Estado de Veracruz en el que se evaluaron 21 autopsias y expedientes clínicos se encontró un 57% de errores menores, correspondiendo a procesos infecciosos un 19,5% (Valdez et al. 1998). Pérez y Pérez (2005) encontraron una discrepancia del 19,4% en pacientes fallecidos en el servicio de Medicina Interna. Magret et al. (2006) hallaron en el servicio de UCI un 46% en relación con infecciones bacterianas. Mayor discrepancia encontraron Pastores et al. (2007), que fue del 67% de infecciones oportunistas no detectadas por la clínica, en pacientes oncológicos fallecidos en la UCI, a los que les practicó la autopsia.

Cardiovasculares

En un estudio realizado en 173 pacientes fallecidos en el servicio de Medicina Interna durante un periodo de once meses de 2002 a 2003 en el Hospital Calixto García (Cuba), Pérez y Pérez encontraron para la cardiopatía isquémica una discrepancia del 42,9% y para el ACV de un 12% (Kisch et al. 1996). Para otros autores, sobre 261 autopsias realizadas, los porcentajes son del 12,1 y 25,1% para dichas patologías en la UVI (Garcia et al. 2006). La tasa de discrepancia para Magret et al. (2006) es del 22%. En el infarto de miocardio mortal la clínica puede fallar en un 55% de los casos mortales, pero sólo en el 4% en los casos no mortales (Berner et al. 2008). A 86 pacientes oncológicos, ingresados en la UCI, a los que se les practicó la autopsia, Pastores et al. (2007), encontraron un 33% de complicaciones cardíacas que no habían sido diagnosticadas en vida.

Complicaciones

Mediante la autopsia clínica se ha estudiado la presencia de complicaciones del trastorno primario o del tratamiento que no habían sido observadas y/o reflejadas en la historia clínica (Berendreat et al. 1992). La causa más frecuente de muerte en pacientes con enfermedades quirúrgicas del tracto digestivo es la sepsis como consecuencia de fallo en la reintervención de pacientes con una complicación intraabdominal.

d) Edad de los pacientes

Se ha comprobado mayor discrepancia clínico-patológica en los pacientes jóvenes con una certidumbre diagnóstica clínica baja y enfermedades agudas que en pacientes ancianos con enfermedades crónicas diagnosticadas clínicamente (Mort et al. 1999). Pérez y Pérez (2005) encontraron que la mayor tasa de discrepancia está entre los 40 y 60 años (85,7%) atribuida al déficit en la cumplimentación de las historias clínicas, reduciéndose a un 36,5% por debajo de esa edad. Por el contrario, otros autores encuentran que la tasa de discrepancia aumenta a medida que aumenta la edad, ya que con frecuencia estos pacientes presentan pluripatología y las manifestaciones clínicas de alguna de estas enfermedades se presentan de forma enmascarada (Rodríguez 1997).

e) Estancia hospitalaria

Sobre una muestra de 173 fallecidos en el servicio de Medicina Interna, Pérez y Pérez (2005) encontraron que la tasa de discrepancia por debajo de siete días de estancia hospitalaria era de un 50% y por encima de siete días era de un 32%.

El tiempo es importante en el establecimiento de un diagnóstico certero, ya que cuando los pacientes mueren rápidamente no hay tiempo suficiente para establecer dicho diagnóstico, como puede ocurrir en un servicio de Urgencias; y cuando la estancia se prolonga sugiere un dilema el diagnóstico porque suelen establecerse nuevas condiciones patológicas. Para Méndez (2007), el estudio sobre la estancia hospitalaria no evidencia significación estadística en cuanto a que el mayor o menor tiempo de estancia hospitalaria favorezca en un sentido o en otro la aparición de discrepancia clínico-patológica.

f) Presentación del cuadro clínico.

Hay que tener en cuenta que los cuadros muy agudos que producen la muerte del paciente, muchas veces no da tiempo al diagnóstico clínico como el troboembolismo y el infarto de miocardio agudo. En estos casos la autopsia no pone de manifiesto una omisión diagnóstica. La clínica puede fallar en el diagnóstico del 55% de los tromboembolismos mortales, pero sólo en el 4% de los troboembolismos. Lo mismo sucede entre el infarto de miocardio mortal y el no mortal (Berner et al. 2008).

g) Legales

Con fecha 1 de julio de 1990 se introdujo una nueva Ley en Dinamarca, por lo cual antes de ser realizada la autopsia se requería autorización específica de los familiares del difunto.

Antes de la introducción de la nueva Ley la tasa de concordancia entre los hallazgos clínicos y de autopsia era de un 82% y, después, de un 10-30%, presumiblemente debido a una selección de los casos difíciles (Hjorth et al. 1994).

1.2. Consecuencias legales

La discrepancia entre el diagnóstico clínico y los hallazgos de autopsia pueden derivar en casos de mala práctica médica y el resultado es la demanda legal.

En un estudio llevado a cabo por Darok (2000) durante el periodo 1990-1999 sobre autopsias judiciales al haber sospecha de mala práctica, se encontró que en Colonia (Alemania) el 24,1% sobre un total de 166 casos y en Graz y Debreen (Hungría) el 5,3 por ciento sobre un total de 603 autopsias los médicos fueron acusados. En la mayoría de los casos se requería además de la opinión de un médico forense la de un especialista en la materia clínica para una mejor valoración.

Los asuntos propuestos en juicio en casos de mala práctica médica son (Bove et al. 2002):

- Calidad de la realización de la autopsia.
- Emisión del informe.
- Cumplimentación del certificado de defunción.

Los informes de autopsia intentan dar información médica objetiva en un formato coherente para el clínico que atendió al paciente, al conjunto de profesionales involucrados y a los familiares del difunto. Un informe de autopsia incompleto, incoherente o retrasado no reúne los requisitos profesionales estándar, no son éticos, y resultan contraproducentes.

En Ohio (EE.UU.), Bove et al. (2002), evaluaron el papel de la información de la autopsia en 99 casos de mala práctica médica. Los tres grandes grupos definidos como causa de muerte en la autopsia fueron: embolismo pulmonar agudo, enfermedad aguda cardiovascular e interacción farmacológica.

El jurado de apelación dictaminó 51 absoluciones y 19 casos de negligencia y revirtió la decisión primera en 29 casos alegando razones técnicas. Incluso cuando existía una gran discrepancia entre el diagnóstico postmortem y clínico, los clínicos demandados eran generalmente absueltos.

Este estudio confirma que un hallazgo en la negligencia médica está basado más que en la veracidad del diagnóstico clínico en las pautas estándar del cuidado del paciente.

Los hallazgos de autopsia pueden ser neutrales o favorables al demandado pero no son típicamente lo esencial de un argumento legal en un caso de mala práctica. En definitiva, el temor a los hallazgos de la autopsia no tiene base racional y es un obstáculo importante para ocultar resultados.

2. Investigación propia

Estudiamos la discrepancia clínico-patológica en relación a la causa inmediata de muerte entre los datos clínicos reflejados en la historia clínica del enfermo y los hallazgos encontrados en la autopsia clínica.

Se revisaron 146 autopsias realizadas en el servicio de Anatomía Patológica del Hospital Clínico Universitario de Salamanca (HUS) entre el 1 de enero de 1992 y el 31 de diciembre de 2004.

Los datos provienen de diferentes registros en los que se consideran cuatro fuentes: Registro Civil de Salamanca, Libro de registro del Hospital Clínico Universitario de Salamanca, archivos del servicio de Anatomía Patológica de dicho hospital y Centro de Documentación y Archivos de Historias clínicas.

Los datos clínicos han sido revisados por dos médicos especialistas y recogidos del informe clínico que acompaña al consentimiento para realizar la autopsia (archivado en el servicio de Anatomía Patológica). Además, para evaluar las posibles discrepancias se ha revisado la historia clínica de los enfermos fallecidos y autopsiados (archivadas en el Centro de Documentación y Archivos de Historias Clínicas). Las variables analizadas han sido: *servicio peticionario, sexo, edad, motivo del ingreso, evolución, tratamiento recibido (médico o quirúrgico), complicaciones, pruebas realizadas, enfermedad fundamental, juicio clínico, causa inmediata de la muerte, tiempo de estancia hospitalaria y existencia o no de demanda legal.* Dichas variables clínicas se relacionan con los datos obtenidos en el estudio postmortem.

La discrepancia fue evaluada tomando el juicio clínico de causa inmediata de muerte, y en el caso de que hubiera más de un juicio clínico se tomó el principal. De los informes de autopsia se ha recogido únicamente la patología de la causa inmediata de muerte. Se obtuvieron niveles generales de discrepancia (si/no) y además se consideraron tipos de discrepancia que se designaron como: *discrepancia diagnóstica primaria (DDP), secundaria (DDS) y terciaria (DDT),* según el ***criterio de temporalidad*** del conocimiento clínico que se tiene del paciente en el que tuvo lugar el fallecimiento.

- *Discrepancia Diagnóstica Primaria (DDP)*: Cuando en el curso de la evaluación clínica por la que ingresó el paciente, no se llegó a conocer la enfermedad ni la causa por la que falleció.

- *Discrepancia Diagnóstica Secundaria (DDS):* Cuando en el curso de la evaluación clínica y tratamiento de la enfermedad por la que ingresó el paciente, no se llegó a conocer cuál fue la causa que le llevó a la muerte.

- *Discrepancia Diagnóstica Terciaria (DDT):* Cuando en el curso del tratamiento de la enfermedad por la que ingresó el paciente, sobrevino la muerte por otras causas que no tuvieron expresividad clínica (muerte súbita).

Posteriormente, se registraron en una base de datos las variables objeto del trabajo para el estudio estadístico.

En relación a las ***evidencias clínicas***, se consideraron dos categorías:

1. SÍ (-): Si las pruebas han sido realizadas pero no evidencian la causa inmediata, generalmente porque se hicieron en periodos previos al padecimiento de la patología que le llevó a la muerte o bien porque no la pusieron de manifiesto.

2. NO: Si las pruebas que pudieron haber evidenciado la causa inmediata de muerte no se han realizado.

Si valoramos la causa inmediata de la muerte utilizando la terminología de acontecimiento adverso, evitable o inevitable (AAE o AAI), que va unido a la actuación sanitaria, tenemos las siguientes definiciones:

Acontecimiento adverso (AA): Acontecimiento asociado al proceso asistencial que supone consecuencias negativas para el paciente. Pueden ser evitables (AAE) o inevitables (AAI).

Un acontecimiento adverso inevitable ***(AAI)***, viene definido por:

- Complicaciones imprevistas o que previstas no han podido evitarse.
- El estado general del paciente.
- La presentación súbita del proceso.
- La gravedad de los hallazgos postmortem.

*Un acontecimiento adverso evitabl*e ***(AAE),*** viene definido por:

- Deficiente vigilancia en el cuidado del enfermo.
- Deficiente actuación en la aplicación de alguna medida.

Los datos se analizaron considerando el paquete estadístico SPSS 14.0 para Windows (SPSS Inc., 2005) .

Para estudiar la asociación entre pares de variables categóricas se utilizó el estadístico *Chi-cuadrado*, considerando *Test Exactos* cuando las frecuencias de la tabla eran demasiado bajas. En el caso de encontrar relación entre variables categóricas con más de dos niveles de respuesta se analizaron las causas de la significación. En ambos casos, se consideró $\alpha = 0,05$.

Para analizar las diferencias de medias entre dos grupos se utilizó la *prueba T* o el *test de Mann-Whitney*. Las diferencias de medias entre más de dos grupos se analizaron considerando un *Análisis de Varianza no paramétrico* (Kruskal-Wallis).

Para analizar las diferencias de medias cuando existían dos factores de variación, se consideró un *Análisis de Varianza de dos Vías*, lo cual permite estudiar la posible interacción que puede existir entre las variables. Se consideraron diferencias significativas cuando $\alpha = 0,05$.

A pesar del descenso notable de la autopsia clínica, la tasa de discrepancia clínico-patológica se mantiene constante (Martín Polo 2004; Sonderegge et al. 2000). La concordancia suele ser baja, de un 36,5%, cuando se considera la causa inmediata de muerte (Cortés 2004). En nuestro estudio, entre los años 1992 y 2004, la tasa general de discrepancia clínico-patológica para este periodo estudiado es de un 23,97%. En el año 1995 la tasa de discrepancia es nula, pues no hubo ningún caso discordante, también es verdad que ese año sólo se realizaron cuatro autopsias. Por otra parte los años con mayores tasas de discordancia son 1997, 1998 y 2003, donde los casos discordantes superan el 33% de las autopsias (Figura 15).

Figura 15. Tasa de discrepancia clínico-patológica por años.

La tasa general se sitúa en el límite inferior de las investigaciones publicadas que encuentran cifras entre un 19% y un 40% o más de los casos (Nichols et al. 1998; Schdev et al. 2001). Otros estudios dan cifras de discrepancia clínico-patológica que se encuentran por debajo del límite inferior, entre un 3,5% y un 8%, que correspondería a fallecidos en los que habría existido negligencia médica (Kisch et al. 1996; Gonçalvez 2005; Shojania et al. 2005).

En la literatura, en estudios clínicos retrospectivos y considerando la muerte como acontecimiento adverso, los porcentajes de fallecidos por dicha causa oscilan entre un 13,6% y un 4,4% (MSC 2006; Espino 2006). La metodología que se aplica en el estudio de la causa de muerte como acontecimiento adverso dentro del ámbito de seguridad del paciente utiliza como instrumento la revisión de la historia clínica. Esta metodología difiere de la utilizada en Anatomía Patológica, que además de la historia clínica se vale del examen postmortem, lo que puede explicar las diferencias en los porcentajes con nuestro estudio y, en general, en la investigación médica. La historia clínica puede estar sesgada por falta de información relevante para el proceso asistencial y para el resultado.

La mayor tasa de discrepancia clínico-patológica, superior al 33%, se da en los años 1998 y 2003 (Figura 15), que coincide con el mayor número de autopsias realizadas para el periodo estudiado.

Si analizamos los casos discrepantes según el servicio solicitante, los servicios que piden más autopsias (Medicina Interna, UVI y Hematología) son también los que tienen más casos discordantes (Figura 16).

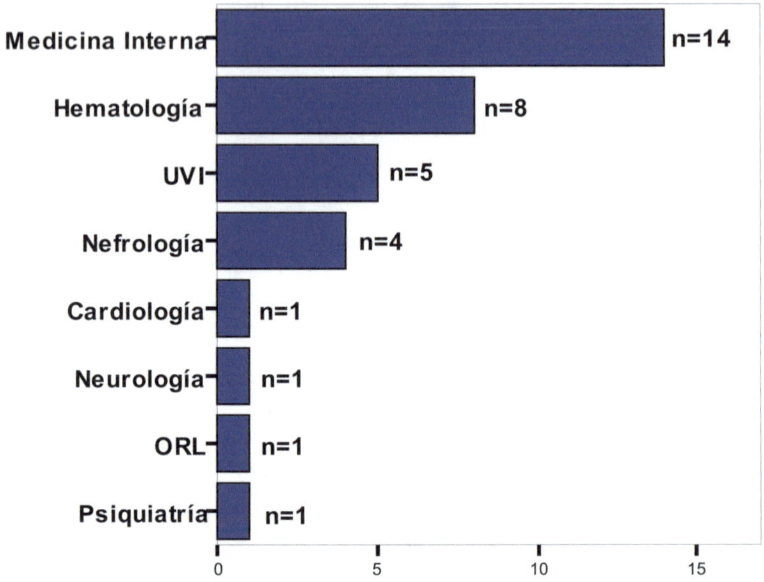

Figura 16. Número casos discrepantes por Servicios.

En cuanto a la tasa de discrepancia clínico-patológica por servicios, aquéllos que sólo han solicitado una autopsia (Neumología y Urgencias) presentan una discrepancia nula; en el extremo opuesto están los servicios que han solicitado mayor número de autopsias, siendo el de Nefrología el que muestra mayor tasa de discrepancia (66,7%). El servicio de UVI es el que presenta una menor tasa de discrepancia (15,2%), inferior a la encontrada por otros autores que la cifran en un 27,7% (García et al. 2006). La explicación podría deberse a que en este servicio cuentan con más medios diagnósticos y tecnológicos (Figura 17).

En relación a la causa inmediata de muerte para los casos donde ésta no coincide con el diagnóstico clínico, los juicios clínicos más frecuentes en los que hay discrepancia anatomopatológica son Neumonía (25,7%), Shock séptico (11,4%) y Neoplasia (11,4%). Para estos mismos casos, los diagnósticos anatomopatológicos más frecuentes son SDRA (20%), CI (14,3%), Neoplasia (14,3%) y Neumonía (14,3%).

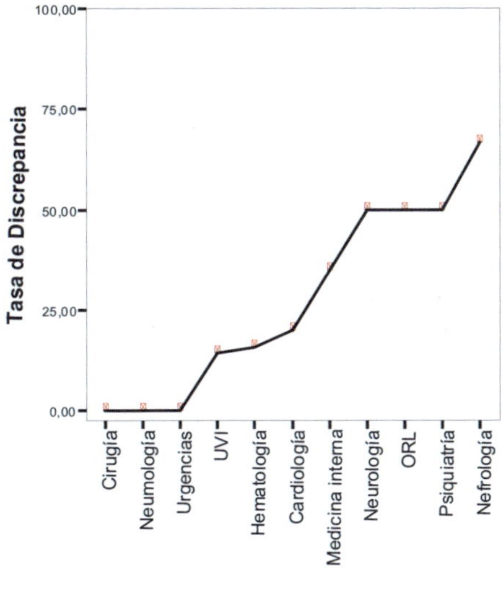

Figura 17. Tasa de discrepancia clínico-patológica por Servicios.

En relación a la categoría de discrepancia, la mayoría son de tipo secundario (51,43%), siguiéndole la discrepancia primaria (37,14%) y, por último, la terciaria (11,4%) (Figura 18).

En relación con la edad y sexo no se da asociación significativa, como tampoco se observa entre servicio solicitante y categoría de discrepancia. Para otros autores la tasa de discrepancia aumenta a medida que aumenta la edad atribuyéndola a la reducción de calidad asistencial y a la comorbilidad existente en pacientes de mayor edad (Rodríguez 1997), lo cual no se observa en nuestra investigación. La mayoría de los casos discrepantes corresponden a autopsias incompletas (71%) en las que se ha excluido el cerebro.

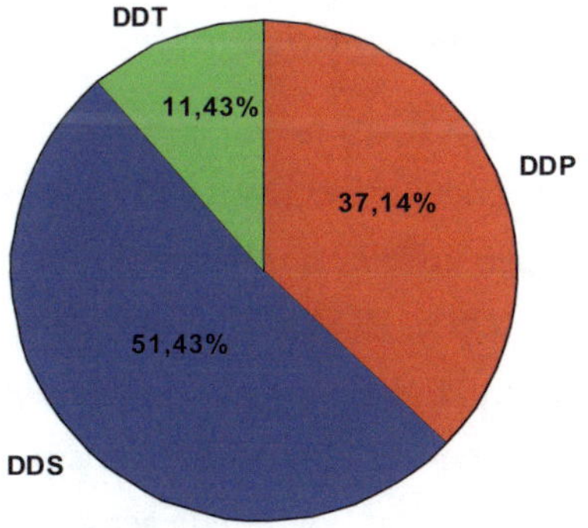

Figura 18. Categorías de discrepancias presentes en las autopsias.

Si valoramos la causa inmediata de muerte utilizando la terminología de acontecimiento adverso, evitable o inevitable, observamos que la mayoría (91,43%) corresponden a inevitables y el 8,57% a evitables (Figura 19). Este 8,57% de acontecimientos adversos evitables está representado por 3 casos en los que se ha estimado: un probable retraso en el diagnóstico (hemotórax izquierdo no diagnosticado con desarrollo de shock hipovolémico e infección postquirúrgica posterior), una probable actuación médica inadecuada (hernia inguinal estrangulada reducida manualmente con retraso en intervención quirúrgica) y una probable deficiente actuación en la aplicación de alguna prueba (ependimoma en paciente que ingresa por crisis convulsivas y antecedentes de meningitis tuberculosa), al no existir la necesaria expresividad clínica en el contexto de la patología del proceso causante de la muerte. Una actuación médica distinta hubiera modificado el tratamiento aunque el pronóstico a corto plazo hubiera sido incierto.

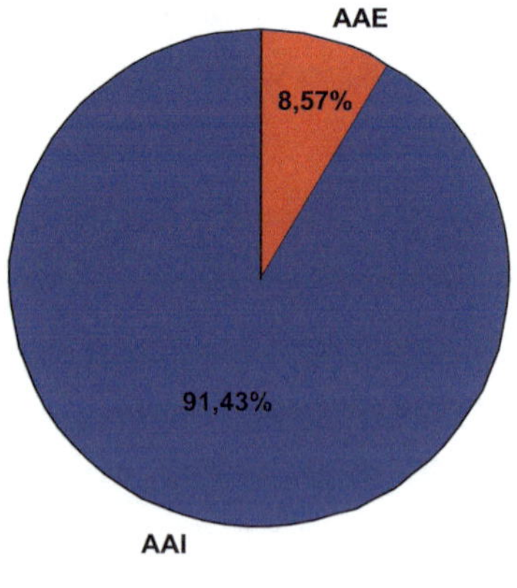

Figura 19. Causa inmediata de la muerte
según acontecimientos adversos.

Si agrupamos los casos discrepantes por patologías (Tabla 8), la mayoría se corresponden con procesos infecciosos (20%), siendo el 17,2% infecciones postquirúrgicas, porcentaje inferior al observado en otros estudios (Valladares et al. 2007; Silfverst et al. 2003). El SDRA es otra de las patologías más frecuentes de discrepancia con un 20% de los juicios clínicos emitidos sobre la causa inmediata de muerte. Cuando el diagnóstico postmortem ha sido SDRA, el 8,8% correspondían a neumonía, porcentaje semejante al encontrado en otros hospitales (Peñuelas et al. 2006). En cuanto a las neoplasias éstas no fueron diagnosticadas clínicamente en el 14,3% de los casos, y en cuatro pacientes (11,1%) la autopsia no confirmó la hipótesis de diagnóstico clínico de neoplasia; casos que corresponden a lesiones tumorales diseminadas con amplio compromiso sistémico. En estos casos, la discrepancia ocupa una posición intermedia si la comparamos con otros estudios que la sitúan entre un 4,1% y 38% (Avgerinos et al. 2006; Burton et al. 1998; Pérez et al. 2005). Para las patologías cardiovasculares (CI, ACV, y HD) las discrepancias son de 14,3%, 11,4%, y 11,4% respectivamente, cifras inferiores a las ofrecidas por otros autores (Pérez et al. 2005; García et al. 2006). Para el TEP existe alta concordancia entre los estudios clínicos y hallazgos postmortem, encontrando tan sólo un 2,8% de discrepancia, a diferencia de otros trabajos de investigación que revelan una tasa más alta de discrepancia, entre un 69,5% (Valladares et al. 2007) y un 70% (Leivobitz et al. 2001; Pérez et al. 2006), lo cual nos indica un alto nivel de seguridad en el diagnóstico clínico del TEP en este hospital.

Patología	***Categoría de discrepancia***			**Total**
	DDP	**DDS**	**DDT**	
AVC	1	1	2	**4 (11,4%)**
CI	3	0	2	**5 (14,3%)**
HD	0	4	0	**4 (11,4%)**
Infección	0	7	0	**7 (20,0%)**
Neoplasia	5	0	0	**5 (14,3%)**
Otras	1	2	0	**3 (8,6%)**
SDRA	3	4	0	**7 (20,0%)**
Total	**13**	**18**	**4**	**35**

Tabla 8. Casos clasificados según categoría de discrepancia y patología.

Si analizamos las patologías en relación con las categorías de discrepancia se pueden establecer tres grupos homogéneos: el primero formado por CI, neoplasia y ACV que estarían en la discrepancia diagnóstica primaria principalmente; el segundo grupo integrado por la infección y HD, en la discrepancia diagnóstica secundaria, y el tercer grupo por el SDRA más "Otras", en la discrepancia diagnóstica secundaria y primaria (Figura 20).

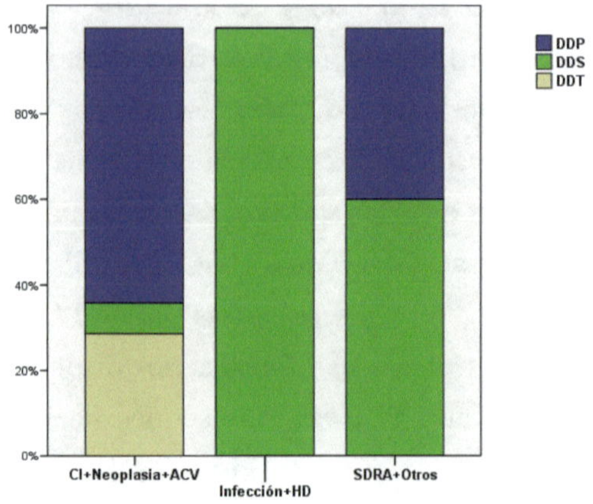

Figura 20. Casos clasificados según patología y categoría de discrepancia.

Según la localización orgánica de la patología, la más frecuente es la pulmonar (37,43%) seguida de la digestiva (31,43%). Si consideramos la clasificación conjunta por localización y categoría de discrepancia, se concluye que hay asociación significativa entre estas variables, y se concluye que existen dos grupos homogéneos en cuanto a categorías de discrepancia (Figura 21). El primero formado por la localización cardiaca y neurológica que mayoritariamente corresponde a discrepancia diagnóstica primaria (45,4%) y el resto secundaria y terciaria, y el segundo formado por la localización digestiva y pulmonar que fundamentalmente son discrepancias diagnósticas secundarias (66,7%) y el resto primarias.

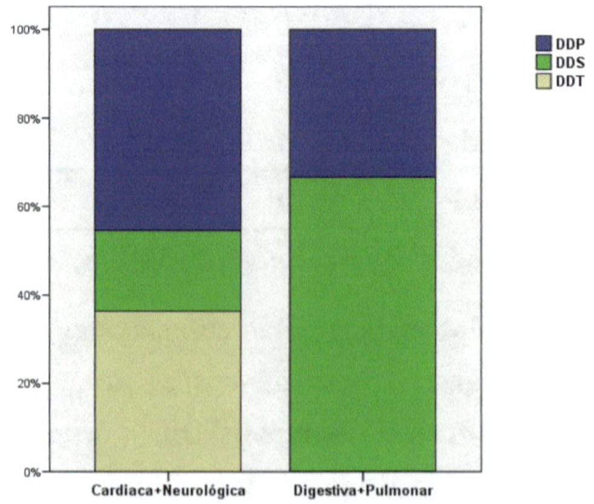

Figura 21. Casos clasificados según patologías homogéneas
y categorías de discrepancia.

Según el tratamiento recibido, médico o quirúrgico, la mayoría de los pacientes (71,4%) ha recibido tratamiento médico y el 38,6% tratamiento quirúrgico.

En relación al tiempo de estancia hospitalaria, que varía entre 1 y 173 días con un promedio de 29,09 días, no se ha encontrado asociación significativa entre esta variable y las categorías de discrepancia. Estos resultados son concordantes con otros autores (Méndez 2007) para quienes el mayor o menor tiempo de estancia hospitalaria no influye en la discrepancia.

La petición de la autopsia en 34 casos fue realizada por el profesional médico del servicio hospitalario, y en un caso por los familiares, es decir, la mayoría se solicitan por interés científico, calidad científico-técnica y/o búsqueda de evidencias científicas.

En cuanto si hubo o no repercusión legal, en los 35 casos no se presentó demanda de responsabilidad médica por el resultado de la autopsia. Únicamente en un caso se presentó demanda contra el centro hospitalario por retraso en el diagnóstico, que no prosperó. Esto confirma que los hallazgos de la autopsia clínica, aún siendo discordantes con la clínica no llevan a una demanda de responsabilidad médica y cuando así pudiera ocurrir, los clínicos son generalmente absueltos (Bove et al. 2002). Lo típico de un argumento legal para exigir responsabilidades es que se haya incumplido la "lex artis ad hoc." En base a esto el temor de los médicos a los hallazgos de autopsia no tienen base racional.

Si analizamos qué factores pueden influir en la discrepancia clínico-patológica, para lo cual se toma en consideración la totalidad de las autopsias, vemos que ni el sexo ni la edad influyen en que el caso sea discrepante o no. En cambio, para el tiempo de estancia hospitalaria sí existe asociación altamente significativa. Los casos no discordantes presentan un tiempo de estancia menor (29,09 días) que los discordantes (68,19 días), lo que puede implicar dificultades diagnósticas. También existe asociación significativa entre el servicio solicitante y el hecho de que el caso sea o no discrepante. La tasa de discrepancia para el servicio de Hematología y UVI, que forman un grupo homogéneo es menor (15%) que la de los servicios de Medicina Interna y "Otros", que es superior (35%), lo cual nos puede indicar que en los primeros se crean mejores condiciones de investigación para lograr un diagnóstico correcto (Figura 22).

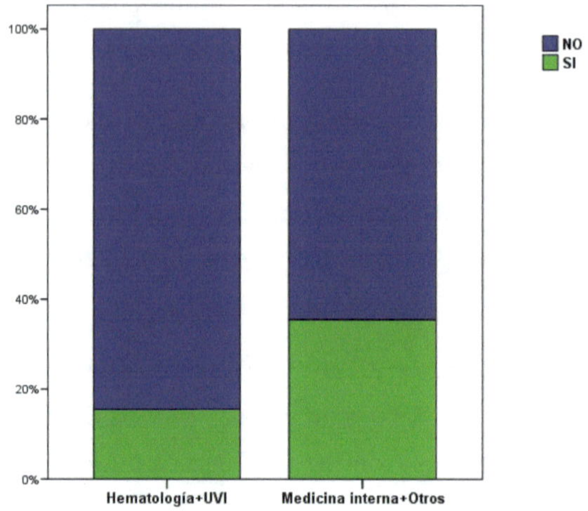

Figura 22. Porcentaje de discrepancia dentro de los grupos de servicios homogéneos.

3. Conclusión

La tasa de discrepancia clínico-patológica relacionada con la causa inmediata de muerte es del 24%.

La tasa de discrepancia es menor en los servicios de Hematología y UVI que en el resto de los servicios hospitalarios.

Es conveniente reducir el tiempo de emisión del informe de autopsia clínica a 7 días, suprimiendo el informe provisional, que puede inducir a error.

A pesar de la disponibilidad de tecnología de diagnóstico avanzado permanecen sin diagnosticar como causas inmediatas de muerte procesos infecciosos, neoplásicos, cardiovasculares y SDRA.

La mayoría de las discrepancias se asocian a condiciones y situaciones clínicas cuyo manejo y resultado en términos de curación o supervivencia no se hubieran modificado con un diagnóstico o proceso asistencial distinto.

Se puede afirmar, a la vista de nuestra investigación, que el hospital Universitario de Salamanca ofrece un buen proceso asistencial en relación con la búsqueda de evidencias en la causa de muerte.

X.
RESPONSABILIDAD DEL MÉDICO

Ningún tipo de actividad falible es más importante y menos entendida que la falibilidad en la práctica médica.

Mac Intyre et al. 1993. Imbert 2006

El paciente o familiar que da el consentimiento tiene el deber jurídico de soportar el daño inevitable.

Al hablar de acontecimientos adversos y particularmente de errores médicos en la práctica asistencial debemos referirnos a la responsabilidad médica. Un tema sobre el que se han desarrollado numerosas reuniones científicas, congresos, conferencias y publicado un sinfín de artículos y libros por personas de reconocido prestigio del mundo del derecho, además de una jurisprudencia en constante evolución y no unívoca. La responsabilidad es una condición inexcusable de la naturaleza humana, de tal modo que ser hombre es estar "dando cuenta o rindiendo cuenta" (aspecto primario o ético) o "pidiendo cuentas" (aspecto secundario o jurídico) de lo que uno hace. El hombre debe ir aprendiendo la responsabilidad ética de sus decisiones y conducta desde la infancia donde los padres juegan un papel fundamental. Para Carmi (Magistrado y Presidente de la Asociación Mundial de Deontología) (2002), la ética se enseña en la familia, en el entorno social, antes de llegar a la Universidad. El fracaso en esta faceta, como en la educación en general, son cuadros que están colgados del salón de la casa. Por ejemplo, el cumplir con la palabra dada se aprende en la niñez o no se aprende nunca. Dejar dicha educación en manos de "expertos" pedagogos o del Estado es dejadez de las funciones que les corresponden como padres. A cualquier profesión y a la profesión médica en particular le es inherente no sólo el tipo de responsabilidad secundaria o jurídica sino también y principalmente el de la responsabilidad primaria o ética que adquiere su máxima exigencia en el mundo occidental desde el Juramento Hipocrático hasta nuestros días, en los códigos de ética médica y deontología profesional (Gracia 1999).

El compromiso del médico con el paciente es el de prevenir y evitar cualquier actuación que pudiera ocasionar daño al paciente. Esto se enmarca dentro del principio Hipocrático relativo a "primero no hacer daño" y dentro de los principios éticos de la práctica médica es promover el mayor beneficio posible para el paciente, "principio de beneficiencia", es decir, evitar cualquier acción u omisión que pudiera causar daño.

La exigencia de responsabilidad al médico es un hecho conocido desde la antigüedad. En el código de Hammurabi, año 2000 a. C. (descubierto en 1901 y publicado en 1902 por Morgan, miembro de la delegación francesa en Persia), ya estaba prevista la responsabilidad del médico. La Ley Aquiliana, año 287 a. C., corresponde a la responsabilidad extracontractual que se origina cuando existe cualquier género de daño, contiene normas punitivas contra el médico que, por su negligencia e impericia profesional causase la muerte de un esclavo o le hiciese una amputación innecesaria o le recetara un remedio perjudicial (López Muñoz y del Moral 1976). En la época de Carlos V se crearon en España tribunales especiales para juzgar a los médicos que cometieran faltas graves.

En la década de los 70 se comienza en los Estados Unidos a exigir responsabilidad de forma habitual a los médicos, paradigma de la judicialización del conflicto sanitario, para extenderse más tarde a Europa. Se instaura una especie de "fiebre del oro" o industria de la litigiosidad (Tena et al. 2003). En España, como dice Marañón (1992), hasta mediados del siglo pasado era excepcional pedir responsabilidad al médico por los perjuicios derivados de la asistencia incorrecta, y era improcedente si actuaba de buena fe. Admite que existe una responsabilidad en el médico, nadie puede dudarlo, nadie lo ha dudado nunca, y esta responsabilidad jamás ha dejado de existir. Para dicho autor la insuficiencia notoria de un determinado conocimiento diagnóstico o terapéutico, o de imprudencia o timidez en la aplicación de un tratamiento, de lo que resulta un mal, quizá la muerte del paciente, es causa de responsabilidad médica.

En España, en la década de los 80 se inicia la judicialización de los posibles errores en la asistencia médica y, desde entonces, es un tema de cotidiana actualidad. Constituye un hito la sentencia del 18 de marzo de 1993 del Tribunal Supremo, Sala de lo Penal, por la que se condena a un anestesista por imprudencia temeraria (antiguo Código Penal), por no haber realizado las previas y oportunas pruebas alérgicas preoperatorias. Dicha sentencia creó "alarma social", una serena y severa crítica desde el campo médico y jurídico. Desde el campo médico porque se considera dicha práctica contraproducente y, desde el campo jurídico, porque no corresponde a los Tribunales promulgar la "lex artis" (De Lorenzo 1999). Tampoco es infrecuente que los médicos realicen valoraciones de derecho. En la memoria anual presentada por la Asociación del Defensor del Paciente, de carácter privado, se registraron en el año 2008, 12.276 casos de supuestas negligencias médicas, de los cuales 508 acabaron con resultado de muerte. De estas denuncias presentadas el 40 por ciento llega a los tribunales (Flores 2008). La sanidad pública catalana recibió casi 500 denuncias por negligencia médica

(Europa Press 2009). Esta cifra supone la mitad que Flores refiere en su memoria para Cataluña de 1.105, y para Castilla y León, dicha Asociación refiere tres veces más que las cifras oficiales. En Argentina, para el periodo 2008-2009 se presentaron 853 reclamaciones y sólo el 20 por ciento llegaron a una condena (Fernández 2009). El número de reclamaciones en los hospitales de Castilla y León sitúa su pico máximo en el año 2003, con 195 reclamaciones, seguido de los años 2002 y 2004, con 184 y 182 reclamaciones respectivamente. En el año 2005 disminuyó levemente, registrándose 119 casos de reclamaciones. La causa más importante de las reclamaciones para un total de 756 reclamaciones registradas durante el periodo 2001-2005, son las intervenciones quirúrgicas (221 casos), seguidas de reclamaciones en el diagnóstico (193 casos) y en el tratamiento (138 casos). Las especialidades que tienen mayor número de reclamaciones son traumatología, ginecología y obstetricia y cirugía con 98, 75 y 59 casos respectivamente (Pesquera 2006). Para la CONAMED, durante el periodo 2005 a 2007, las especialidades involucradas en un error fueron las Quirúrgicas con un 40,9% y Ginecología y Obstetricia con un 19,5% (Campos–Castelo et al. 2008). Los médicos de estas especialidades son los que reciben mayor número de denuncias (Flores 2008; Europa Press 2009; Fernández 2009). Un estudio llevado a cabo por Darok (2000) la mayoría de las reclamaciones corresponden a Cirugía con el 62,9 por ciento, seguida con relevancia menor otras especialidades. Para Gandhi et al. (2006), el 59 por ciento de las demandas por mala práctica fue por error diagnóstico. En un estudio epidemiológico llevado a cabo en México por Fajardo et al. (2009) encontraron un 27% de mala práctica. Los motivos de las quejas de los pacientes fueron muy diversos, figurando en primer lugar el tratamiento quirúrgico con el 37,5%, seguido del tratamiento médico con el 31%, y el diagnóstico con el 18,2% (Figura 23).

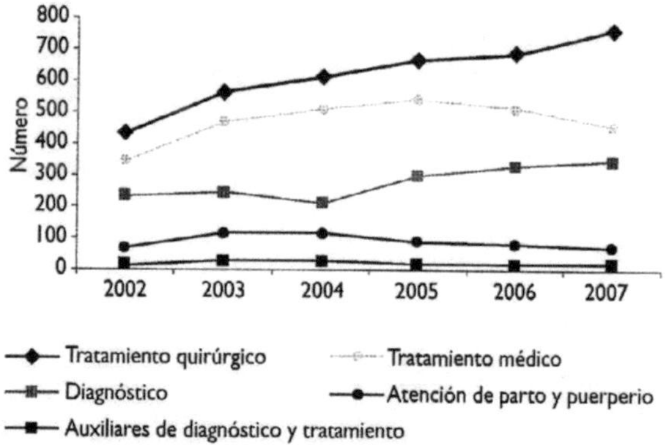

Figura 23. Frecuencia de quejas según motivo y con tendencia más pronunciada en quejas atendidas en CONAMED, 2002-2007. Fuente: Saqmed. Fajardo et al. 2009.

Con un objetivo diferente, Salgado (2008) ha llevado a cabo una interesante investigación sobre el número de casos de errores médicos resueltos por vía judicial, sobre una muestra de 1.774 Sentencias de la Audiencia Nacional. Observa que se han multiplicado por cuatro en la última década, pasando de 590 a algo más de 2.000. El estudio busca el perfil de errores que se repiten con más frecuencia que el de las especialidades donde ocurren, y con esta metodología hacer medicina preventiva y evitar que se vuelvan a cometer los fallos. Los perfiles de denuncia que se repiten son varones de 45 años que acuden al Servicio de Urgencias con dolor torácico, y en mujeres en atención programada de 40 años, con algún problema mamario. En ambos casos los protocolos clínicos se cumplieron, no apreciándose anomalías. Sin embrago, en ambos casos, a las pocas horas se desarrolló un infarto de miocardio y meses más tarde el cáncer de mama. Los errores más frecuentes se dan en Ginecología y Obstetricia por complicaciones durante el parto (38%) y a retrasos en el diagnóstico (20%) (Figura 24).

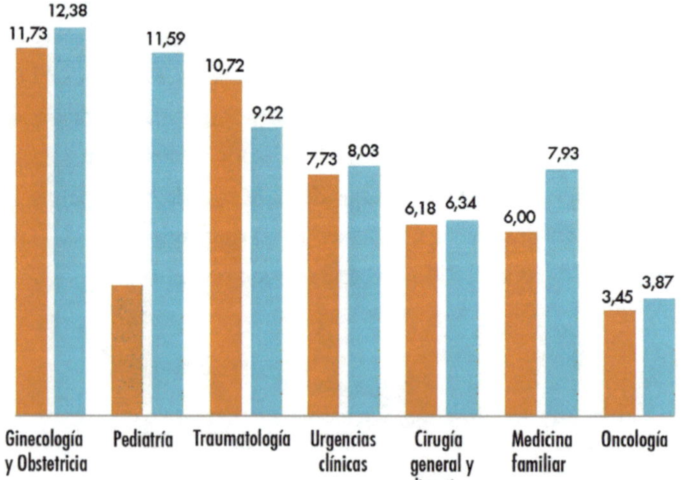

Figura 24. La práctica médica, ante el juez. Fuente: Salgado, diario ABC 19/7/2008.

La exigencia de responsabilidad a los médicos es un derecho básico de la sociedad y un mecanismo de generación de confianza social en nuestra profesión (Fornes 1999). Tiene una gran repercusión en la salud. Influye en la parte asistencial a través de una medicina defensiva orientada a protegerse de las posibles demandas. Actualmente en EEUU el 91% de los médicos especializados en todas las áreas practican la medicina defensiva (Tara et al. 2010). El resultado es que el médico no pone en práctica los nuevos conocimientos científicos y técnicos; rehúsa los procedimientos y las especialidades de mayor riesgo, como ocurre en los Estados Unidos con la ginecología y cirugía estética, surgiendo el turismo de salud, los tours de cirugía plástica, donde se aprovecha un fin de semana en otros países para hacerse dicha cirugía; se excede en pruebas con la consiguiente lista de espera, etc. Esta medicina defensiva, que no es otra cosa que una alteración en la forma de ejercer la medicina, inducida por la amenaza o posibilidad de demanda, es propugnada por médicos representativos de algunas instituciones (Colegio Oficial de Médicos de Barcelona) que para prevenir ciertos riesgos aconsejan realizar múltiples pruebas antes de una intervención (Alemany 2009). Los costes de la medicina defensiva son altos. Starfiel (2000), estima que en los Estados Unidos podrían ahorrarse hasta 41.000 millones de dólares y en el año 2008 eran de 200 mil millones por año, un 10% del gasto total de salud (Tara et al. 2010). Para dichos autores se solicitaron con fines defensivos más del 20% de rayos X, TAC, RM y Ecografías, el 18% de las pruebas de laboratorio, el 28% de las derivaciones a especialidades y el 13% de los ingresos hospitalarios. El Servicio de Análisis Clínico y Bioquímica Clínica del Hospital Clínico Universitario de Salamanca (España) procesa cada día más de 22.200 muestras procedentes de las diferentes unidades hospitalarias y de los 36 puntos existentes en Atención Primaria (Prieto 2009); el Servicio de Radiología realiza 33.000 pruebas de radiología digital, muchas de ellas por solicitud del paciente, que presiona al facultativo, con el inconveniente de un aumento de los niveles tóxicos (Fernández 2010). O en el caso de otras patologías, como la neurológica o psiquiátrica, que ante la presencia de cefaleas se solicita una analítica y pruebas radiológicas de forma rutinaria. El médico actual echa mano de una batería de pruebas, muchas de ellas injustificadas desde el punto de vista de la clínica que presenta el enfermo. ¿En España cuánto se atribuye del déficit sanitario a este tipo de medicina? El médico, ante el peligro de demandas y reclamaciones y sin la debida cobertura de responsabilidad, está obligado a renunciar a una medicina eficaz porque tiene miedo. Un miedo comprensible por las implicaciones jurídicas y patrimoniales, disminuyendo su patrimonio para evitar riesgos que pueden condicionar y comprometer su quehacer diario, sobre todo en las especialidades quirúrgicas donde el cirujano arriesga su fortuna, prestigio e integridad emocional ante una complicación (Fornes 1999; Marcos 2002). La literatura médica se ha empobrecido en cuanto a descripciones de complicaciones y alteraciones no deseadas en la práctica médica. Esto no es porque hayan disminuido sino que se ocultan debido a que ha aumentado el temor a ser condenado en un juicio, en la mayoría de los casos a la llamada "pena de banquillo" y por el miedo ante la pérdida de prestigio ante nuestros compañeros (Echave 2000). También repercute en las instituciones sanitarias al incrementar el gasto asistencial, pólizas de seguros e indemnizaciones judiciales. La medicina actual en España, universalizada y de alta calidad, supone un gran coste difícil de asumir. La Sanidad Española tiene un déficit acumulado de 15.000 millones de euros (Garriga et al. 2010). La sanidad pública cuesta al Estado alrededor de 65.000 millones (6% PIB) cifra inferior a la de lo paises europeos, a pesar de tener más médicos por 100.000 habitantes y peor retribuidos. El sector privado aporta 26.000 millones (2,4% PIB). Se estima que el gasto sanitario podría superar el 10% de PIB en el 2012 y el 16% en 2020. Este coste es inasumible a corto-medio plazo y se imponen reformar el sistema como puede ser con la introducción de copago y "ticket" ya existente en numerosos países europeos (García 2010; Lourido 2011). El médico se ve sometido a fuerzas contrapuestas, por una parte la Administración y Seguros Privados, que piden al médico el menor coste posible y, por otro los usuarios que exigen la mayor eficacia con independencia del coste. El médico ya no sólo se plantea cómo curar una enfermedad sino cómo evitar una posible demanda (Martin Polo 2004).

1. Causas del incremento de la litigiosidad

Son numerosos los factores científicos, técnicos, sociales, culturales y judiciales que, interactuando entre sí, han llevado a un incremento de la demanda de responsabilidad a los médicos en su actividad profesional. Podemos clasificarlos en (Galán 2003; Rodríguez 2006; Sol Almeida 1998):

1.1 Avances en la medicina.

Los avances en la medicina han aumentado los riesgos asistenciales. Por contradictorio que parezca, la medicina vive una época donde existen mayores posibilidades de diagnóstico y curación, particularmente debido a la tecnología sanitaria y a la aparición de nuevos fármacos de riesgos antes desconocidos. Es evidente que hace sesenta y cinco años nadie moría por shock anafiláctico por inexistencia de antibióticos. Además, el descubrimiento de nuevas tecnologías demanda una mayor actividad médica e impone mayores exigencias de capacitación. En la medicina moderna (Cerini 2001), lejos de disminuir los errores como podría presumirse se han mantenido o incluso aumentado. Como apunta Martínez (2010), sólo un análisis veraz podrá mostrar la realidad de una profesión que, más allá de los fantásticos adelantos tecnológicos está sembrada, por un lado, de dudas sobre la eficacia y eficiencia frente a costes, fracasos y reclamaciones y, por otro, un médico vituperado y sacudido de mala práctica, para llegar a la conclusión de que estamos en una difícil encrucijada de resolución para lograr el objetivo que se plantea.

El desarrollo científico y técnico de la medicina y su difusión en los medios de comunicación ha generado un tipo de pensamiento lógico-racional, que la medicina lo resuelve todo, evita el sufrimiento, y no se comprende que no ocurra así. No se concibe que se produzca un fenómeno por azar sin causas determinantes y, menos aún, sin culpables. *El hombre vive inmerso en tres mitos: el de la estadística, el de la infalibilidad de la medicina y el de la justicia social.* Es tal la expectativa de curación que genera el desarrollo científico y tecnológico de la medicina, que cuando no se sigue de un buen resultado, aparece un estado de frustración y se buscará un culpable. Se ha instalado la idea de derecho exitoso del tratamiento. El derecho a la salud se confunde con frecuencia con un derecho a la curación, pues el paciente cree que el derecho al tratamiento debe acompañarse necesariamente de un resultado positivo (Ponce 2006).

Paradójicamente, los grandes logros de la medicina, al aumentar las expectativas y resolver una mayor cantidad de problemas de salud, instalaron la idea de que la enfermedad y la muerte deben obedecer a una falta de conocimientos médicos y, en consecuencia, tener un responsable. *Esta actitud, también cabe encontrarla entre los médicos que perciben la práctica médica infalible, sin errores, un objetivo realista a pesar de la inevitabilidad de errores inevitables* (Hasson 2001). Por ejemplo, las exploraciones realizadas dieron el siguiente resultado: eco abdominal compatible con mioma; TAC pélvico-abdominal compatible con masa de probable origen ginecológico (mioma/miosarcoma y subseroso) no descartándose tumoración anexial derecha; intervención ginecológica: no afectación de órganos genitales, sospecha de tumoración urológica; urografía normal. Reevaluación con los datos de la laparotomía y urografía: tumoración retroperitoneal de características malignas, leiomioma de útero versus sarcoma; estudio anatomopatológico intraoperatorio compatible con shwanoma; estudio anatomopatológico diferido compatible con tumor retroperitoneal tipo sarcoma fibromixoide de bajo grado. La TAC informa tumor benigno en globo ocular, y mas tarde la biopsia confirma cáncer, etc. En estos casos, como en otros, sólo el estudio anatomopatológico final permite establecer el diagnóstico. Históricamente las relaciones entre paciente y médico eran de total confianza, asentada sobre el pilar de la discreción, que hoy, al no existir, se tiene que proteger con normas legales.

1.2 Cambio en el modelo asistencial.

El cambio en el modelo asistencial ha traído consigo un aumento del riesgo. El médico de cabecera de hace unas décadas, hoy llamado de atención primaria, conocía la vida privada del enfermo y su entorno familiar, social y cultural. Conocía sus preocupaciones y acogía al enfermo como un buen padre de familia acoge a su hijo. No se le pedía explicaciones, de la misma manera que un hijo no se las pedía a su padre.

El médico tradicional ha desaparecido aplastado por la masificación y la monotonía. Médico y paciente son dos entes colocados uno delante de otro en un deshumanizado engendro sanitario (López Muñoz y del Moral 1976; Galán Cortés 1999). De la medicina tradicional que se desarrollaba de forma individual, personalizada, con escasos recursos, se ha pasado a una práctica asistencial, de crecientes y exageradas complejas regulaciones, en centros sanitarios e instalaciones técnicas cada vez más sofisticadas y caras donde se presta atención médica a grupos de población cada día más numerosos y exigentes, en la que colaboran numerosos profesionales de distintas especialidades. *La actividad médica se ha vuelto impersonal.* El médico no pretende alcanzar una relación personal con su paciente. Le comunica lo estrictamente necesario por temor a ser demandado. De los casos analizados durante el año 2002 por la Comisión Nacional de Arbitraje Médico (CONAMED) el 27% se resolvió mediante una nueva explicación. Ello permite deducir que gran parte de los problemas se debe a una inadecuada comunicación entre el médico y el paciente o sus familiares (Tamayo et al. 2003).

El moderno ejercicio de la medicina en equipo y el carácter multidisciplinario, lo dotan de complejidad y, por tanto, aumenta el riesgo de forma proporcional al incremento de actos médicos, a la universalización de la asistencia y a la aparición de nuevas enfermedades (Conde 1994). La medicina se ha convertido en una gran empresa en la que el médico ha dejado de ser el único protagonista (Fornes 1999). De la responsabilidad individual se ha pasado al de responsabilidades compartidas.

1.3 Cambios sociales.

Constituyen una de las causas fundamentales del aumento de la litigiosidad asistencial en el mundo occidental. Hasta mediados del siglo XIX la persona adoptaba una actitud de resignación ante los problemas de la vida, la enfermedad y la muerte. Poco a poco se va observando un cambio en la sociedad, más informada, que va tomando conciencia de sus derechos, de la calidad y eficacia de los servicios que le ofrecen.

Esta inquietud por los derechos de los pacientes tiene su apoyo en los propios médicos. Así, en 1973, la Asociación Americana de Hospitales (Arechederra 1996), con el objeto de prevenir la deshumanización y de que el paciente tomara conciencia de sus derechos, enunció una serie de derechos inalienables del paciente que en todo momento deben ser respetados.

La mentalidad de la sociedad actual es menos resignada, más hedonista y reivindicativa, y busca obtener una indemnización en el caso de que merme su salud como consecuencia de la asistencia sanitaria recibida (Conde 1994), e incluso en el caso de taras no detectadas durante el consejo genético o la gestación en virtud del "derecho a no nacer".

La relación clínica profesional e institucional tradicional tenía un carácter paternalista, de aceptación, comprensión y fatalismo del enfermo o familiares ante las consecuencias negativas que resultaban de la intervención médica. Se resignaban ante el error; los profesionales no lo reconocían y la organización lo encubría para no dañar su prestigio ni sus intereses. Este modelo se ha modificado de forma radical, donde el principio de autonomía (todo para el paciente pero con opinión del paciente) como derecho de los pacientes, se ha adueñado de la relación clínica y atemorizan a los profesionales y organizaciones sanitarias con un sinfín de demandas y reclamaciones por errores y daños en la asistencia (Seoane 2004). Existe una actitud de alerta legalista (Marañon 1992), en la que no faltan profesionales y asociaciones de víctimas de errores médicos que preguntan a los usuarios si tienen alguna queja por la atención recibida, con sus pleitos escandalosos y discutidas sentencias que los medios de comunicación a través de informaciones no siempre bien comprendidas ni equilibradas, generan un estado de opinión: la tan socorrida e interesada expresión de "alarma social", que no se corresponde con la realidad.

Esta actitud reivindicativa de derechos sin límites puede llevarnos como señala Carmi (2011) a que el hijo demande a su madre porque fumó o tomó drogas adictivas durante la gestación y ha nacido menos sano. La consecuencia es introducir un conflicto más en la estabilidad de las relaciones familiares.

Vivimos en una época de información. Cuando ocurre un acontecimiento morboso o escandaloso, éste ocupa un lugar privilegiado en los medios de comunicación y a los errores médicos se le concede este lugar, pero nada dicen sobre la naturaleza, condiciones o circunstancias coincidentes o subyacentes que se han dado. Hasta tal extremo se identifica errores con efectos adversos o complicaciones que pueden surgir en la atención sanitaria, que incluso se utiliza la expresión "error médico" si tal o cual intervención propuesta no resulta exitosa. Por ejemplo, la intervención es sencilla y de buen resultado si no se produce un error, así se expresaba un presentador de TV, como si no existiese la palabra complicación propia de la medicina. Por lo que se lee en los periódicos o se escucha en la televisión, cualquier ciudadano puede entender que abunda el error médico, la negligencia o la falta de atención, con juicios paralelos de opinión pública que tienden a negar al médico la presunción de inocencia. Los medios de comunicación y particularmente la televisión se convierten en *"testigo de lo que se vive"* y es *"veredicto lo que se vive"* (Geroma 1994). Ello lleva a la opinión social de que la conducta de los médicos es reprobable, equivocada, oculta, corporativista, etc., cuando no se lanzan frases, como "no cesaré hasta ver a los médicos en zapatillas". Quizá sea debido a que el rol del médico en esta sociedad no se ha tolerado ni aceptado por algunos y lo que era una referencia social de respeto se ha convertido en la diana de persecución cuando no de agresiones verbales o físicas. En España 451 médicos fueron agredidos por pacientes bien de forma verbal o física durante el año 2010 (Montalban 2011), según se desprende del estudio elaborado por el Observatorio de Agresiones de la Organización Médica Colegial (OMC). El 65% se registraron en el primer nivel de asistencia. Representa sólo la punta del iceberg del problema, ya que todavía las denuncias siguen siendo mínimas porque el médico tiene miedo. El 33% de las agresiones fueron por discrepancias en la atención médica, le sigue la negativa a recetar el fármaco demandado por el paciente y finalmente por discrepancias personales. En respuesta al creciente número de agresiones la Agrupación Mutual Aseguradora (A.M.A) puso en marcha hace ya algunos años la póliza de Defensa y Protección por Agresión. De aquellos polvos vienen estos lodos, que en nada benefician a una medicina de calidad y particularmente de la seguridad del paciente. ¿Después de una agresión física o psicológica en qué condiciones emocionales se encuentra el médico para seguir reconociendo a más pacientes ese día? Desde luego que se encuentra en unas condiciones de vulnerabilidad psicológica para cometer errores. Al final tendrán que poner los Gestores políticos un guardia de seguridad en cada consulta. A tal extremo ha llegado esta desautorización que es necesaria la normativa penal para que dichas agresiones sean consideradas como falta o delito de atentado a la autoridad. Se ha creado una imagen culpabilizadora de los profesionales muy alejada de la realidad (Fornes 1999; Conde 1994).

Esta nueva actitud en la relación médico-paciente favorece que el médico sea cuestionado y estimula el reconocimiento de los derechos del paciente, propiciando un aumento considerable de reclamaciones, exigiendo responsabilidad al médico como a cualquier otro profesional que presta un servicio al ciudadano. Se ha pasado de un modelo paternalista, de comprensión, e impunidad a otro guiado por el castigo y la indemnización (Seoane 2004). Esta cultura de la demanda y culpabilización del médico o de la institución lleva a que se protejan con pólizas de seguros que indirectamente pagan los enfermos o ciudadanos.

1.4 Tutela judicial y legislación.

La implantación del derecho a la tutela judicial, como derecho fundamental, está generando de algún modo un incremento de la litigiosidad. El abogado, consciente del derecho de su cliente, pide a un órgano jurisdiccional que dicte una sentencia, sea propicia o adversa, sin plantearse nada porque entiende que no le compete si su cliente tiene razón (Martinez 1999). Los usuarios, pacientes o clientes del servicio de salud que se encuentran en una situación contractual y con fundamento en el derecho, efectúan cada día más reclamaciones, muchas veces infundadas (Marcos 2002).

Para Rodríguez Ramos (1999), algunos abogados deberían entonar el "mea culpa" por falta de ética profesional y temeridad a la hora de iniciar o ejercitar acciones penales, cuando se deberían utilizar sólo acciones civiles o administrativas, o ni siquiera éstas, pues son bastante patentes los muchos supuestos de carácter fortuito, inevitable e imprevisible de lo acaecido. El abogado razonable debería constatar y decir al paciente o familiares hasta qué punto es sostenible o insostenible la pretensión de exigencia de responsabilidad. Para evitar el abuso de demandas o querellas, Agrest (2004) propone legislación que limite los montos compensatorios y los honorarios de los abogados con penalización económica para querellas injustificadas. Otra forma de resolver las demandas injustificadas sería a través de la creación de las Comisiones de Arbitraje Médico. Así, en México, desde su creación, la frecuencia de las quejas por abogados a la salida de los hospitales o de los Servicios de Urgencia, para obtener dinero a través de presentar demandas y obtener porcentajes muy importantes de lo conseguido, ha venido a menos significativamente. En España en casos muy excepcionales, el Juez impone una multa por "abuso de justicia" pero el recurso en Instancia Superior lo desestima.

En una sociedad cuya dinámica es exigir responsabilidad civil de toda índole, no iba a excluirse la derivada de la atención sanitaria. En los ordenamientos jurídicos continentales se suele situar el centro de la atención en la persona de la víctima, entendiendo que la comunidad no puede desampararla basándose en un criterio de solidaridad social (Conde 2004). Se tiende a objetivar la responsabilidad con el fin de que siempre haya una indemnización a disposición de quien ha sufrido un daño con independencia de la existencia de culpa. Así, la Directiva de la Comisión de las Comunidades Europeas de 9 noviembre de 1990 sobre la responsabilidad del prestador de servicios, en nuestro caso sanitario, dispone que "la carga de la prueba de la falta de culpa incumbe al prestador de servicios". No implica una responsabilidad objetiva, sino un desplazamiento de la carga de la prueba hacia el profesional o la institución.

En España, la protección jurídica de los derechos de los pacientes que se consideren perjudicados por el funcionamiento inapropiado del sistema público viene recogida en la Ley 13 de enero de 1999 de Régimen Jurídico de las Administraciones Públicas y del Procedimiento Administrativo Común, que modifica la ley de 26 de noviembre de 1992. El paciente puede reclamar y llegar a un acuerdo indemnizatorio como consecuencia del daño secundario al mal funcionamiento del servicio sanitario público, sin necesidad de recurrir a la vía judicial, habiendo sido tratado correctamente el enfermo conforme al estado de la ciencia en ese momento. Sin embargo, no hay un criterio jurídico unánime; mientras que unas sentencias condenan a la Administración, otras la absuelven al estimar inevitable el daño, de acuerdo con las posibilidades técnicas del momento (Conde 2004). Sirvan como ejemplos los daños ocasionados por falta de medios o de personal en el departamento donde es ingresado el paciente; por falta de coordinación entre los servicios públicos; por deficiencia o inadecuada gestión de las listas de espera; por falta de esterilización de los quirófanos, o cuando siendo su funcionamiento normal, el riesgo inherente a su utilización rebasa los límites estándar de seguridad. No se consideran indemnizables los daños derivados de hechos o circunstancias que no se hubiesen podido prever o evitar según el estado de los conocimientos de la ciencia o de la técnica existente en el momento de la producción de aquéllas (Seoane 2004).

Igualmente a los centros sanitarios le fue aplicada la Ley General para la Defensa de los Consumidores y Usuarios de 1984, que incluye a los enfermos como usuarios de los servicios sanitarios y cubre los daños causados en el correcto uso de los mismos. Se excluyen de esta responsabilidad sucesos imprevisibles e inevitables como son los casos fortuitos y de fuerza mayor o por culpa exclusiva del paciente. La Ley se aplicaba habitualmente a supuestos de infecciones hospitalarias contraídas y reactivadas a consecuencia de transfusiones de sangre, por instrumental quirúrgico y en los supuestos de daños desproporcionados en relación con el escaso riesgo atribuible, en principio, a una determinada intervención (Galán Cortés 2003). Dicha Ley incluía la responsabilidad objetiva de los servicios sanitarios de la prestación realizada, siempre que existiera relación causal con independencia de la culpa. Sin embargo, no cabe admitir la responsabilidad objetiva (sin culpa) en el ámbito de las relaciones sanitarias (STS de 11 de febrero de 1999). El que todo daño es resarcible mientras sea previsible, es aplicable a los servicios sanitarios, a no ser que medie culpa del paciente o sucesos imprevisibles (STS de 1 de julio de 1997). A partir de 1997 la jurisprudencia estableció que dicha Ley era inaceptable en materia de responsabilidad médica y hospitalaria (Sentencia de 27 de junio de 1997), ya que los criterios en que se fundamenta dicha responsabilidad están basados en el incumplimiento de la lex artis ad hoc (STS de 20 de noviembre de 2009). Dicha ley, al igual que la proposición de la Directiva Europea, no son normas específicas de la profesión médica; menos aún, del acto médico en el sector público. Hay que adaptarlas a las peculiaridades de la medicina, sobre todo cuando se configura una responsabilidad objetiva, la cual pugna con las normas generales del Código Civil. La reforma de la Ley Orgánica del Poder Judicial de 1998 derivó estos casos a la vía jurisdiccional contencioso-administrativa, bajo la responsabilidad patrimonial de la Administración. Según la sentencia del Tribunal Superior de Madrid de 19 de febrero de 2008, los requisitos para exigir responsabilidad patrimonial son: 1) Realidad de un resultado dañoso. 2) Antijuricidad del daño o lesión. 3) Imputabilidad de la actividad dañosa a la Administración. 4) Nexo causal directo y exclusivo entre la actividad administrativa y el resultado dañoso. 5) Ausencia de fuerza mayor. 6) Criterio de la lex artis.Y en este sentido se manifiesta el Tribunal Contencioso Administrativo de Valencia (Sentencia de 1 de marzo de 2010).

La responsabilidad establecida por la legislación de consumidores únicamente es aplicable en relación con los aspectos organizativos o de prestación de servicios sanitarios (SSTS, de 5 de enero de 2007; 4 de junio y 20 de noviembre de 2009, entre otras).

Como vemos, el aumento de las reclamaciones contra los médicos, consecuencia del extremo a que se han llevado los derechos del paciente, ha generado una jurisprudencia y leyes en la mayoría de los países. Así por ejemplo, en Israel la Ley de Derechos del Paciente recoge 24 derechos del usuario y ningún derecho de los médicos, ni siquiera el de la dignidad. En este camino nos hemos dejado los derechos de los médicos (Carmi 2011).

2. Falibilidad de la medicina.

En la historia de la medicina existen varios paradigmas que se reflejan en la práctica clínica y que Engel denominó el modelo biomédico, basado en la observación y descripción rigurosa y en la aplicación del método experimental al estudio de la enfermedad y del enfermo.

La medicina es una ciencia biológica sujeta a la relatividad del conocimiento. Se reitera continuamente tanto por médicos como por juristas que no es una ciencia exacta, como pueden ser las ciencias físicas. Su cualidad es la inexactitud por ser impredecible, variable, adaptativa, reactiva y estar en constante evolución (Aguirre-Gas et al. 2006; Chantler 1981). A diferencia de las ciencias físicas que se rigen por leyes matemáticas, cuantificables y reproductibles, y aún en ellas a partir de la teoría cuántica, se da cierto indeterminismo e interpretación probabilística. El progreso científico ha consistido históricamente en extender la aplicación del principio de causalidad a un sector tras otro de la realidad (físico, químico, biológico, etc.), así como a las ciencias sociales y humanas (Sánchez Vázquez 1984). Este tipo de pensamiento, atomismo, ha prevalecido durante el siglo XX y sigue prevaleciendo. Sin embargo, la ciencia física moderna acepta la existencia de sucesos objetivamente aleatorios. La interacción entre átomos o entre moléculas poseen un aspecto aleatorio, un componente de azar, en el sentido de estar sujeto a la teoría probabilística objetiva de sucesos aleatorios (Popper y Eccles 1985). La práctica médica se mueve, por tanto, dentro del paradigma biomédico cuyo carácter es la incertidumbre y en este contexto el médico tiene que tomar decisiones. Esta incertidumbre debe ser minimizada por la competencia, habilidades y experiencia del médico. El clínico se mueve en sus razonamientos y explicaciones muchas veces, desde el nivel atómico, pasando por distintos niveles: orgánico, tisular, subcelular, molecular y submolecular. Este tipo de razonamiento fue denominado como razonamiento vertical (Blois 1994). Utiliza datos que define en términos bioquímicos, biológicos, anatómicos y fisiológicos, a diferencia del método utilizado por los físicos y químicos, cuyas explicaciones tienen siempre lugar dentro del mismo nivel de organización atómico o subatómico, molecular y que ha sido denominado razonamiento horizontal.

Esta incertidumbre basada en el desconocimiento, en la falta de control de muchas variables que intervienen en la práctica médica y en la falta de reproductibilidad de la mayoría de los fenómenos biológicos, hacen que se discuta si la medicina es una ciencia, arte o magia, o tal vez la combinación de todas ellas. Edmund Pelegrini dice que "la medicina es la más humana de las ciencias y la más científica de las humanidades" (Aguirre-Gas et al. 2006). La falta de control de todas las variables que pueden estar implicadas y sobre todo en situaciones críticas y ciertas circunstancias que obedecen a factores intrínsicos del propio paciente, hace que la toma de decisiones pueda condicionarnos a un diagnóstico y tratamiento equivocado.

En la práctica médica confluyen múltiples factores endógenos y exógenos que pueden condicionar el fin curativo o preventivo que el médico persigue, que nunca podrá ser garantizado por su notorio relativismo (Galán Cortés 2003). En este sentido sigue siendo válido lo que decía Marañón (1992), que en la medicina siempre existirá el factor reaccional del individuo enfermo, variable e imposible de acomodar a normas previas. Pedir cuentas al médico de su fracaso con un criterio científico como se le pide a un ingeniero que ha calculado mal la resistencia de un puente es un disparate y totalmente inaceptable. Igualmente el Tribunal Supremo, al hacer referencia a la medicina como ciencia, manifiesta que la exigencia de responsabilidad al médico presenta siempre grandes dificultades porque su ciencia es inexacta por definición, al concurrir en ella factores y variables totalmente imprevisibles que determinan serias dudas sobre las causas del daño (ST de 8 de junio de 1994). "Está reconocido científicamente que la seguridad de un resultado no es posible pues no todos los individuos reaccionan de igual manera ante los tratamientos de que dispone la medicina actual" (SSTS, de 12 de marzo de 2008; 30 de junio de 2009). *El modelo de educación médica refuerza el concepto de infalibilidad, lo que puede condicionar su honestidad intelectual para admitir el error, y ello se traslada a la sociedad y a los medios de comunicación sobre la práctica médica en el mundo, que esta práctica debe ser infalible* (Villatorio 2006). La práctica clínica supone tomar decisiones constantemente, dar consejos y hacer recomendaciones, pocas veces con absoluta certeza; se convive a diario con la incertidumbre (Monteagudo et al. 2008).

El riesgo asistencial es inherente a la profesión médica y puede presentarse como imprevisible e inevitable por falibilidad de la ciencia médica y del ser humano en cualquier acto diagnóstico y terapéutico (Imbert et al. 2006). Exigir a un profesional de la medicina que no incurra en errores diagnósticos ni de tratamiento nos llevaría al absurdo de exigirle la inmortalidad o la infalibilidad (Macía 2009; Aguirre-Gas et al. 2006). El riesgo tiene una doble base de sustentación: ética y científica, que protegerán al médico de reclamaciones temerarias (Ponce 2006). La medicina actual, con los medios tecnológicos y terapéuticos de que dispone para resolver problemas de salud que hace unas décadas era algo impensable, entraña un alto riesgo. Es un riesgo que se corre en beneficio del enfermo, por lo que no cabe jurídicamente la aplicación de la teoría del riesgo y su objetivación. Y a pesar de ello, el médico es el profesional que con más frecuencia está presente en demandas judiciales (Galán Cortés 2003). Esta doctrina, la medicina como actividad de riesgo, pretende abrir camino a la responsabilidad objetiva frente a la responsabilidad subjetiva por culpa en el ejercicio de la medicina. La base doctrinal de la responsabilidad objetiva está en la idea de que quien crea un riesgo y con ello obtiene un beneficio debe responder de sus consecuencias (Martinez 1998). Esta teoría esta basada en que la sociedad actual está inmersa en actividades peligrosas propias del desarrollo tecnológico y de la socialización del riesgo, donde la víctima debe ser siempre indemnizada, lo que ha conducido a la responsabilidad objetiva. Esta teoría tiene validez para aquellos sectores de la vida humana que se caracterizan por su peligrosidad: accidentes, productos defectuosos, etc., pero pensamos que no puede aplicarse a la medicina. La medicina como ciencia biológica y su práctica, lleva implícito el riesgo. La potencialidad de hacer daño en el ejercicio de la medicina es inherente a la práctica de ésta (Sánchez 2008). Todos los actos médicos tienen un riesgo implícito: una mala interpretación de las palabras del médico, la prescripción de medicamentos aparentemente inocuos como una aspirina infantil con la aparición de shock o síndrome de Reye, o cualquier acto anestésico o intervención quirúrgica que no están libres de complicaciones, pueden dar lugar a serias consecuencias para la vida e integridad física del paciente, ajenas al buen quehacer profesional. *El médico que piense que nunca va a tener complicaciones está completamente equivocado.* La medicina es una actividad de riesgo donde el médico no busca un beneficio para sí; su disposición ética está dirigida a suprimir o paliar el sufrimiento del hombre enfermo.

El médico cuando realiza un diagnóstico se mueve en un contexto de hipótesis de probabilidad (Corral 1993). Maneja mentalmente la probabilidad de que la persona a la que está examinando tenga cierta enfermedad a partir de lo referido por el enfermo (síntomas) y de lo observado por el médico (signos). La evidencia aportada por las pruebas complementarias, si se solicitan, permitirá reafirmarse si son positivas, que la persona tiene la enfermedad en cuestión. En caso contrario, su próxima opinión será menos firme y podrá abrir nuevas posibilidades. La hipótesis diagnóstica de probabilidad depende del grado de correlación que se va adquiriendo a lo largo del estudio del paciente. Así por ejemplo, la presentación de dolor retroesternal al esfuerzo, que cede con el reposo, es sospechoso de isquemia miocárdica, y adquiere mayor grado de certeza cuando con los datos de la coronariografía se aprecia obstrucción de alguna arteria coronaria. La prueba técnica que tiene un mayor rango científico por ser objetivable y reproducible facilitará el diagnóstico dependiendo de su sensibilidad y especificidad para lo que se pretende conocer. Valores absolutos del 100% de especificidad y sensibilidad son muy raros en medicina clínica, lo habitual es que se sitúen entre el 75% y el 95%, lo que supone que tendremos la posibilidad de equivocarnos entre un 25% y un 5%. Ninguna prueba diagnóstica es totalmente exacta y los resultados pueden plantear problemas de interpretación (Wikipedia 2008), así por ejemplo, las pruebas protocolarias en caso de dolor torácico, anomalías mamarias, malformaciones fetales, etc., que no descubren nada anormal y más tarde, en horas o meses se desarrolla un infarto de miocardio, cáncer de mama o malformaciones fetales (Salgado 2008). Por otro lado, en el curso del tratamiento de una enfermedad la probabilidad de que surja una complicación es un hecho más dentro del proceso evolutivo y no siempre debido a fallos técnicos o productos de una mala práctica (Echave 2000).

El médico se mueve casi siempre en el terreno de la incertidumbre y probabilidad. Incluso en aquellas pruebas médicas que se basan en mediciones y proporcionan como resultado final un número, está presente la incertidumbre. La pluralidad de factores que se imbrican en el mundo del ser humano enfermo: técnicos, biológicos, psicológicos, sociológicos y culturales, relativiza, con la necesaria moderación, la importancia de los aspectos matemáticos del diagnóstico (Redondo 2002; Corral 1993). Así, el Tribunal Supremo manifiesta que... en todo paciente existe un margen de error independientemente de las pruebas que se realicen (SSTS, de 15 de febrero de 2006; 19 de octubre de 2007).

La falibilidad de la ciencia médica hace que el médico pueda equivocarse debido a su complejidad, a lo opinable o conjetural. Ningún tipo de actividad falible es más importante y menos entendida que la falibilidad en la práctica médica (Marañon 1992; Imbert 2006; Mac Intyre et al. 1983), por lo que no todo resultado negativo para el enfermo supone responsabilidad. Y, asimismo cabe decir que no todo fallo técnico supone responsabilidad; hay determinados procedimientos que de por sí tienen un margen de riesgo, de incertidumbre, y muchas veces no se sabe por qué se produce esa ineficacia o fallo (Montano 2006). Así como el paciente tiene unos derechos, al médico le deben asistir otros para conocimiento de los pacientes y de la sociedad en general. Dentro de éstos derechos está el de considerar al médico como un ser falible en términos de "que se reconozca su falibilidad como humano que es, en los aspectos inherentes a su profesión" (Aguirre-Gas et al. 2006). El hecho de que la medicina y su práctica sea una ciencia falible, no debe ser el paraguas que proteja a los médicos de los acontecimientos adversos evitables.

3. Actitud ante el error

Los errores médicos son analizados habitualmente de forma retrospectiva, a la luz de un determinado resultado y desde una perspectiva individual culpabilizadora del médico implicado, responsabilizándolo. En esta circunstancia el médico es abandonado por casi todos, compañeros y gestores sanitarios, para enfrentarse sólo al problema. Se suele ver el error en la práctica diaria como un fracaso por los propios compañeros y espera que le digan algo así como "no tuviste el suficiente cuidado, hay que ser más cuidadoso", etc. Esto puede explicar la actitud defensiva del médico. Es mejor ocultar el hecho que pasar por el sufrimiento de ser juzgado socialmente y judicialmente en completa soledad (Lorda 2004). El mejor antídoto, en opinión de Del Banco et al. (2007), es la comunicación directa y honesta cuando se ha cometido un error. Los sentimientos de los profesionales, de los pacientes y de la familia en estas circunstancias son similares. No es suficiente pedir disculpas hay que llegar al perdón que requiere entender el hecho y aceptarlo. Esto es posible si médico y enfermo o familiares están en condiciones emocionales de escuchar y comprender lo que ha sucedido.

Médicos y pacientes viven e interactúan, por desgracia, en un ambiente caracterizado por el mal humor, la culpabilidad, la responsabilidad, el temor, la frustración y la desconfianza en lo que se refiere a los desaciertos médicos. Todavía pervive una gran confusión entre lo que es un error y lo que constituye una negligencia. Si bien el primero es consustancial a cualquier actividad y se produce sin intención de dañar, la segunda se debe a una mala práctica con efectos nocivos para el afectado.

Tampoco la aproximación institucional al problema de los errores asistenciales es la deseable, ya que aún se sigue el modelo de responsabilidad centrado en una persona y muy judicializado, lo que provoca reacciones defensivas. La tónica general de los centros cuando se producen errores es que clínicos y gestores limiten la investigación y utilicen la subjetividad y la complejidad de los procesos como excusa. Hay estudios que demuestran cómo los errores que se identifican en las sesiones clínicas rara vez se comunican a los departamentos responsables de manejar los riesgos asistenciales, actitud que daña la relación médico-enfermo.

"¿Por qué somos tan reticentes a asumir los errores en medicina?", se pregunta Leape (1998). En opinión de Chassin et al. (2003), sólo un 16 por ciento de los errores se comunica, y ésto es debido a que el error lleva consigo una acción punitiva. *Debemos desechar el estándar falso e inalcanzable de la perfección, porque si no aceptamos los errores inevitables no podremos hablar del paciente como objetivo del sistema.* Como dice Echave (2000), es inteligente el que aprende de sus errores y sabio el que aprende de los ajenos. Desde este punto de vista, las condiciones actuales se empeñan en negar la virtud de la sabiduría de los cirujanos. La sanidad moderna tiene el reto más complejo en seguridad de cualquier actividad en la Tierra. Sin embargo, hemos fallado al diseñar nuestros sistemas para la seguridad, confiándola a actuaciones individuales libres de error reforzado por el castigo legal, una estrategia abandonada hace tiempo por industrias más seguras como la aviación y las industrias nucleares. Irónicamente, el castigo legal, en vez de mejorar la seguridad reduce el error de manera más difícil, proveyendo de fuertes incentivos para que los profesionales escondan sus errores, en vez de reconocerlos, analizarlos y corregir las causas subyacentes (Leape et al. 1998).

De forma cultural continuamos confiando primariamente en la amenaza de penas legales, financieras o disciplinarias para garantizar la seguridad del enfermo, asumiendo que la mayoría de los daños a pacientes son el resultado de un mal comportamiento, como por ejemplo, incompetencia, negligencia o codicia corporativa. Este enfoque disuasorio de la seguridad y las estructuras reguladoras y legales que lo apoyan han tenido un impacto limitado en reducir los daños a pacientes. Está claro que se necesita un enfoque adicional que se mueva más allá de las acusaciones en investigar por qué ocurren los accidentes en sanidad y cómo se pueden identificar los riesgos de futuros accidentes. Una de las virtudes del informe "To Err is Human" es su insistencia en la necesidad de superar esta forma de abordar el problema.

4. Reclamación por daños

Existen diversas circunstancias que pueden dar lugar a reclamaciones judiciales (Conde 1994):

a) Por mala práctica profesional.

Se trata de casos en los que, como consecuencia de una incorrecta actuación de uno o varios profesionales en el desarrollo de su actividad, se produce un daño que no hubiera sucedido si la actuación hubiese sido la adecuada.

b) Por mal funcionamiento del sistema sanitario.

La existencia de problemas de organización o coordinación puede confundir una prueba diagnóstica entre pacientes, producir retrasos en la lista de espera, en la visita médica o en la realización de una prueba, dando lugar a un daño que de otro modo no se hubiera producido.

c) Por daños secundarios a una práctica médica correcta.

La práctica médica implica siempre cierto riesgo. Existen tres tipos de daños secundarios a una acción asistencial que podemos considerar inevitables y que no debieran ser perseguidos judicialmente, ni reprochados socialmente:

1. Los efectos secundarios imprevisibles, no evitables, estadística y sanitariamente admisibles como, por ejemplo, los efectos secundarios a los antihipertensivos, corticoides, etc.

2. Los efectos secundarios imprevisibles e inevitables por desconocidos y no controlables con arreglo al estado de la ciencia, como por ejemplo lo fue la transmisión de virus desconocidos VIH y VHC por transfusión cuando eran indetectables, o por enfermedades que puedan aparecer nuevas.

3. Por daños secundarios en el diagnóstico, derivados de la utilización de pruebas invasivas que suponen riesgo, como por ejemplo la muerte como complicación más grave por shock hemorrágico producido por rotura de la arteria pulmonar derecha en el cateterismo de cavidades derechas con catéter de Swan-Ganz o por rotura de la arteria iliaca en el cateterismo cardiaco, donde la aortografía abdominal no evidenció extravasación de sangre; neumotorax en broncoscopia, etc, (Figura 25).

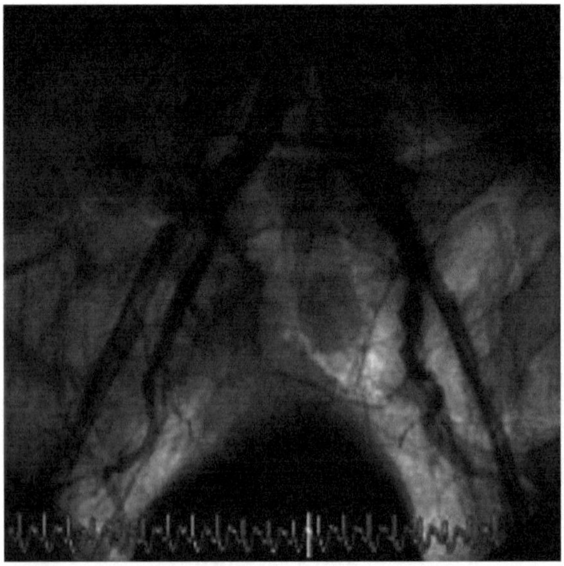

Figura 25. Aortografía abdominal.
Cortesía del Servicio de Cardiología del HUS.

A estos tres grupos le podemos añadir un cuarto grupo formado por las complicaciones surgidas en el curso de tratamientos médicos o quirúrgicos, que en general, cuando se han puesto los medios o cuidados para prevenirlos, pertenecen a la categoría de efectos adversos inevitables.

Las causas más frecuentes de reclamación a los médicos fueron expuestas en un congreso celebrado en la Asociación Americana de Medicina (AMA). El abogado Michael R. Gallagher dio a los médicos asistentes algunas normas para advertirles que podían ser demandados por sus pacientes (López Muñoz y del Moral 1976) y que ampliamos:

- Cometer un acto de negligencia. Si para una simple enfermedad prescribe un medicamento equivocado, se habrá encaminado directamente al banquillo.
- Despreciar las publicaciones médicas. Tirar los prospectos médicos. No preocuparse de estar al corriente de la jurisprudencia acerca de la medicina. Ya tendrá tiempo de hacerlo cuando esté procesado.
- Hablar a otros de dentro y fuera de la profesión de los errores de sus colegas. Así ellos se animarán a contar los de usted.
- Olvidarse de hacer anotaciones (historia clínica). La medicina es tanto arte como ciencia. ¿Quién ha oído decir que un artista guarde sus apuntes?
- Animar a sus pacientes con unas exageradas esperanzas. Un diagnóstico indebidamente optimista es una chispa que puede encender rápidamente una demanda judicial cuando no salga todo tan color de rosa como usted lo puso. *La mayoría de las reclamaciones están relacionadas con la información que se da al paciente o familiares y muy pocas con la efectividad de la práctica médica.* La verborrea, emitir opiniones y comentarios sin la suficiente ponderación, no sólo por el médico que cuida al paciente sino por otros médicos o personal sanitario sin el debido conocimiento y prudencia, es un fértil campo de cultivo para engendrar acciones por responsabilidad profesional.
- No explicar los peligros ni los riesgos de la anestesia, la cirugía, de técnicas diagnósticas invasivas, de un tratamiento o del uso de medicamentos que de algún modo pueden ser tóxicos.

- Atender al paciente con predominio de los recursos tecnológicos sobre los propedéuticos.
- Prescribir y diagnosticar por teléfono.
- Centrar el trato como si fuera un cliente, usuario, en lugar de hacerlo en una persona enferma.
- Mala relación médico-paciente. Anamnesis y exploración física defectuosa, inadecuado uso de pruebas e información defectuosa, imprecisa y escasa al paciente, favorecen la presentación del error y la consiguiente demanda de responsabilidad.

En estos consejos existen una serie de factores que están perfectamente dentro del control de los médicos y que observándolos por el lado correcto se pueden evitar reclamaciones.

Frente a estos consejos ofrecemos una serie de medidas que pueden evitar una posible demanda:

- Buena relación médico-paciente. Debe estar basada en la confianza, ser empática, respetuosa y personal. No se deben crear falsas expectativas. Se aconseja una información clara, comprensible y convincente así como escuchar y atender las quejas. Un minuto de cortesía evita el pleito de dos años. Una buena relación médico-paciente permitirá comprender y aceptar la información sobre un acontecimiento adverso o error médico.
- Privilegiar la autonomía sobre el paternalismo.
- Informar personalmente al paciente o familiares de la enfermedad, pronóstico, tratamiento, y posibles alternativas terapéuticas así como de los probables riesgos y complicaciones. El enfermo o sus familiares no deben salir de la consulta sin saber qué le pasa y el remedio para su enfermedad.
- Supervisión o revisiones periódicas según la enfermedad.
- Si existen dudas o sobrepasa nuestro conocimiento solicitar la colaboración de otros compañeros. Aceptar que pedir ayuda a otros com-

pañeros no es un signo de debilidad, falta de experiencia o formación insuficiente.

- Las discrepancias médicas deben resolverse entre médicos. Es habitual y lógico que los médicos puedan tener diferente opinión ante determinadas situaciones clínicas. Desacreditar al compañero directamente o ante terceros es una grave falta ética y el punto de partida de la mayor parte de las denuncias.
- Aplicar los protocolos estandarizados y admitidos por la comunidad científica, respetando la autonomía del paciente si se ofrecen otras opciones.
- Historia clínica completa. Debe quedar reflejada la historia patobiográfica del paciente y las actuaciones médicas en el tiempo en que se hacen. Es un documento médico descriptivo, cronológico, completo, ordenado y legible.
- Obtener el consentimiento informado cuando sea necesario. En el caso de carecer de capacidad psíquica, obtenerlo de su representante legal o familiares.
- En el caso de deficiencias de personal, de las instalaciones y de material, informar por *escrito* a la autoridad correspondiente.

5. Lex artis ad hoc. Concepto e implicaciones.

La lex artis es la obligación del médico de ajustar su actuación profesional a las reglas técnicas de su arte, generalmente aceptadas por la ciencia para casos similares. Sin embargo, la diversidad de situaciones y circunstancias que concurren en una actuación médica determinada no permite hablar de una lex artis genérica sino, tan solo, de aquélla aplicable a la singularidad del caso. De ahí que se utilice de forma habitual y más correcta la expresión de lex artis ad hoc.

La lex artis, ley del arte, es el criterio clave para determinar la existencia o no de responsabilidad. Es el módulo rector que ha de servir para enjuiciar la actuación médica en cada caso concreto (Galán Cortés 2003). Es el principal medio de imputación individual de la culpa del médico.

El concepto de lex artis ad hoc no es un concepto jurídico, sino científico-técnico; es por ello que el juicio de valor sobre si una determinada conducta médica se ajusta a la misma habrá de ser emitido por otros médicos. Dicho juicio no entraña la concurrencia ni la automática formulación aunque sí un indicio del juicio jurídico valorativo que sería emitido por los tribunales (Barreiro 1999).

Según Rodríguez Almeida (2006) es la ejecución del acto médico en el marco de los criterios y procedimientos admitidos en un determinado tiempo y lugar, en una situación históricamente concreta.

Podemos definirlo como el conjunto de pautas y reglas que el médico pone al alcance del paciente derivadas del estado del conocimiento actual científico-técnico de la medicina, teniendo en cuenta las circunstancias de tiempo, lugar, personas y medios, e informado el paciente, dé su consentimiento en un caso concreto (lex artis ad hoc). No es algo inamovible, sino que evoluciona conforme avanza la ciencia médica, y por eso el médico está obligado a formarse de manera continuada. Los protocolos no son algo estático, se irán ampliando con nuevos datos sobre riesgos o complicaciones que se van conociendo en la práctica médica.

Teniendo en cuenta lo dicho, la actuación médica implica una serie de atributos como son:

- Ser reconocida en el ámbito profesional.
- Estar demostrada su eficacia.
- Saber los medios que requiere.
- El grado de urgencia de la intervención.
- Evaluar riesgos-beneficios.
- Informar al paciente o familiares.

La valoración científico-técnica ha de realizarse en referencia a un caso concreto, por lo que no es posible dar normas de carácter general. No se trata de valorar cómo hubiese actuado el mejor médico en circunstancias ideales, ni siquiera si el acto médico se corresponde con lo propugnado por la escuela mayoritaria. Como pauta general sigue vigente el aforismo según el cual la responsabilidad médica termina donde comienzan las discusiones científicas

(Rodríguez Almeida 2006). Pero además, han de tenerse en cuenta las circunstancias particulares en las que se presta la asistencia. Por ejemplo: solicitar una TAC urgente con una gran lista de espera; trabajar en un servicio de urgencias masificado y con escaso personal; el lugar y las deficiencias de un quirófano; realizar una traqueotomía urgente en el medio rural o domicilio, sin medios y por médico sin experiencia, etc.

Para intentar protegerse del aluvión de denuncias que comenzó en España en la década de los ochenta, las administraciones en general y los médicos en particular pusieron en marcha los protocolos de actuación médica reglada. Si bien indican que se han seguido pautas generales no deben identificarse sin más con la lex artis ad hoc (De Paul 1996).

Los daños producidos por las circunstancias que concurren en un caso concreto y no atribuidas al médico, no podrán imputársele aunque no le eximan de la obligación de actuar (Martínez Pardo 1999).

Además de los aspectos antes referidos, forma parte de la lex artis ad hoc como norma general de obligado cumplimiento, el deber de informar para que el enfermo o quien por él decida pueda tomar una determinación de su consentimiento. Es por ello, que el concepto de lex artis comprende dos tipos de obligaciones: en primer lugar las científico-técnicas, concretadas para cada caso en particular y, en segundo lugar, los de carácter ético y legal; el deber de informar, de rango general.

Si el médico no cumple con el deber de informar está infringiendo la lex artis porque está actuando sin el consentimiento del paciente. También se infringe si no se registra adecuadamente el procedimiento en la historia clínica o si no se respeta el principio de confidencialidad. La relación médico-paciente debe estar presidida por el secreto. Existe vulneración del secreto médico, de la que se deriva responsabilidad ética y penal, cuando se informa a terceros, excepto a tutores o a requerimiento judicial.

El médico debe informar de los riesgos típicos, esto es, de los propios del procedimiento a realizar. Si un riesgo típico es excepcional, porque estadísticamente es insignificante, el médico debe manifestarlo. Así, en cirugía facial, la lesión del nervio facial; en cirugía cervical, la lesión medular; en cirugía de hernias discales, lesión del saco dural, etc. En estos casos la condena se sustenta en no informar de los riesgos típicos (Galán Cortés 2003).

Para determinar si de la actuación médica se deriva o no algún tipo de responsabilidad, el Juez o Tribunal deben tener conocimiento de cómo ocurrieron los hechos, es decir, si el comportamiento médico se ajusta a la lex artis ad hoc. La fuente de información está constituida por las pruebas a partir de las cuales se toma una decisión judicial. Las pruebas pueden ser de diferente naturaleza: unas son documentales, aportadas por las partes en cualquier soporte informático; otras de oficio, practicadas por peritos oficiales que suelen ser los médicos forenses en España y, cuando el caso por su complejidad científico-técnica lo requiera, por un especialista en la materia proveniente de instituciones académicas y colegiales; otras son testificales, aportadas por las personas que pueden contar lo que saben respecto de los hechos que se investigan y por último, la prueba de confesión del médico o médicos imputados.

Al médico le corresponde opinar a través de la historia clínica y reconocimiento del paciente, en caso de daños físicos y/o psíquicos, sobre la actuación médica. Evaluará datos relativos al diagnóstico y tratamiento realizado. Examinará lo que se hizo, lo que se dejó de hacer y lo que debió hacerse; es decir, su función es valorar si la práctica asistencial está dentro de la lex artis ad hoc.

La historia clínica es uno de los documentos que refleja cuál ha sido la actuación del médico. Constituye una prueba de extraordinaria importancia y su examen determina en muchos casos las decisiones judiciales. Es la mejor herramienta para defender a un médico de las quejas o demandas. Cualquier criterio clínico, decisión o actuación realizada, serían legalmente inexistentes si no hubiera sido documentada en la historia clínica. Pero además es un medio de comunicación con otros médicos, seguimiento de la evolución y evaluación de la calidad asistencial. La falta de colaboración del médico imputado de aportar pruebas que estén en su poder, como la historia clínica, conlleva el riesgo de ser sancionado con la inversión de la carga de la prueba y, el médico y no el paciente, deberá demostrar que ha actuado correctamente (Merino Jiménez 1999). La historia clínica es la historia patobiográfica del paciente. Tiene un comienzo, una evolución y un final. En ella se hará constar:

- Identidad del enfermo y médico.

- Cronología en el que han tenido lugar cada uno de los actos médicos.

- Anamnesis (antecedentes, síntomas, signos y pruebas complementarias).

- Diagnóstico o juicio clínico.

- Pronóstico. Complicaciones.

- Tratamiento y alternativas posibles.

- Consentimiento informado del paciente o familiares (verbal o escrito).

Al Juez le corresponde decidir sobre la competencia, conocimientos o idoneidad del médico para dedicarse a la profesión, así como sobre la pericia o arte para aplicar los conocimientos teóricos y su actuación correcta en cada caso (Martínez Pardo 1999). Al Juez no le corresponde entrar a considerar cuáles son los contenidos de naturaleza médica que constituyen la lex artis ad hoc.

Cuando ya se conocen las consecuencias de una determinada actuación médica, es muy fácil decir que se debería de haber actuado de otra manera que habría evitado la muerte o las lesiones físicas y/o psicológicas del paciente y, como no se hizo y era previsible sobre un hipotético desarrollo causal que se admitió a partir de las pruebas y no se consideró, eso es una negligencia (Rodríguez Ramos 1999). Igualmente pueden verlo los peritos con sus informes contradictorios, como es lógico, entre la parte demandada y demandante, haciéndolos más creíbles al apoyar sus razonamientos en citas bibliográficas en la línea de la tesis que mantienen. Como ejemplo, en este contexto de pruebas periciales, la clínica presentada por un enfermo en el Servicio de Urgencias, de "dolor epigástrico compatible con gastritis" y con antecedentes de cardiopatía isquémica. Fallece a las 48 horas de rotura de aorta ascendente. El Tribunal consideró que no se habían tenido en cuenta los antecedentes y como no se habían practicado las pruebas pertinentes (radiológicas, aortografía, angiografía) como así estimaba la prueba pericial propuesta por la parte demandante, en oposición al informe de la parte demandada (Real Academia de Medicina) que considera que la sintomatología presentada es inespecífica. Se condena a la administración aplicando la doctrina de la pérdida de oportunidad (S. Tribunal de Valencia de 1 de marzo de 2010). ¿Y por qué, con mejor indicación, no una gastroscopia de urgencia si hubiera fallecido de hemorragia aguda… por cáncer)? La clínica que se espera de una disección de aorta ascendente es el de dolor torácico con irradiación dorsal. En este contexto (Servicio de urgencias) también se puede encontrar dolor del nervio ciático y atribuirlo por las radiografías a un proceso degenerativo lumbar existente y fallecer a las 24 horas por rotura de aneurisma de aorta descendente, etc. Estos casos forman parte de los errores en los que el proceso que aqueja el enfermo no se manifiestan clínicamente ni se sospecha, o que la clínica se superpone y se orienta el diagnóstico al más evidente. ¡Dichoso el médico cuando la enfermedad se manifiesta de forma clásica! El médico no puede conocer la patología si ésta no se expresa de algún modo por arte de magia, y estos casos que son imprevisibles e inevitables, no merecen el reproche ético ni legal. Aplicar la doctrina de la pérdida de oportunidad en estos casos de errores diagnósticos, particularmente en un Servicio de urgencias, nos llevaría a un tipo de medicina absurda donde el médico no debería descartar nada y, por si acaso, solicitar todo tipo de pruebas; y un Servicio de por sí masificado nos llevaría a un crecimiento exponencial del resto de los Servicios de apoyo diagnóstico o ingreso de los enfermos para realizar las pruebas. El médico dejaría de hacer medicina de calidad y se convertiría en un expendedor de talonario de petición de pruebas. Llevaría a una práctica asistencial con repercusiones negativas para los enfermos, familiares, médicos, instituciones, gestores, etc. Los Servicios de urgencias y los de pruebas diagnósticas se colapsarían. Esto no excluye que en los Servicios de urgencia no haya que hacer, y se hacen, valoraciones diagnósticas que requieren una intervención inmediata; por ejemplo ante dolores torácicos en los que se sospecha afectación de las arterias coronarias y la necesidad de realizar una coronariografía, si ésta se demora por la existencia de lista de espera y el enfermo fallece, pensamos que aquí sí podría aplicarse la doctrina de la pérdida de oportunidad, etc.

En cualquier caso de demanda de responsabilidad al médico o a la institución sanitaria, junto a la intervención de un Patólogo o Médico Forense debería darse la opinión adicional de un médico especialista con experiencia clínica para una mejor valoración, como así se hace en diferentes países (Darok et al. 2000).

La valoración de actuaciones médicas en general, excepción hecha de casos claros de incumplimiento de la lex artis ad hoc que son pocos comparados con los millones de actos médicos que se realizan diariamente, exige un ejercicio de reflexión, prudencia, conocimientos actualizados de medicina así como su práctica dentro de un contexto histórico e irrepetible de la relación médico-paciente, acto médico, en el que hay que situarse y, en cierto modo, estar viviendo.

5.1 Jurisprudencia española

La doctrina jurisprudencial es unánime al respecto. Un elemento esencial de la lex artis ad hoc es el de la obligación de informar al paciente, (STS, de 11 de febrero de 1997),... forma parte de toda actuación asistencial y se halla incluido dentro de la obligación de medios asumida por todo médico, (STS, de 2 de octubre de 1997),... su incumplimiento es constitutivo de una trasgresión de la lex artis, y la carga probatoria del cumplimiento del deber de información incumbe al médico (STS, de 24 de mayo de 1999),... incumplir el deber de informar de los riesgos y peligros es una conducta negligente (STS, de 12 de enero de 2001),... una información deficiente, supone un incumplimiento de la lex artis ad hoc (STS, de 22 de marzo de 2011),... la obligación médica se concreta en proporcionar al enfermo los cuidados que requieren, según el estado de la ciencia y de la denominada "lex artis ad hoc", es decir, tomando en consideración el caso concreto que reproduce la actuación médica y las circunstancias en que tenga lugar (STS, de 31de julio de 1996).

En la decisión del litigio resulta decisiva la historia clínica en la que no consta la anotación correspondiente (Audiencia Provincial de Barcelona, de 4 de junio de 2004),... el no haber consultado la historia clínica constituye una inexcusable y clamorosa negligencia al omitir las más elementales normas de cuidado (STS, de 23 de febrero de 2001),... la historia clínica demuestra que la querella es infundada (STS, de 6 de marzo de 1989),... que no se contagió la hepatitis C (STS, de abril de 1977),... que no se incurrió en responsabilidad civil (STS, de 23 de septiembre de 1996).

Las secuelas que le quedaron a un paciente tras practicarle una meningoplastia son un riesgo típico de esta intervención del que debería haberse informado (STS, de 22 de abril de 2003),... tromboembolismo aparecido tras intervención, debería haberse informado a la paciente sobre la necesidad o conveniencia de que se moviera o deambulara (Audiencia Provincial de Barcelona, de

22 de julio de 2004),... quedan fuera de la obligación de informar, en la medicina curativa, los llamados riesgos atípicos por imprevisibles o infrecuentes (STS, de 28 de diciembre de 1998),... complicación inherente a toda intervención y ser perfectamente conocida, poco importa la frecuencia en el tanto por ciento y las estadísticas al respecto, para que deba ser informado (STS de 12 enero de 2001),... en la actividad sanitaria lo único que puede exigirse es que se actúe conforme a lo que se llama lex artis (ST Superior de Justicia de Madrid, de 19 de febrero de 2008).

6. Error médico y responsabilidad

El error médico que puede incurrir en responsabilidad lo es tanto por realizar un acto médico no aconsejado, como por omitir su realización estando indicado, lo que deriva en un daño.

El médico puede incurrir en responsabilidad a título de culpa por imprudencia, negligencia, impericia e inobservancia de las leyes y reglamentos en el ejercicio de su profesión (Ponce 2006; Nora y Gutiérrez 2008). Constituye la llamada responsabilidad subjetiva y para que se dé son necesarias culpa, perjuicio y relación de causalidad. El médico responde como consecuencia de que el daño se ha producido por culpa, porque no se comportó con la diligencia debida. La culpabilidad médica radica en la evitabilidad del daño que, a su vez, presupone la previsibilidad a diferencia de la responsabilidad objetiva en la que sólo es necesario que se produzca el perjuicio sin culpa. La doctrina y la jurisprudencia española por regla general permanece fiel a la culpa como elemento de atribución de la responsabilidad médica quedando descartada toda suerte de responsabilidad más o menos objetiva (Berrocal 2011). En algunos casos de la medicina voluntaria, se tiende a soluciones cuasi objetivas.

Imprudencia. Del latín *in*: privativo, sin y *prudentia*: prudencia. Es lo opuesto a la prudencia. El realizar un acto con ligereza, falta de tacto, de mesura, de cautela. Es afrontar el riesgo sin haber tomado las debidas precauciones para evitarlo y proceder en apresuramiento innecesario sin detenerse a pensar en las consecuencias. Es o implica una conducta peligrosa. Es hacer lo que se sabe que no debe hacerse. Ejemplos: transfundir sangre sin establecer el grupo sanguíneo o sin detectar previamente VIH, VDRL, VHC, etc.; dejar gasa o instrumental en la cavidad abdominal; realizar un acto innecesario como histerectomía o apendicectomía profiláctica; transmitir enfermedades contagiosas; hacer operaciones con diagnóstico de cáncer con sólo examen clínico, etc.

Negligencia. Del latín *negleglo*: descuidar y *nec-lego*: dejo pasar. Es lo inverso al sentido del deber. Es el descuido, omisión o falta de aplicación en la ejecución de un acto médico. Es la forma pasiva de la imprudencia. Es no hacer lo que se sabe debe hacerse. Ejemplos: no controlar al paciente en el postoperatorio; abandonar al enfermo (guardias, emergencia o huelga); no controlar con regularidad la temperatura de la incubadora, el respirador artificial, etc.; no ordenar la biopsia ante sospecha de neoplasia; no atender a un paciente en caso de emergencia; atender un parto sin realizar control fetal; no esperar en casos graves el relevo por otro médico; falta de aplicación de sueros o vacunas a heridas contaminadas; abandono de las pautas de aislamiento, asepsia y seguimiento del paciente, que estén indicadas, etc.

Impericia. Del latín *in*: privativo, sin; y *peritia*: pericia. Lo contrario a la pericia. Es la carencia de conocimientos mínimos o básicos necesarios para una correcta actuación. Es hacer lo que se ignora que no se debe hacer.

La imprudencia y la negligencia suelen ser las caras de una misma moneda. Ejemplo: indicar PNC (imprudencia) sin haber realizado previamente la prueba de sensibilidad (negligencia); dejar instrumental (imprudencia) y no sacarlo (negligencia).

El fundamento de la incriminación en la imprudencia y negligencia es la improvisación por parte del médico de un resultado previsible. La responsabilidad llega hasta donde alcanza la previsibilidad. Crear un riesgo previsible y evitable del que resulta un daño entraña responsabilidad.

El que la ciencia médica sea inexacta y el ejercicio de la medicina entrañe riesgo, no excluye que existan casos de error que impliquen negligencia o imprudencia, que por su trascendencia adquieren enorme importancia. Se trata de casos aislados, sin fuerza expansiva para establecer una categoría general (Conde 1994). El médico puede cometer errores que no son reprochables, ética y legalmente, si ha tratado al paciente con los medios adecuados, con los conocimiento actuales y siguiendo las normas que su deber le imponen (Ponce 2006).

El médico puede cometer errores en las distintas fases de atención al paciente, en la elaboración del diagnóstico y en el tratamiento. Gálvez Cabrera et al. (1998), establece una distinción entre el error y la infracción o falta médica. Para dichos autores, el error médico lo definen como todo acto médico de tipo preventivo, diagnóstico o terapéutico que no se corresponde con el real problema de salud del paciente y en el que no existe mala fe, negligencia, indolencia, incapacidad, ni ignorancia profesional. La falta médica la definen como todo acto médico en el que se manifiesta indolencia, negligencia, abandono o incapacidad del médico. También hacen referencia a la iatrogenia como consecuencia nociva que resulta de acciones médicas que intentan o logran beneficiar en otros aspectos.

La Comisión Nacional de Conciliación y Arbitraje médico (CONAMED), después de diversas revisiones (Tamayo et al. 2003) y Villatorio (2006), establece dos tipos de errores en los que se da una correlación entre errores y responsabilidad:

- Errores excusables. No implican responsabilidad. Se incluyen los errores por equivocación en el juicio existiendo un pensamiento coherente y lógico; o por una interpretación incompleta de los datos como ocurre en el diagnóstico en fase subclínica, procesos mórbidos que comparten síntomas, etc.

- Errores inexcusables. Implican responsabilidad. La conducta médica es inadecuada al paciente en condiciones clínicas específicas, no valorando el riesgo del uso de fármacos o procedimientos diagnósticos y no reflexionando ante las previsibles complicaciones y su prevención. Ejemplo, no tomar las medidas necesarias para prevenir el desarrollo de síndrome compartamental secundario a la punción femoral por la realización de una arteriografía coronaria, etc.

Si el riesgo de error se presenta como previsible y evitable, pero es necesario y se justifica en bien del paciente, se asume la responsabilidad. Y si se presenta como injustificado, que pudiendo ser previsto no lo fue por impericia, imprudencia o negligencia, constituirá falta médica y estaremos ante un error grave e inexcusable, de donde se deriva la responsabilidad profesional a título de culpa (Imbert et al. 2006).

Por regla general el error en el diagnóstico es un riesgo inseparable de la profesión médica ya que al tratarse de un juicio clínico no puede ser comparado con un modelo ideal de referencia, pero sí cabe saber los medios a través de los cuales se llega a ese juicio (Llamas 1998). No es punible civil ni penalmente, a no ser que exista culpa por una conducta de negligencia grosera, una falta de diligencia absoluta, o una impericia patente; esa culpa empieza donde la claridad científica es unánime y donde se demuestra que el médico no ha agotado los recursos que la ciencia dispone para poder obtener un diagnóstico certero. En los demás casos el diagnóstico en sí no es reprochable, excepto en los diagnósticos prenatales y consejo genético, donde cabe la condena aunque sea leve (Galán 2003) o la aplicación de la doctrina de la pérdida de oportunidad (Sentencia de la Audiencia Nacional de 6 de junio de 2001). Si hay culpa existe error, sin que esto suponga la afirmación contraria, pues lo que da origen a la responsabilidad médica no son los errores de diagnóstico al no ser exigible la infalibilidad, sino que la culpa estriba en un comportamiento sobre determinadas exigencias y medios (Ménguez et al. 1996).

Para Malaver (2004), en la que incluimos otros aspectos, la responsabilidad por errores de diagnóstico es debido a:

- Ignorancia.
- Errores groseros de apreciación.
- Examen insuficiente del enfermo.
- Equivocaciones inexcusables.
- La falta de seguimiento activo

Los errores de diagnóstico son la primera o segunda causa de demanda judicial por mala práctica en Estados Unidos. La mayoría de los juicios se centran en patologías mal diagnosticadas como son: cáncer, lesiones traumáticas, problemas quirúrgicos, infecciones, ataques cardiacos y enfermedad tromboembólica (Berner et al. 2008). No hay responsabilidad por un error diagnóstico:

- Ante un caso científicamente dudoso.
- Por guiarse de opiniones de especialistas.
- Cuando no se demuestra ignorancia en la materia.

- Cuando las manifestaciones clínicas no están presentes ni se sospechan.
- Por falta de colaboración de un paciente consciente.

Para la jurisprudencia del Tribunal Supremo los simples errores científicos o de diagnóstico, como la mayor o menor rapidez en la emisión de los mismos, no pueden ser objeto de infracción penal a no ser que sea de tal magnitud que de modo evidente se aparten de lo que cualquier médico de nivel y preparación similar, con semejantes medios a su alcance y circunstancias similares hubiera detectado. "Sólo el diagnóstico que presente un error de notoria gravedad o unas conclusiones absolutamente erróneas puede servir de base para declarar la responsabilidad, al igual que en el supuesto de que no se hubieran practicado todas las comprobaciones o exámenes exigidos o exigibles" (SSTS, de 15 de febrero 2006; 19 de octubre 2007; 3 de marzo 2010). Cada situación es diferente. Nunca es lo mismo el examen en situaciones habituales que excepcionales, no es lo mismo en situaciones de urgencia que en aquéllas en las que existe más tiempo para tomar decisiones. Así, la sentencia de la Audiencia Provincial de León, de 12 de noviembre de 1997, absuelve a un médico al considerar las peculiaridades del trabajo en urgencias. Un error de pronóstico en el Servicio de urgencias no genera nunca responsabilidad penal.

La responsabilidad por errores en tratamiento, aunque no es materia que tratamos, viene dada para Ménguez et al. (1996) y Ponce Malaver (2006):

- Administrar un producto que no es de elección.
- Dosis o vías inadecuadas.
- Un proceder irreflexivo.
- Falta de adopción de cautelas de generalizado uso.
- Ausencia de pruebas complementarias que por la clínica deberían haberse realizado, o verificaciones en el curso evolutivo.

La incriminación viene dada por la previsibilidad del resultado. Se reprocha, no la incapacidad genérica del médico, sino el hecho de emprender acciones para las cuales el médico se sabía incapaz (imprudencia) o se debía saber incapaz (negligencia). El reproche de culpabilidad viene dado en estos casos no tanto por el error, sino por la dejación, abandono, negligencia o descuido.

La medicina es una profesión cuyo ejercicio comporta, más que ninguna otra, el peligro de atentar contra la ley civil y penal. Queda lejos en el tiempo la actitud social de formar sólo un juicio de reproche ético sobre la posible mala praxis médica, pasando en la época actual a exigir jurídicamente la responsabilidad penal o civil del médico cuando ha prestado una actuación contraria a la lex artis (Barreiro 1999).

Según De Paul (1996), la sanidad es uno de los ámbitos profesionales cuyo ejercicio comporta mayor riesgo de incurrir en responsabilidad o, al menos, de verse involucrado en un proceso judicial.

La responsabilidad puede ser civil o penal. Una y otra comparten los mismos requisitos. La diferencia está en la gravedad de la infracción y, sobre todo, en el grado de previsibilidad del resultado, y servirán para desligar la responsabilidad civil de la penal, como también, en lo penal, para diferenciar los dos tipos de imprudencia, leve o grave, en lo que viene a establecerse como una triple graduación con un amplio margen de arbitrariedad. De aquí que la responsabilidad exigida al médico, ya sea civil o penal, dependa en muchas ocasiones de que el abogado haya preferido presentar una demanda (civil) o una denuncia o querella (penal) (De Paul 1996).

Para Rodríguez Ramos (1999) el derecho penal debe constituir el último escalón del ordenamiento jurídico al que hay que acudir para resolver un conflicto económico o social. Esto, que en teoría debería ser así, en la práctica no lo es, como lo demuestra el Derecho Penal moderno y la praxis jurisdiccional de aplicación del mismo, al ser con frecuencia el primer recurso de quienes quieren amedrentar a los médicos e indirectamente a las instituciones para las que trabajan. En la práctica lo que ocurre es su instrumentalización en razón de una posible responsabilidad civil que, cuando se satisface, el procedimiento penal o no se inicia, o si se ha iniciado se archiva. Cuando hay alguna duda sobre la posible negligencia, impericia o imprudencia de un médico, surgida a partir de pericias de parte que confunden al Juez, y no se ha pagado, lo más probable es que progrese el procedimiento penal con sentencia condenatoria a una pena simbólica, con la única finalidad de que dicha sentencia condenatoria en el ámbito penal sirva de percha para colgar la responsabilidad civil.

La conducta médica que supuestamente es constitutiva de responsabilidad inicia el procedimiento cuando la parte querellante, en el ámbito penal, o la parte demandante, en el ámbito civil, aporta ante el Juez las pruebas documentales y/o testificales conforme pretende han ocurrido los hechos.

Dentro de la responsabilidad médica hay que delimitar dos niveles:

6.1 El dolo.

El médico incurre en responsabilidad por dolo cuando, de manera consciente y libre, produce un daño. Existe intención deliberada en la acción. El resultado obtenido se ajusta a la intención y hay voluntad de cometerlo (Fernández Entralgo 1999; Rodríguez Almeida 2006; Ponce Malaver 2006) .

La doctrina científica y jurisprudencial está de acuerdo en que la finalidad curativa inherente a la práctica médica es incompatible con la voluntad de causar mal al paciente. En términos generales, podrá excluirse de la responsabilidad penal a título de dolo la mala práctica profesional (Ruiz Vadillo 1999).

6.2 La culpa.

En el ámbito de la culpa es donde se dan los supuestos de responsabilidad médica. Constituye el centro de la imputación de responsabilidad (Galán Cortés 2003). En la culpa no existe conciencia ni voluntad de producir un daño, que aunque no se quiso, habiéndose podido prever no se hizo.

Entre las variantes de la culpa, tenemos (Rodríguez Almeida 2006):

Imprudencia: es la acción u omisión involuntaria, no maliciosa, de cumplimiento inexcusable. Se ha asociado con un obrar "en más". El médico actúa de forma objetivamente descuidada siendo el resultado previsible y evitable. Se distinguen dos formas de imprudencia punible, una grave (delito) y otra leve (falta).

Negligencia: surge de una actuación descuidada y falta de diligencia, cuando no media falta de conocimiento. Es un obrar "en menos" por no tomar las precauciones debidas o, cuando teniendo los conocimientos suficientes, obra con abandono, desidia o falta de interés (De Paul 1996). El 28 por ciento de errores y complicaciones serían debidas a negligencia (Bhattachayya et al. 2005).

Impericia: es la ineptitud o ignorancia grosera del saber médico, por falta de conocimientos necesarios y elementales para ejercer la profesión, por ignorancia inicial o sobrevenida por falta de actualización (De Paul 1996). El paciente no debe asumir los costes de la curva de aprendizaje de los médicos.

No se justifican los errores médicos derivados de ignorancia, impericia, imprudencia, negligencia, falta de experiencia o exceso de confianza.

El no haber previsto la consecuencia dañina separa la culpa del dolo; el no haber podido preverla separa el caso fortuito de la culpa (Ponce Malaver 2006). La culpa comienza donde terminan las discusiones científicas. Aquello que es opinable, aquello que está sujeto a controversia nunca podría ser calificado como culpa. La culpa debe ser demostrada, acreditada por el paciente, así como el daño y el nexo de causalidad, excepto en aquellos casos en los que el daño es muy desproporcionado resultante de un tratamiento aparentemente normal, supuesto en el que será el propio médico el que tendrá que acreditar que había utilizado la diligencia necesaria (Galán Cortés 2003). Esta exigencia de los tribunales españoles de que el paciente o sus familiares deben demostrar la culpa del médico o médicos que han intervenido, contrasta con la propuesta de la Directiva del Consejo de Europa de 9 de noviembre de 1990, sobre la responsabilidad del prestador de servicios, al instaurar el principio de presunción de culpa, según el cual, producido el daño, el médico sería el responsable (Merino Jiménez 1999). Debe probar que ha actuado correctamente, se invierte la carga de la prueba.

6.3 Obligación del médico.

Por regla general al médico no se le pueden exigir buenos resultados, sólo a utilizar los medios científicos para tratar de ayudar al paciente, ya que la complejidad de la práctica de la medicina radica en una expresión comúnmente aceptada de que "no hay enfermedades, sino enfermos". Osler decía "es mucho más importante saber qué clase de paciente tiene una enfermedad, que saber qué clase de enfermedad tiene el paciente" (Tena et al. 1993).

La culpa o negligencia médica se basan en que el médico debe utilizar los medios que están a su alcance conforme a los conocimientos científicos y técnicos

- Supervisión activa, con controles periódicos, hasta el alta médica.

En cambio, en la medicina voluntaria, la obligación del médico es el cumplimiento de lo pactado entre médico y usuario. Si así no sucediera, es obvio que el interesado no acudiría al médico para la obtención de la finalidad buscada (Merino Jiménez 1999). Sin embargo, en este tipo de medicina se puede dar un componente aleatorio y reaccional, incidencias imponderables, a pesar de una correcta actuación, que pueden menoscabar el resultado que se pretende; por lo que no se puede garantizar, quedando en una obligación también, pero de medios acentuada, de máximo esfuerzo, exigiéndose una información rigurosa y exhaustiva sobre los riesgos e incluso sobre la eventualidad de un mal resultado (Galán Cortés 2003*). La obligación de información en el consentimiento informado debe recoger hasta los últimos perjuicios y efectos secundarios a una intervención quirúrgica, para que el usuario pueda decidir antes de operarse si asume los riesgos.* Por ejemplo, la posibilidad de aparición de cicatriz queloide, patológica, de origen constitucional, por lo que es científicamente inevitable y por lo tanto imprevisible. Además, el cirujano estético deberá estar seguro de que lo que quiere corregirse corresponde con lo que el usuario desea por ideal, y si no es así técnicamente deberá abstenerse de intervenir.

Para Merino (1999) la distinción entre obligación de medios y obligación de resultado reside en dos aspectos:

a) En la distribución del riesgo.
b) En el concepto de incumplimiento.

En la obligación de medios o de actividad, el deudor, el médico, cumple en su ejecución adecuada y correcta. Para estimar el incumplimiento se precisa la prueba de falta de diligencia, independientemente del resultado de tratamiento.

En la obligación de resultado, el médico ejecuta la prestación bajo su propio riesgo ya que sólo hay cumplimiento si se produce el resultado; No conseguirlo implica el incumplimiento de obligación, excepto en los casos que no haya podido preverse o, que previsto, fuese inevitable.

Por tanto pensamos que para que pueda prosperar una acción de resarcimiento por culpa, tanto en la medicina curativa como voluntaria, es necesario que se cumplan una serie de requisitos:

1. Culpa.

Por haber actuado mal y, lo que es más frecuente, por haber dejado de hacer lo que debería haber hecho conforme a la lex artis ad hoc.

2. Daño real o moral.

Es necesaria la existencia de un daño. Revisten importancia los informes clínicos, el reconocimiento del interesado así como la existencia de secuelas y el grado de limitación que ocasionan, sin olvidar las posibilidades de rehabilitación, etc.

3. Relación causa-efecto entre la conducta del médico y el daño producido.

Existen factores en la producción del daño que no tienen relación con el comportamiento del médico sino que derivan de la propia enfermedad, que no se han expresado clínicamente ni se podían prever, o del propio paciente que no ha seguido las instrucciones médicas o no ha informado correctamente, por ejemplo, que no es alérgico cuando lo es, etc.

La necesidad del nexo causal entre la acción u omisión culposa y el daño resultante, es la doctrina jurídica, básica y reiterada, mantenida por el Tribunal Supremo. Tiene como principio la certeza del nexo causal; no bastan las conjeturas, meras deducciones o probabilidades, y ha de ser directa, completa e inmediata. Frente a ésta doctrina, en el ámbito de la responsabilidad civil (jurisdicción civil y contencioso administrativa), se ha introducido en el campo sanitario la teoría de la pérdida de oportunidad, algo propio de la existencia del hombre o de cualquier actividad. Dicha teoría, aceptada en algunos países y abiertamente rechazada por otros, no constituye un aspecto de la causalidad sino un daño a indemnizar decidido de forma arbitraria. Se mueve por tanto en la incertidumbre a ambos niveles: el de la causalidad y el indemnizatorio. Estamos ante una teoría que especula tanto a nivel de nexo causal como a nivel indemnizatorio. Utiliza expresiones como "tal vez, es posible, es probable, etc". Tiene su aplicación en conductas más o menos por omisión, en supuestos de errores y /o retrasos en el diagnóstico y tratamiento de enfermedades, la falta de información y/o de consentimiento informado y en los errores o inexistentes diagnósticos prenatales (Asua 2008). En estos últimos supuestos, errores o inexistentes o deficiente comunicación en diagnósticos prenatales, la incertidumbre aparece en la privación de la probabilidad de decidir abortar. Por primera vez la aplica el Tribunal supremo en 1998 y más tarde los Tribunales Superiores de Justicia y las Audiencias. Así, el segmento amputado (mano) llegó en avanzado estado de putrefacción, y no se pudo reimplantar (STS de 10 de octubre de 1998) … retrasos en el diagnóstico (STS de 10 de octubre de 2005 y 25 de marzo de 2007), etc.

Esta doctrina rompe con el principio tradicional del nexo causal entre la acción u omisión de la actuación médica y el daño derivado de la misma, así como con el principio rector sobre el que se sustenta la responsabilidad: la del buen quehacer profesional, la lex artis ad hoc, entrando en el terreno de la hipótesis como mera posibilidad o mera probabilidad, lo que confiere a la prueba mayor o menor grado de incertidumbre (Asua 2008). Por ejemplo, este cuadro que tiene un valor económico virtual, no es lo mismo que tener el dinero en la mano. Es por ello que a la hora de indemnizar no se hace por el daño causado, sino en función de una orquilla máxima (80%) cuando se acepta la hipótesis de mayor probabilidad y mínima (15%) la de mera posibilidad. Lo que se reprocha jurídicamente al médico es la pérdida de unas expectativas. En todo caso, como apunta Berrocal (2011), dicha doctrina es lo bastante amplia como para dar cobijo a la indemnización de los daños finales en atención a la probabilidad de causalidad, y como señala Asua, la teoría de pérdida de oportunidad, "es aceptada sin ninguna reflexión sobre su papel y en definitiva, sobre las razones o implicaciones de su aceptación". Podría aplicarse en casos excepcionales, como la sentencia referida del año 1998.

Si esta teoría empieza a tomar cuerpo doctrinal de forma general, porque siempre aparecerá el perito de parte o Tribunal que apoye la probabilidad o posibilidad causal, al poner blanco sobre negro, en cualquier actuación médica de la que resulte un daño, aún en los casos inevitables, convertimos la sanidad en una importante fuente de indemnizaciones, con el consiguiente altísimo coste que supone para la sociedad ante la necesidad de multiplicar los servicios en una medicina defensiva, masificada y de alta calidad. En España, el Estado o las Comunidades Autónomas ejercerán el papel de Aseguradoras Universales.

Si ya la práctica clínica supone cierto grado de incertidumbre a la que añadimos la incertidumbre jurídica de la prueba en los supuestos de responsabilidad médica, y además, la existencia de falta de criterios unívocos que actualmente observamos en la doctrina jurisprudencial, entramos en el peor terreno de un Estado de Derecho: la inseguridad jurídica. Los letrados tendrán pocas posibilidades de aconsejar a sus clientes ya que la decisión jurídica dependerá del Juez o Tribunal donde caiga el asunto, y los médicos estarán más pendientes de las repercusiones legales que de la preocupación de sus pacientes, lo que genera inseguridad y facilita el error médico.

6.4. Responsabilidad civil. Jurisprudencia española

En general, la responsabilidad civil es la obligación que tiene una persona de reparar los daños y perjuicios producidos a otra, como consecuencia de una acción u omisión propia de terceros en la que haya algún tipo de culpa o negligencia (Fornes 1999).

La responsabilidad civil es la que se exige ante los órganos jurisdiccionales civiles. Puede derivar no sólo de un ilícito civil, sino también de un ilícito penal, cuando el perjudicado se reserve expresamente en el proceso penal la acción civil, para ejercitarla en esa vía después de terminado el juicio penal. La finalidad de la responsabilidad civil es la de resarcir o compensar el daño producido.

La responsabilidad médica puede ser contractual, cuando se ha producido un daño por incumplimiento total o parcial de un contrato, o extracontractual, cuando el daño no deriva de la ejecución de ese contrato. Tanto si es de una forma u otra el médico ha de observar la obligación genérica de no dañar, siguiendo el principio hipocrático de "Primun non nocere".

El análisis de la responsabilidad civil exige diferenciar cuándo el demandado es el médico o lo son los servicios públicos.

Cuando el demandado sea el médico, la culpa actúa como factor de imputación de la responsabilidad civil; de modo que si el paciente no prueba la culpa del médico éste no responderá del daño causado. La carga de la prueba recaerá sobre el demandante. A esta doctrina general caben excepciones: cuando el daño al paciente es desproporcionado, desastroso, se espera del médico una explicación, ya que de por sí se desprende la culpabilidad del médico. (Por ejemplo: amputar una pierna equivocada). En el ámbito de la medicina satisfactoria o voluntaria como la cirugía estética, odontología, esterilización, etc., aunque el médico asume una obligación de resultado pactado, la doctrina no es unívoca. En estas excepciones se invierte la carga de la prueba, y es el médico el que debe probar que el daño no es imputable a su conducta.

En el ámbito de la prestación de servicios públicos, cuando el demandado sea un centro de salud por daño ocasionado por alguna deficiencia en los criterios de calidad y seguridad, se excluyen aquéllos que no se hubieran podido prever o evitar según el estado de conocimiento de la ciencia, o el derivado de los riesgos ordinarios para los que el enfermo o sus familiares han dado su consentimiento. En estos dos supuestos la administración sanitaria no está obligada a reparar el daño causado porque el paciente tiene el deber jurídico de soportar el daño (Siso 2008). Este tipo de responsabilidad institucional se dirime en vía administrativa y, si no hay un acuerdo, en la jurisdicción Contencioso-Administrativa. El criterio básico utilizado por la jurisprudencia Contencioso-Administrativa para hacer girar sobre él la existencia o no de responsabilidad es el de la "lex artis" (Macía 2009). Es a la Administración quien se le exige responsabilidad patrimonial. Se le califica como responsabilidad objetiva, a diferencia de la medicina curativa o voluntaria donde es preciso la concurrencia de culpa. Basta probar el daño causado y la relación causal con la acción u omisión sanitaria, prescindiendo de cualquier valoración sobre la conducta del profesional. También cabe imputar a la administración el daño causado, aunque no se pueda asegurar un resultado favorable, mediante la aplicación de la teoría de la pérdida de oportunidad (STS de 10 de octubre de 1998 y del Tribunal Superior Contencioso Administrativo de Valencia de 11 de marzo de 2010). En el supuesto de que la Administración fuera condenada, ésta tiene la obligación por Ley, de exigir a los médicos en los casos de dolo o culpa graves, la indemnización que aquella satisfizo, pero no en los casos de culpa leve aunque el daño sea grave. Esto lleva consigo, como dice Siso (2008), a un conflicto de intereses, y sorprende que la Administración que defiende al médico, pueda repercutir contra él por los daños causados.

No debe confundirse el régimen de responsabilidad patrimonial con un sistema de asistencia social universal, providencialista. Nos llevaría a una socialización de los riesgos, convirtiendo a la Administración sanitaria en aseguradora universal, no contemplado en nuestro ordenamiento jurídico.

Una forma de culpa médica, por inobservancia de Normas y Procedimientos, se produce cuando, existiendo una exigencia de orden verbal o escrita, dispuesta con fines de prevención de un daño, no se cumple, como por ejemplo:

- Omisión o defecto en la confección de la historia clínica.
- Realización por el Médico Interno Residente de actos no autorizados o sin la debida autorización.
- Abandono del centro laboral sin la debida autorización.
- No obtención de la autorización del paciente o familiares en casos quirúrgicos.

La doctrina jurisprudencial en materia civil mantiene el criterio constante y reiterado de que la obligación contractual o extracontractual del médico es obligación de medios y no de resultado... *rechaza abiertamente la responsabilidad objetiva* (STS, de 27 de septiembre 2010), esto es, su obligación de indemnización tan sólo porque el resultado de su intervención no sea el deseado o agrava el estado del paciente... estando a cargo del paciente o familiares probar la culpa, el daño y la relación de causalidad (STS, de 26 de mayo de 1986, 12 de junio de 1988, 8 de mayo de 1991, 25 de septiembre de 1999, 18 de octubre de 2001, 25 de mayo de 2002 y 31 de enero de 2003, entre otras),... no hay responsabilidad sanitaria cuando no es posible establecer relación de causalidad culposa (STS, de 25 de junio de 2003),... para que se acredite la responsabilidad civil del médico es preciso que se acredite y pruebe el comportamiento culposo o negligente, con omisión de la diligencia debida en cada caso (STS, de 21 de febrero de 1992),... habrá de responder si el daño se debió a su actuación descuidada o a la aplicación de técnicas inapropiadas (STS, de 19 de noviembre de 1998),... la tendencia objetivadora de la responsabilidad médico-sanitaria no está en la agenda de todos los Magistrados del Tribunal Supremo (STS de 25 de junio de 2003),... la distinción entre obligación de medios y de resultado no es posible mantenerla en el ejercicio de la actividad médica, salvo que el resultado se pacte o garantice (STS, Sala de lo Civil, de 15 de diciembre de 2010).

Una breve consideración, al margen de la medicina curativa o satisfactoria que estamos tratando, merece recordar la medicina Predictiva y Preventiva como es el caso del Consejo Genético (derecho a no nacer), en el que el médico puede incurrir en responsabilidad por negligencia (taras no detectadas, no se aconseja o se aconseja mal) o imprudencia al causar lesiones al feto o interrumpir el embarazo tipificadas ambas en el Código Penal como delito. De igual manera lo es el quebrantamiento del secreto profesional y la divulgación de carácter personal de registros, ficheros, soportes informáticos, electrónicos o telemáticos, al estar protegido por la ley penal la intimidad y la privacidad de la persona.

6.5 Responsabilidad penal. Jurisprudencia española

Hemos dicho con anterioridad que el fin curativo de la intervención o tratamiento médico excluye el dolo. La responsabilidad penal se circunscribe, generalmente, a la imprudencia punible y viene asociada a supuestos de abandono, ausencia de cuidados, de atención o dedicación. Si no se acreditan tales extremos no existe imprudencia (Barreiro 1999; Ruiz Vadillo 1999). Para Bello (2006) sólo la negligencia grave del incumplimiento voluntario o por ignorancia de los protocolos tendría que tener repercusión penal.

Para Entralgo (1999) las pautas para sancionar los comportamientos lesivos imprudentes se cifra en una combinación de varios criterios:

- Importancia del bien lesionado o puesto en peligro.
- La gravedad del descuido (esto es, de la infracción del deber objetivo de cuidado, según la lex artis).
- La gravedad del resultado.
- La previsibilidad del resultado.
- La evitabilidad del resultado, mediante la observación del cuidado debido.

La doctrina jurisprudencial relativa a la imprudencia médica puede resumirse en los siguientes puntos (García Del Pozo 2001; Ménguez et al. 1996):

- La no incriminación, vía delito o falta, de la imprudencia cuando se hayan cumplido en la actuación médica las normas de la lex artis, salvo cuando su propia categoría o entidad cuantitativa o cualitativa resulten de extrema gravedad.
- La no incriminación, por el hecho de carecer el facultativo de pericia, que puede considerarse de extraordinaria o de cualificada especialización: la imprudencia ha de medirse desde la perspectiva de médico normal.
- No es posible hacer formulaciones generalizadas, sino que es indispensable la reflexión individualizada sobre el supuesto caso en concreto.
- Ha de apreciarse en conjunto la intervención del profesional en el diagnóstico, en el tratamiento y en sus reacciones en el curso de la enfermedad.

La jurisprudencia del Tribunal Supremo ha construido una doctrina consistente en la no incriminación penal por razón de error científico o tratamiento defectuoso a consecuencia de un diagnóstico equivocado, salvo cuando la desatención sea de extremada gravedad (Ruiz Vadillo 1999),... el médico que explora sólo superficialmente y lo remite a su domicilio sin determinar previamente el diagnóstico (STS, de 27 de mayo de 1989),... el médico que dictamina sin otra base que la conversación telefónica con el paciente (STS, de 5 de julio de 1989),... el reproche penal vendrá dado no tanto por el error del juicio diagnóstico, si exceptuamos una equivocación grosera e inexcusable por su dimensión cuantitativa y cualitativa, sino por la dejación de atenciones o comprobaciones sobre las que aquél ha de adentrarse (STS, de 29 de marzo de 1988),... no existe error diagnóstico cuando las manifestaciones clínicas no están presentes ni se sospechan (STS, de 25 de junio de 2003),... no fue diagnosticado el proceso patológico desencadenante del resultado letal por no aparecer su síntoma, por lo que huelga hablar de error diagnóstico (STS, de 25 de junio de 2003),... la no realización de las pruebas necesarias para detectar un cáncer (STS, de 23 de septiembre de 2004),...

en el retraso en la lista de espera, en el diagnóstico erróneo al no apreciarse aneurisma aórtico por no realizar una ecografía (STS, de 27 de mayo de 2003) (Figura 26).

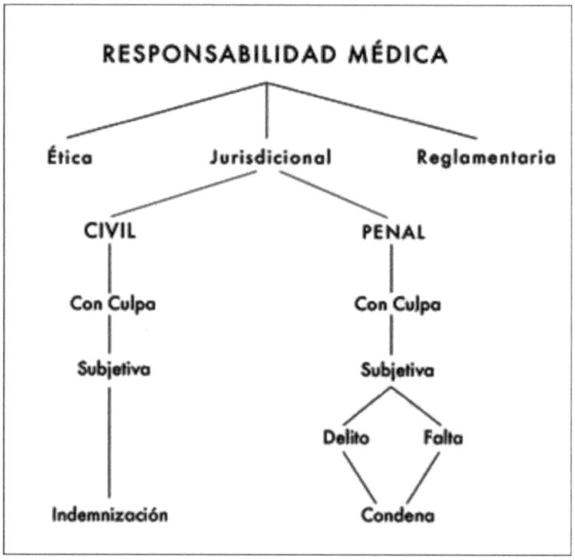

Figura 26. Diagrama de responsabilidad médica.

7. Conclusión

La culpa es el requisito general en la medicina asistencial para que al médico se le exija responsabilidad en el ejercicio de su actividad en un caso concreto debiendo probarlo el demandante, excepto en casos excepcionales "cuando el daño hable por sí mismo" se invierte la carga de la prueba. Además tiene que haberse producido un daño y existir relación de causalidad entre éste y la culpa. También debe probarse en la medicina voluntaria. En este sentido la reciente jurisprudencia exime a los cirujanos estéticos de resultados objetivos, ya que la cirugía estética implica los mismos riesgos o complicaciones que cualquier otra intervención quirúrgica (SSTS, de 27 de septiembre de 2010; 15 de diciembre de 2010). Por tanto, la jurisprudencia, con buen criterio a nuestro parecer, abandona la distinción entre medicina de medios y medicina de resultados, y que no es posible seguir manteniendo en el ejercicio de la actividad médica. Sólo en aquellos casos de medicina voluntaria donde se pacte un resultado, se le podrá exigir al médico responsabilidad objetiva con inversión de la carga de la prueba.

X I.
CONSENTIMIENTO INFORMADO

La información al paciente es un deber ético y legal del médico: todo para el paciente con el paciente.

El mejor defensor del paciente es el médico.

El consentimiento informado, como hemos visto, forma parte de la "lex artis ad hoc" de la actuación médica y, su incumplimiento puede acarrear responsabilidad. Existe una normativa general que regula la práctica asistencial, y disposiciones específicas como es el caso de la autopsia clínica.

Al médico le incumbe con carácter general, ético y legal, el deber de informar para que el enfermo o quien por él decida pueda tomar una decisión respecto a la intervención médica a realizar.

1. En la práctica asistencial

El consentimiento informado constituye en la práctica asistencial un acto médico imprescindible en la relación médico-paciente. Desde el punto de vista histórico esta relación se ha guiado por el principio de beneficencia cuyo origen está en la medicina Hipocrática de la Grecia Clásica. El médico adopta una actitud paternalista buscando lo mejor para el paciente sin tener en cuenta su opinión. Esta relación se mantiene durante toda la Edad Media y comienza a resquebrajarse en el Renacimiento y, particularmente, en la Modernidad. Esta crisis no surge por las relaciones entre médico y paciente, que no son relaciones privadas, sino públicas (Simón 2000).

1.1 Evolución histórica

El consentimiento informado hay que situarlo en el siglo XIX en los Estados Unidos, donde se inicia la progresiva incorporación a todos los aspectos de la vida, desde el científico al político, pasando por el ético y el religioso la idea de que el hombre es un ser capaz de construir, para bien o para mal, la realidad que le circunda y, no solamente interpretarla, como el naturalismo clásico hacía. Este largísimo proceso precipitará la crisis del paternalismo tradicional en todas las facetas, también, cómo no, en la faceta médica (Simón 2000).

En la década de los años 60 y 70 la idea de autonomía de la persona comienza a filtrarse con enorme rapidez en la vida sexual, familiar, de pareja y en los diversos estratos de la sociedad civil. Y así es cuando aparecen los movimientos de reivindicación de los derechos de la mujer, de la gente de color, de los consumidores, la revolución sexual, los movimientos pacifista, hippie, estudiantil, etc. También aparece el movimiento reivindicativo de los derechos del enfermo y el consentimiento informado, no sólo como un deber ético sino como un deber legal del médico. Sin embargo, la teoría del consentimiento informado en medicina es reciente. Comienza a desarrollarse en los Estados Unidos a finales del siglo XIX cuando los ciudadanos norteamericanos empezaron a pedir a sus médicos que les tuvieran en cuenta como personas autónomas, y vieron que los médicos hacían caso omiso a sus peticiones. Tuvieron que usar los instrumentos que las sociedades democráticas habían puesto en marcha para defender sus principios: los Tribunales (Carrera 2005). La falta de información a los enfermos y familiares constituye la primera causa de procesos judiciales contra los médicos (Galán Cortés 1999).

Por eso la historia del consentimiento informado tiene un desarrollo judicial, constituye una de las máximas aportaciones que el derecho ha realizado a la medicina dentro de la teoría de los derechos humanos. En un principio se consideró la capacidad de decisión del paciente como parte de una buena asistencia médica, y su infracción era considerada grave en tanto en cuanto afectaba o ponía en peligro el derecho a la salud. Posteriormente, a principios del siglo XX, se consideró la decisión como un derecho específico, independiente. El derecho a que nadie pueda actuar en el cuerpo del enfermo sin permiso suyo, sin tener en cuenta sus preferencias y valores en la toma de decisiones (Monteagudo et al. 2008). Es un derecho del paciente y un deber del médico.

A esta preocupación de los derechos del paciente los médicos no son ajenos. Así, la Asociación Americana de Hospitales publica un texto con 12 puntos sobre los derechos del paciente, aprobado el 6 de febrero de 1973 y que de manera resumida manifiesta que el paciente tiene derecho:

- A una atención considerada y respetuosa.
- A ser informado sobre su diagnóstico, tratamiento y pronóstico. Y cuando no sea aconsejable se proporcionará en su lugar a la persona adecuada.
- A conocer el nombre del médico responsable de la coordinación de su asistencia y de quién realiza las pruebas o tratamientos.
- A la información necesaria para otorgar el consentimiento informado antes del inicio de cualquier prueba y/o terapéutica; los riesgos significativos; alternativas médicas excepto en los casos de urgencia.
- A rechazar el tratamiento, en los límites permitidos por la ley, y a ser informado sobre las consecuencias médicas de su acción. Deberá dejarse constancia por escrito y firmada por el paciente.
- A que se respete su privacidad. Debe ser considerado confidencial todo lo relacionado con su propio programa de asistencia médica. Las personas no relacionadas directamente con su asistencia deben tener permiso del paciente para estar presentes.
- A recibir información en relación con la institución, inclusión en programas de investigación, etc.

En Europa, la primera aproximación a los derechos de los enfermos se manifestó en la Asamblea Parlamentaria del Consejo de Europa en 1976, en donde se aprobó la Recomendación sobre los derechos de los enfermos y moribundos. El enfermo tiene derecho, si lo pide, a ser informado sobre su enfermedad y tratamiento previsto. No es hasta 1997, en el Convenio del Consejo Europeo, llamado Declaración de Oviedo (el primer instrumento internacional de carácter jurídico vinculante para los países que lo suscriben, entre ellos España) donde se hace referencia a la protección de los derechos y dignidad del ser humano respecto de las aplicaciones de la biología y la medicina, entre ellos al consentimiento informado en el art. 5.

En España, en 1972, se promulga el Reglamento General para el Régimen, Gobierno y Servicio de las Instituciones Sanitarias de la Seguridad Social. Entre los derechos que le asisten al enfermo hace referencia en el art. 148.4 el de "*Autorizar bien directamente o a través de familiares, procedimientos quirúrgicos o terapéuticos que impliquen riesgo notorio previsible o de ser advertido de su estado de gravedad*". La Constitución de 1978 establece el desarrollo de la personalidad sobre la base de la libertad. En base a este principio, el Instituto Nacional de la Salud promulga la Carta de los derechos de los pacientes, recogidos en la Ley General de Sanidad de 1986. En su art. 10 se recoge el consentimiento informado. A partir de la promulgación de dicha Ley proliferan, desde instituciones profesionales y administrativas, recomendaciones y normas para la elaboración del documento de consentimiento informado. Siguiendo las directrices del Convenio Europeo de Oviedo en el año 2002 se promulga la Ley básica reguladora de la autonomía del paciente y de los derechos y obligaciones en materia de información y documentación clínica. Desarrolla el consentimiento informado, derogando el art. 10 de la citada Ley General de Sanidad.

A partir de la legislación básica del Estado, las diferentes Comunidades Autónomas se han promulgado leyes para el ordenamiento de los derechos y deberes de las personas en relación con la salud. Así las Cortes de Castilla y León promulgan la Ley 8/2003, donde se hace referencia al consentimiento informado en los art. 33 y 34.

1.2 Normas éticas

Desde la tradición griega el juramento Hipocrático ha guiado a los médicos en una serie de principios y reglas éticas en relación con el paciente que, más tarde, han sido recogidos en los Códigos de Ética y Deontología Profesional.

En los Estados Unidos, la Asociación Médica Americana (AMA) promulga en 1844 el primer Código de Ética. En él se hace referencia a la obtención del consentimiento en actos quirúrgicos con la finalidad de asegurar la colaboración del paciente en orden a su curación. Tiene un carácter paternalista y no es un derecho autónomo del paciente. Es en el Código de AMA de 1957, cuando por primera vez aparece el término de consentimiento informado. Hasta entonces la teoría del consentimiento informado había quedado reducida al ámbito judicial. En la reforma del Código de 1980 es cuando el consentimiento informado adquiere la categoría de obligación profesional ineludible (Simón 2000).

En España, el primer Código Deontológico oficial de la medicina data de 1945 y, al igual que ocurriera con la experiencia americana, se solicita consentimiento en casos de intervención quirúrgica con la finalidad de garantizar la colaboración del paciente. En el Código de 1979 se habla de la obligación moral de respetar los derechos del paciente, en particular su derecho a la información sobre diagnóstico y pronóstico. Según el Código actual de 1990, salvo caso de urgencia, el médico debe informar al enfermo de los efectos y consecuencias derivadas del tratamiento. Únicamente prevé el consentimiento informado en aquellos casos que supongan para el paciente un riesgo significativo. El médico no puede sustituir por el suyo propio el concepto de calidad de vida que tiene su paciente. La teoría del consentimiento informado está basada en principios éticos al promover la autonomía individual propiciando que las personas tomen sus propias decisiones con arreglo a valores y creencias propias (Gouseth 2009).

1.3 Ejercicio de la medicina

El ejercicio de la medicina ha cambiado de forma muy importante en las últimas décadas por tres razones fundamentales: el desarrollo tecnológico, la cobertura universal en países como el nuestro, y el respeto a las preferencias de los pacientes. Estos cambios han tenido una gran repercusión en la tarea de los médicos. La beneficencia, ayudar a los demás, principio rector de todo médico, no se concibe en la actualidad sin el respeto a las preferencias de los pacientes y sin tener en cuenta los recursos que se utilizan para atenderlos.

Estos factores nuevos han añadido complejidad a las decisiones que se toman en medicina. Para realizar una intervención a un paciente, típica decisión en medicina, el médico debe conocer la efectividad y los recursos que implican la intervención así como cada una de sus alternativas. La medicina Basada en la Evidencia es de gran utilidad en este proceso; es necesaria pero no es suficiente porque no se puede realizar una intervención, por efectiva que sea, sin tener en cuenta las preferencias del paciente. Para ello es preciso informarle de su enfermedad, de la intervención propuesta y sus alternativas. Esta información, que se ha facilitado verbalmente al paciente por el médico, puede ponerse además por escrito, en un documento que recoge también el consentimiento del paciente. El objetivo de este documento es garantizar que el paciente conozca la información.

Para Carmi (2011), el consentimiento informado a través de formularios que el paciente no lee ni entiende, se encuentra desvirtuado tras años de presión judicial. El médico debe informar tanto como sea posible en el tiempo de que dispone y según las características del paciente.

Existe una confusión entre el proceso verbal de información por parte del médico al paciente y el documento de consentimiento informado. Se trata, evidentemente, de dos cuestiones distintas. La información verbal es un proceso gradual que ha de llevarse a cabo en una o más entrevistas y no puede ser sustituido por ningún documento o papel. El documento tan sólo prueba que el médico ha facilitado la información y que el paciente la ha recibido y está de acuerdo con lo que se le ha propuesto. El documento no es la información sino la garantía de que se ha producido. No obstante, el debate se ha centrado más en el documento que en el proceso de información al paciente: qué información hay que dar y cómo hay que darla. Una prueba de ello es la preocupación por parte de las administraciones de establecer guías para elaborar los documentos y, en cambio, no las hay de cómo facilitar la información.

Algunos autores plantean un conflicto entre el derecho a la información y el derecho a la información que cada individuo demanda (Rosembaum et al. 2000). Algunos pacientes desean conocer muchos detalles, y otros no quieren saber gran cosa de su enfermedad por miedo a enfrentarse a un pronóstico que les aterra. Unos tienden a minimizar los riesgos de la intervención, y otros a sobrevalorarlos. Unos entienden bien la intervención y las alternativas, y otros no las entienden. De ahí la dificultad de regular un proceso basado en la protección del derecho a ser diferente.

Hay algunas situaciones en las que, por sus características, no se puede informar ni obtener el consentimiento de forma adecuada. El consentimiento en los menores y en los que no tienen capacidad de decidir plantea situaciones difíciles, ya que la regla general de que toda persona tiene derecho a rechazar un tratamiento no es lógicamente aplicable. Para abordar esta cuestión se ha propuesto que en estos casos hay que actuar buscando el mejor interés del paciente, aunque esta formulación no resuelve el auténtico problema de quién interpreta cuál es ese mejor interés. Las situaciones de urgencia plantean también dificultades para una información y consentimiento apropiados.

En otros casos el consentimiento informado exige mucha más información de la habitual por las características de la intervención o del paciente. Son los casos de intervención no terapéutica, es decir, no causada por una enfermedad. Hablamos de la medicina satisfactoria o voluntaria (intervención de cirugía estética, transexual, esterilización, etc.). El que solicita la intervención sabe lo que quiere y tiende a infravalorar los riesgos. El consentimiento en estos casos es fácil de obtener pero el papel del médico no se puede limitar a obtenerlo sino que no puede realizar la intervención si el riesgo es excesivo o la intervención no está justificada y ése es un juicio difícil de llevar a cabo sin ser paternalista.

La aplicación del consentimiento informado ha puesto de manifiesto, y a la vez ha estimulado la medicina defensiva, una de las mayores aberraciones en el ejercicio actual de la medicina. La medicina defensiva es medicina de poca calidad. Algunos médicos han interpretado que el consentimiento informado es un instrumento de protección del médico ante posibles demandas por parte de los pacientes.

Desde el punto de vista del paciente, el mejor consentimiento informado es el que le deja más satisfecho con la información recibida. La información al paciente no es un derecho sino también un objetivo para mejorar la calidad; porque un paciente colaborador facilita la relación médico-paciente y el tratamiento de la enfermedad.

1.4 Normativa legal

Es necesario conocer algunos conceptos definidos en la normativa legal, al efecto de lo que estamos tratando, que vienen regulados en la Ley de 14 de noviembre de 2002, básica reguladora de la autonomía del paciente en materia de información y documentación clínica (en adelante Ley 2002).

Consentimiento: toda actuación en el ámbito de la Sanidad requiere con carácter general el previo consentimiento de los pacientes o usuarios (art. 2.2).

Intervención en ámbito sanitario: toda actuación realizada con fines preventivos, diagnósticos, terapéuticos, rehabilitadores o de investigación (art.3).

1.4.1 Definición y elementos integrantes del consentimiento informado

El consentimiento informado lo podemos definir como "*un proceso gradual y verbal que se da entre el médico y el paciente, en virtud del cual el paciente acepta o no, someterse a un procedimiento diagnóstico o terapéutico, después de que el médico le haya informado de su naturaleza, riesgos, beneficios y posibles alternativas*" (Carrera 2005). Dicha información debe quedar reflejada en la historia clínica o en un documento que verifica que el paciente ha recibido y comprendido la información facilitada por el médico.

Los elementos integrantes del consentimiento informado, legalmente válidos, los podemos sintetizar en cinco bloques:

1. Información

Finalidad y naturaleza de cada intervención, sus riesgos, consecuencias y alternativas (art. 3, 4.1, 8.1).

Verdadera, comprensible y adecuada a sus necesidades (art. 4).

Verbal y escrita (art. 8.2).

La información debe ser simple, aproximada, legible y comprensible para un lego. El consentimiento será verbal por regla general; sin embargo se presentará por escrito en los siguientes casos (art. 8.1):

- Intervenciones quirúrgicas.
- Procedimientos diagnósticos y terapéuticos invasores.
- Procedimientos que supongan riesgo o inconveniente notorio y previsible sobre la salud.
- Posibilidad de incorporar anejos al procedimiento o intervención.
- Poder ser utilizado en la docencia o proyecto de investigación.

Información básica en el consentimiento por escrito (art. 10). El médico proporcionará al paciente, antes de recabar su consentimiento por escrito, la siguiente información:

a. Consecuencias relevantes o de importancia que la intervención origina con seguridad (por ejemplo: amputación de una pierna).

b. Los riesgos relacionados con las circunstancias personales o profesionales del paciente.
c. Los riesgos probables, previsibles o típicos, en condiciones normales conforme a la experiencia y al estado de la ciencia, o directamente relacionados con el tipo de intervención (por ejemplo: lesión del nervio facial en operaciones del oído, rotura de cápsula posterior del cristalino, recanalización del conducto deferente en vasectomía, etc.)
d. Las contraindicaciones.
e. En casos de resultado dudoso.

2. Capacidad y representación

a. Pleno uso de sus facultades (art.3).

El paciente debe estar en pleno uso de sus facultades mentales. El médico las valora a lo largo de la entrevista clínica. De lo que se trata es de averiguar si su estado mental le permite comprender la información y valorarla para tomar formalmente una decisión. No se reduce a hacer un diagnóstico mental. Un individuo puede estar severamente deprimido y no por ello ser necesariamente incapaz de tomar una decisión.

b. Representación en caso de incapacidad (art. 8.3).

Cuando el paciente no pueda otorgar consentimiento, éste se hará por representación en los siguientes casos:

- Cuando a juicio del médico no sea capaz de tomar decisiones, el consentimiento informado lo prestará su representante legal o, en su defecto, personas vinculadas a él por razones familiares o de hecho.
- Cuando el paciente esté incapacitado legalmente, el consentimiento informado lo prestará su representante legal.
- Cuando el paciente tenga de 12 a 15 años, el consentimiento informado lo prestará su representante legal después de haber escuchado la opinión del menor.

- Cuando el paciente tenga 16 años o emancipado, no cabe el consentimiento informado por representación. Únicamente en casos de grave riesgo, los padres serán informados y su opinión será tenida en cuenta para la toma de decisiones.
- En todos los casos el paciente, en la medida de lo posible, participará en la toma de decisiones.

3. Voluntariedad. Decisión y autorización (o desautorización)

a. Debe ser libre, voluntario y consciente (art. 3).

El consentimiento informado debe estar libre de influencias controladoras que mediaticen de forma determinante. Las influencias pueden ser:

- Externas: coacción, amenaza, error, manipulación y persuasiones excesivas (grado de influenciabilidad o sugestibilidad).
- Internas: patología mental incapacitante.

b. Deseo de no ser informado.

Debe hacerse constar en la historia clínica y estar firmado por el paciente.

4. Temporalidad

- Antes del acto médico.
- Revocable en cualquier momento (art. 8.1).
- Información continuada. En enfermedades crónicas que precisen tratamiento en distintas fases y en la medicina voluntaria o satisfactoria.

5. Registro escrito del consentimiento (art. 8.2)

a. Forma parte de la historia clínica.

La historia clínica refleja la relación médico-paciente por lo que ostenta un valor fundamental no sólo desde el punto de vista clínico sino también a la hora de juzgar la actuación del médico; de tal forma que puede afirmarse que la historia clínica puede ser el mejor aliado o el peor enemigo del médico procesado.

6. Situaciones en las que el consentimiento informado no es necesario

1. Urgencia vital inmediata.
2. Grave peligro para la salud pública.
3. Orden judicial.
4. Incompetencia del paciente (consentimiento por representación).
5. Rechazo del paciente a la información.
6. Privilegio terapéutico (excepción terapéutica o estado de necesidad). Ocultar información que se considere perjudicial para el paciente. Se precisa valorar los bienes jurídicos que entran en conflicto. La libertad y la autodeterminación del paciente que exigen información, frente a la vida o integridad corporal que autoriza a no proporcionarla. El médico deberá dejar constancia razonada en la historia clínica y lo comunicará a las personas vinculadas al enfermo por razones familiares o de hecho.

Especial referencia merecen los testigos de Jehová, que se oponen a tratamientos que precisen de transfusión de sangre o hemoderivados. ¿Debe prevalecer el derecho a la vida sobre la libertad de creencias religiosas? o ¿debe prevalecer el principio de autonomía del paciente, consagrado en la ley que venimos comentando, que siendo capaz y decidiendo libremente, rechace el tratamiento a costa de morir? Esta doble perspectiva la encontramos en la doctrina jurisprudencial, que unos casos hace prevalecer el principio de la vida sobre el de las creencias y, en otros el principio de autonomía del paciente a costa de morir.

Al médico se le presenta un dilema. Si actúa puede incurrir en un delito de coacciones y si no lo hace en un delito de omisión de socorro o auxilio al suicidio. La conducta del médico se puede plantear a dos niveles:

a) En caso de urgencia vital inmediata, cuando el paciente está inconsciente, sin otra salida que actúar o dejarlo morir, el médico debe intervenir quedando protegido bajo el estado de necesidad.

b) En el supuesto de que el paciente capaz y libremente, o sus representantes legales, manifiesten la voluntad de no ser transfundido, y exista la certeza de muerte o lesiones irreversibles, se debe comunicar al Juez. Éste será el que decida, con el objeto de liberar de responsabilidad al médico, quién nunca actuará contra la voluntad de una persona capaz.

1.5 Jurisprudencia española

Existe bastante unanimidad tanto en la doctrina como en la jurisprudencia española, de cuya aportación más relevante en relación al consentimiento informado podemos destacar de manera sintetizada los siguientes principios:

- Es un derecho intransferible del paciente. No se puede delegar.
- Es una obligación ética y legal del médico responsable del enfermo y de aquéllos que intervengan en el procedimiento.
- Forma parte de la lex artis ad hoc.
- Es una obligación de medios y no de resultado, incluso en la medicina voluntaria donde la información debe ser máxima (obligación de mayor esfuerzo de la terminología anglosajona).
- La ausencia o deficiencia de información origina responsabilidad médica subjetiva (penal o civil), de la Administración o Centro Sanitario.
- Con el consentimiento informado el paciente asume los riesgos; sin él, los riegos son asumidos por el médico, el cual debe responder por ello si se materializan, o por la Administración o Centro Sanitario.
- Obligación de que quede constancia en la historia clínica cuando se informa verbalmente o en modo de formato de formulario escrito.
- Información sobre riesgos y efectos secundarios seguros, típicos (ceguera, parálisis, amputación, etc.), y los riesgos personalizados que deriven de las peculiaridades biológicas, psicológicas o sociales (un formulario general debe ser ampliado para el caso específico); los riesgos probables conforme a la experiencia y estado de la ciencia.
- La carga de la prueba, llamada "prueba diabólica", le corresponde al médico (inversión de la carga de la prueba), en el caso de información verbal. El médico tiene que demostrar que el paciente ha recibido la información.

Se ha pasado de "todo para el paciente sin el paciente, a todo para el paciente con el paciente".

En la actualidad, por lo que más se demanda al médico es por defectos en la información, habiendo pasado a segundo plano las reclamaciones por mala praxis (Esteban 2010).

Todo ha cambiado pero nada ha cambiado. Todo ha cambiado porque las estructuras sociales, culturales, políticas, legales y médicas que amparaban el paternalismo tradicional han sido sustituidas por otras que propician la participación del paciente en la toma de decisiones médicas. Nada ha cambiado, porque, en el fondo, muchos médicos se han sometido a la teoría del consentimiento informado por motivos legales, pero no han asumido los postulados éticos (Simon 2000).

2. En la autopsia clínica

Como hemos visto, el consentimiento informado en el contexto del tratamiento médico tiene por finalidad proveer información al paciente o a sus representantes acerca de los beneficios y riesgos que para la salud comporta la intervención médica. El consentimiento informado en la autopsia clínica se desenvuelve dentro de otro paradigma cuya titularidad, tiempo, forma y objetivos se rigen por criterios propios o normativa específica.

El consentimiento informado en la autopsia clínica es atípico, en el sentido de que el procedimiento de autopsia es completamente electivo y no hay ni beneficio ni riesgo para el fallecido sino que es la familia, la profesión médica, otros parientes y la sociedad quienes tienen la posibilidad de beneficio (Rosembaum 2000; BOE 1982).

Los beneficios de la autopsia clínica son numerosos y reconocidos por la comunidad científica (De Mendoza 2005; González et al. 2004; Ong 2004; Puyol 2009). Los beneficios del procedimiento de autopsia para la familia incluyen el conocimiento de enfermedades hereditarias y transmisibles (Martín Polo 2004); confirmación de que las decisiones médicas acerca del diagnóstico y tratamiento estaban bien fundadas (Deiwic 1999; Gutiérrez 2007) y satisfacción personal en el avance de la ciencia médica para beneficio de otros. Además, sirve de herramienta en la enseñanza; como fuente de expansión de nuestro entendimiento de la enfermedad (Mc Manus et al. 1992), así como para tomar decisiones desde el punto de vista preventivo (Pineaul 1990). De esta manera son también beneficiosas para otros pacientes y para la sociedad.

El fallecido no sufre riesgo médico en una autopsia. Por el contrario, el riesgo potencial del procedimiento de autopsia es que la familia experimentará angustia emocional y/o espiritual si el cuerpo de su ser querido es tratado de una manera que viola sus valores o los valores del fallecido. Este dolor o angustia puede ir desde sentimientos de desconfianza en la profesión médica a un sentimiento de violación espiritual si el cuerpo es tratado de manera contraria a las creencias religiosas. Además, el consentimiento de autopsia siempre se pide cuando la familia acaba de experimentar la muerte de un ser querido. La naturaleza de la información dada o no dada, pueden exacerbar el dolor de la familia.

El consentimiento informado en la autopsia clínica tiene su regulación legal específica por la Ley de 21 de junio de 1980 de autopsias clínicas (en adelante Ley), el Real Decreto de 18 de junio de 1982 (en adelante RD), y la Ley de 14 de noviembre de 2002 sobre la autonomía del paciente que introduce algunas matizaciones en relación con el consentimiento.

2.1 Requisitos:

a) Titulares

La autopsia clínica podrá ser autorizada por el propio paciente, cónyuge, familiares de primer grado, autoridad sanitaria (art. 3.2 de la Ley y art. 5.3 del RD), representante legal o, en su defecto, personas vinculadas al paciente por razones familiares o de hecho (art. 8.3, Ley 2002).

Del resultado del estudio autópsico se informará al médico peticionario y a la persona que haya autorizado la autopsia clínica (art. 6.4 y 6.6 del RD). El informe quedará integrado en la historia clínica del paciente.

b) Tiempo

Podrá ser autorizada antes del fallecimiento por el propio paciente, o después por el cónyuge o familiares de primer grado (art. 5.3 del RD), en su defecto, por su representante legal, y si no lo tuviera, por las personas vinculadas a él por razones familiares o de hecho (art. 83 de la Ley 2002).

c) Forma

La autopsia clínica requiere la constancia escrita de la autorización del titular en quien recaiga la responsabilidad (art. 5.3 del RD) y, como señala la Ley 2002: "*toda actuación en el ámbito de la sanidad requiere, con carácter general, el previo consentimiento de los pacientes o usuarios*".

d) Objetivo

El objetivo del consentimiento se concreta a la específica intervención para el que ha sido otorgado, y no es otro que el poder realizar por el médico anatomopatólogo la autopsia clínica.

e) Contenido

El contenido de la información se basará en alguno de los supuestos de interés médico contenidos en el art. 6.2 del RD:

1. Que un estudio clínico completo no haya bastado para caracterizar suficientemente la enfermedad.
2. Que un estudio clínico haya bastado para caracterizar la enfermedad suficientemente, pero exista un interés científico definido en conocer aspectos de la morfología o de la extensión del proceso.
3. Que un estudio clínico incompleto haga suponer la existencia de lesiones no demostradas que pudieran tener un interés social, familiar o científico.

Además los datos científicos que se deriven del estudio autópsico podrán ser dispuestos para la formación y educación continuada de los médicos, su presentación en sesiones clínicas, congresos, seminarios, revistas, etc., siempre que se reserve la intimidad personal y familiar (art. 4.2 de la Ley y art. 7.2 y 7. 3 del RD).

f) Límites

Se solicitará la autopsia clínica completa, que es la considerada científicamente como más idónea. No obstante puede quedar limitada a alguna cavidad u órgano por interés o indicación de quien la autoriza. No podrá realizarse en los casos en que intervenga la autoridad judicial (art. 5.4 del RD) o interviniendo podrá ordenarla de acuerdo con la Ley de Enjuiciamiento Criminal (art. 785.8.f).

XII.
PERSPECTIVAS DE SOLUCIÓN

El ignorante afirma, el sabio duda y reflexiona.

Aristóteles

En los últimos veinte años se ha producido un cambio cultural importante en la sociedad española en relación con la asistencia médica. De una actitud de resignación ante los efectos no deseados, se ha pasado a una de mayor exigencia y a reclamaciones de todo tipo. Por otra parte la actividad sanitaria se ha convertido en una organización humana y tecnológica compleja. Esto ha conducido a que prevalezcan los aspectos científico-técnicos sobre los principios éticos y propedeúticos que deben presidir toda relación médico-paciente. Es necesario recobrar la confianza entre los pacientes y los médicos, así como en el sistema sanitario. Para ello proponemos un conjunto de actuaciones:

1. Sociales.

Cambio en el paradigma cultural: la sociedad debe ver al médico y a las instituciones sanitarias como aliados de confianza. Instaurar la confianza de los pacientes, médicos y del conjunto de la sociedad en el sistema sanitario. A pesar del gran avance científico y técnico de la medicina siguen existiendo situaciones y enfermedades en las que el médico tiene limitación para curar o aliviar al enfermo.

Existe una preocupación mundial de que en la asistencia médica se dé la máxima seguridad, evitando las complicaciones y particularmente los errores médicos. Los pacientes o sus familiares tienen el derecho de conocer las complicaciones y particularmente los errores médicos. Se prefiere una comunicación del error, para conocer qué ha sucedido y por qué, qué consecuencias ha tenido y cuáles son las estrategias para evitarlo en el futuro. Una comunicación exitosa, puede mejorar la confianza del paciente (James et al. 2008).

2. Éticas.

a. Buena relación médico-paciente: Empática, de apoyo, cortesía y confianza. Estable en la relación, comunicativa y participativa. Al enfermo, y al médico, les genera malestar que hoy le atienda un médico y mañana otro.
b. Informar al paciente o sus familiares.
c. Informar de las complicaciones. El médico tiene el deber de informar de los acontecimientos adversos y particularmente de los errores.
d. Apoyar al paciente o sus familiares en caso de resultados negativos y particularmente de los no esperados, evitables o inevitables. Los pacientes o sus familiares sufren las consecuencias emocionales y es cuando más precisan de apoyo.
e. No comentar los malos resultados de otros compañeros, ni criticarlos sobre su actuación ante el paciente, familiares u otro personal. No se cuelgue medallas ante el paciente, familiares u otro personal a costa de otro compañero. Es una grave falta ética que lleva serios perjuicios.
f. El médico involucrado en un acontecimiento adverso o error precisa de apoyo de sus compañeros e institución. Aparece un sentimiento de culpabilidad, ansiedad, desánimo. Sobre sus espaldas carga con el reproche ético: si hubiera hecho esto... ¿por qué lo hice?, etc.

Las denuncias no sólo ocasionan daño a los pacientes, sino que también se afecta la salud del médico al producirle estrés y preocupación, además disminuye su satisfacción en el trabajo e interfiere en su vida personal (Aasland et al. 2005 y Kessler et al. 2005). Estudios sobre la reacción emocional de los médicos ante las denuncias refieren que pasan por tres etapas: impacto inicial, conflicto y resolución del conflicto (Jain et al. 1999).

3. Docentes.

a. Formación humanística, ética y deontológica en pregrado. La UNESCO ha decidido potenciar la ética clínica a través de la creación de una red de facultades de medicina para incorporarla a la enseñanza en el pregrado. Para ello ha creado un programa para formar docentes en ética, al que se han adherido cuarenta universidades de todo el mundo. Ahora no se enseña y, si se hace, es historia de la ética, pero no ética clínica (Carmi 2011).

b. Formación en pregrado del riesgo asistencial y prevención de errores en general en las distintas materias docentes.

c. Formación en postgrado de los riesgos asistenciales y prevención de errores en la especialidad correspondiente. Entrenamiento obligatorio sobre habilidades no sólo científico-técnicas sino también humanísticas, para la satisfacción personal y del enfermo. La formación médica en seguridad del paciente es una preocupación reciente de la OMS que insta a los Estados a implantar la enseñanza específica en este conocimiento (Cragno et al. 2009), y con ello el factor humano del error, el que es atribuible al médico, disminuiría.

4. Institucionales

4.1 Sanitarias

a. Cultura de reconocimiento del error. Para Dickens (2003), si el error no tiene consecuencias, no existe obligación ética de informar al paciente, pero sí de analizar e informar las causas de ese error para su futura prevención. En caso de producir daño existiría un deber moral de informar al paciente de lo ocurrido y sus posibles consecuencias.
b. Modificar las condiciones de trabajo. Mejorar la colaboración entre equipos y dentro del mismo equipo. Supresión del estrés, la fatiga y la masificación que acompaña al exceso de trabajo.
c. Creación de los Comités de Seguridad o de Gestión de riesgos.

La creación de los Comités de Seguridad en los hospitales es una necesidad asistencial (Villatorio 2006; Alberto 2008). Tienen como finalidad conocer el error o acontecimiento adverso, sus causas y sus consecuencias con objeto de prevenir que sucedan en el futuro. Para ello es necesario que exista un clima de confianza, se elimine la actitud punitiva y no exista el peligro de ser mal administrada la información. La comunicación debe ser confidencial y voluntaria, y en este sentido Agrest (2004) sostiene que debe quedar en el anonimato, garantizando por Ley que la base de datos de errores médicos estén protegidos en su condición de confidencialidad a abogados, fiscales y demandantes. La actuación de los Comités de Seguridad estaría regida por el secreto profesional. La intimidad y privacidad tanto del profesional como del paciente debe quedar garantizada. Y si esto no es así, sucederá lo que en Israel, donde se implantó la cultura de que los médicos de hospital celebrasen reuniones semanales para analizar los errores. El Tribunal Supremo isralí decidió que las actas de esas reuniones no podían ser confidenciales. A la vista de esta decisión la Organización Médica decidió de inmediato suprimirlas. Las consecuencias son graves ya que los médicos no podrán aprender de sus errores y éstos podrán repetirse, lo que perjudica a futuros pacientes y con ello a la calidad asistencial (Carmi 2011).

Para Woloshynow et al. (2003) y Campaña (2006), la gestión de riesgos constituye un proceso que debe incluir:

1. El Comité de Seguridad estará formado por profesionales capacitados en el tema a tratar y con autoridad para implantar medidas y evaluarlas.

2. Comunicación del error o acontecimiento adverso. La información constituye la parte del proceso más importante y difícil. Debe informarse de las consecuencias, periodo de hospitalización, área asistencial, problemas en el manejo del paciente. Según dichos autores debe informarse al paciente o su familia; sin embargo pensamos que quien mejor está en condiciones de informar es el médico responsable de la asistencia al enfermo, con quién mantiene o ha mantenido una relación, siempre que las condiciones emocionales lo permitan y, si no es posible, serán los Comités de Seguridad quienes respondan ante el error y restablezcan la comunicación y apoyo a las necesidades emocionales, tanto del médico como del paciente o familiares.

3. Causas influyentes y prevención.

4. Medidas a implantar y su difusión.

5. Evaluación de las medidas tomadas.

6. Protocolizar las medidas tomadas incluyéndolas en las Guías de Práctica Clínica.

La creación de un programa de gestión de riesgos supone un coste económico que incluye:

a. Coste de implantación. Son los recursos económicos para la capacitación y contrato de profesionales.
b. Coste de investigación y análisis de los datos aportados. Sirve para conocer la realidad que será diferente en las diversas áreas de salud e instituciones.
c. Coste de difusión de las medidas a implantar.
d. Coste de las medidas preventivas, basadas en la evidencia.

El coste de prevención es tres veces menor del derivado del daño producido, lo que supone una buena inversión (Wanzelk et al. 2002).

Si el error médico es con frecuencia multicausal, relacionado con múltiples factores humanos de distintos niveles organizativos, por la complejidad y defectuoso funcionamiento de todo un sistema sanitario y los malos sistemas de comunicación, por la inadecuada asunción de responsabilidades y, sabiendo que la inmensa mayoría no son resultado de conductas personales ni es producto de imprudencia o negligencia médica sino de carencias del sistema sanitario, deben desterrarse los sistemas punitivos destinados a los médicos y centrarse en el propio sistema (Beyea et al. 2002; Ortiz 2007).

La sobrecarga en el trabajo y el reducido tiempo de atención por consultas colapsadas, la falta de sueño, la existencia de conflictos, y un largo etc., disminuyen la atención (Cragno et al. 2009). La precariedad laboral; el protagonismo inapropiado de la administración con la consiguiente presión de criterios económicos y estadísticos de evaluación administrativa de buen funcionamiento de un servicio con los consiguientes incentivos; la inadecuada definición de los puestos de trabajo; la formación insuficiente; el cambio de actividad por necesidades o imposiciones organizativas sin la capacitación contrastada; los fallos en los sistemas de comunicación; los recursos obsoletos; el incorrecto mantenimiento de los medios diagnósticos o terapéuticos; la introducción de mecanismos de incentivación con discriminación para los más competentes (Ley de incompatibilidades, complemento de productividad, supresión de las llamadas peonadas para los que tienen consultas privadas, etc.), desmotiva y dificulta la necesaria colaboración y son algunos de los factores que van a preceder al error médico y cuya responsabilidad debería recaer sobre los gestores del sistema sanitario. En estas condiciones el médico está asumiendo una serie de riesgos impuestos por la organización sanitaria que no le permiten la autonomía necesaria para llevar a cabo su actividad con las suficientes garantías de seguridad. Uno de los profesionales que con más estrecha colaboración trabajan los médicos es el de enfermería. La enfermera/o, que por necesidades del servicio tiene que ir a quirófano y el cirujano desconoce si está preparada, o tiene que ir de consulta en consulta, o le entrega el resultado de unas exploraciones que no corresponden con la enferma que está viendo el médico, etc., la sitúan en el límite de seguridad.

Ha llegado el momento de entender la sanidad como una empresa de servicios en la que si el médico ha dejado de ser el único protagonista (Gracia 1994), la responsabilidad médica recae no sólo en los profesionales que mantienen una relación inmediata con los usuarios de los servicios médicos sino, en último término, en los órganos administrativos y de gestión, a los que compete garantizar la asistencia médica adecuada a los ciudadanos con su labor decisiva en los distintos sectores de la política sanitaria (Sala 1994) a la que compete bajo su responsabilidad inmediata civil o penal, como así establece el Código Penal francés. Se pasa de la responsabilidad individual a la colectiva, y de ésta a la institucional, que es la primera responsable por el deber de tener conocimiento del buen o mal funcionamiento entre los diferentes servicios o dentro de un servicio, donde puede aparecer mobbing u hostigamiento psicológico, descrédito o marginación de alguno de sus miembros, ete.

La mayor parte de los errores son como consecuencia de defectos en los sistemas y procesos (Reason 1990). En el informe IOM se señala que la mayor parte de los errores suceden por problemas derivados del funcionamiento de la organización más que por fallos individuales de los trabajadores, por lo que en la investigación del error hay que preguntarse en qué ha fallado el sistema (Lorda 2004). Conforme los sistemas se vuelven complejos la responsabilidad se diluye en los elementos de la propia estructura. El error se convierte en una serie de sucesos que ocurren sin que exista un único responsable de ellos (Villatorio 2006).

Esta situación tiene un inconveniente ya que, bajo el paraguas de que fue el sistema el que falló, lleva a desculpabilizar al médico y esto no debiera ser así por lo que la respuesta jurídica debe tender a armonizar ambas exigencias de responsabilidad: la institucional y la individual. Esto supone una inversión de la responsabilidad. Que en primer lugar sean responsables los gestores, no excluye que además pueda darse la responsabilidad individual.

Si la medicina actual se ejerce dentro del marco de una empresa de servicios de salud y, como apunta Rodríguez Ramos (1999) no hay más remedio que entrar en la dinámica de una sociedad que exige responsabilidad civil de toda índole y muchas veces responsabilidad penal, el legislador español debería haber reconocido en el Código Penal de 1995 lo que dice el Código Penal francés de 1992, en los supuestos delitos, infracciones o imprudencias médicas, entre otras, a la persona jurídica o entidad, la cual puede ser condenada directamente, y de esa orden penal se va a derivar su responsabilidad civil. Si además se descubre la responsabilidad penal de alguna persona física, también se la condena. Es difícil en un equipo médico o en un hospital saber concretamente quién es el autor de una negligencia. Según Álvarez Cienfuegos (1999) la responsabilidad individual del médico que trabaja en equipo puede concretarse. Sin embargo, no es fácil determinarlo dado que el enfermo frecuentemente es visto por varios especialistas que solicitan diferentes pruebas diagnósticas y emiten juicios clínicos de acuerdo con la patología encontrada y, pasado bastante tiempo nos podemos encontrar con consecuencias no deseadas.

Ante la dificultad de concretar la responsabilidad individual en la actividad hospitalaria dentro del trabajo en equipo se ha de responder solidariamente (STS de 16 de febrero de 1995).

4.2 Órganos de Mediación, Conciliación y Arbitraje Médico

Otra solución para resolver las reclamaciones que se dan en el sector de la salud, es a través de la mediación, la conciliación y el arbitraje. A tal fin, promovido por el Tribunal Internacional de Conciliación y Arbitraje del MERCOSUR, se han creado en diversos países instituciones para resolver conflictos médicos y de salud. Así, en los Estados Unidos existe el Tribunal Americano de Conciliación de Arbitraje Médico y de Salud (TACAMES), fundado en octubre de 2001, al que están asociados la Asociación Argentina de Derecho Médico y de salud (AADEMES) y la American Association of Legal Medicine and Health (AALMH). En Chile funciona el Centro de Conciliación y Arbitraje de la Superintendencia de Entidades Prestadoras de Salud, y en España los Colegios de Médicos de Madrid, Vizcaya, Castellón etc., reconocen la metodología arbitral. En México la Comisión de Conciliación y Arbitraje Médico (CONAMED), durante el periodo 2001 a 2003, resolvieron mediante la conciliación un alto número de conflictos vinculados a denuncias entre médicos y pacientes (Tena et al. 2005). En la década 1996-2006, la Comisión atendió 164.111 asuntos, de los cuales el 87,6% se resolvieron en el primer nivel de Orientación y Gestión mediante actuación inmediata. En este primer nivel el médico ofrece las explicaciones de lo ocurrido y los afectados comprenden el problema, con lo que se llega a desistir de la queja; en menor proporción pasaron al segundo nivel de Conciliación y el 3% del total en el tercer nivel mediante arbitraje y peritación institucional que concluyeron con un laudo de obligado cumplimiento. Para dirimir las quejas la CONAMED establece tres criterios (Hernández et al. 2008): a) la aceptación expresa de las partes involucradas; b) el caso no esté sometido a un proceso penal; c) que el denunciante no tenga como única pretensión, la sanción penal del médico. El método que utiliza para estudiar las quejas médicas en el marco de un proceso de arbitraje médico es el de buscar evidencias, los posibles fallos ocurridos en el proceso de atención y los factores estructurales que los pudieran estar condicionando.

El médico debe saber cuáles son sus obligaciones (científico-técnicas y éticas) y el paciente cuáles son sus deberes (asumir los riesgos), para que después podamos hablar de derechos del médico y de los pacientes.

Igualmente en Suecia existe un Tribunal de Arbitraje al que puede dirigirse el usuario o elegir la vía judicial; tiene un carácter privado. Para que se obtenga derecho a indemnización es necesario que la actuación médica se haya apartado de los criterios que marca la guía de práctica clínica. De los 2.440 casos denunciados, sólo 35 llegaron a los tribunales (Palau 1998). En los Estados Unidos las llamadas leyes "Im sorry Laws", promueven la declaración de los errores médicos sin que esta revelación sea prueba de culpabilidad con la finalidad de disminuir el riesgo de una demanda legal. En el Estado de Colorado entre el año 2000 y 2006, se comunicaron 3.2000 casos, de los cuales 1.800 recibieron una compensación económica de 5.440 dólares por caso; el resto que no fue indemnizado, 2.400 casos, sólo 16 acudieron a los tribunales y 6 obtuvieron una compensación económica (Gallagher et al. 2007).

Se han descrito una serie de ventajas con la utilización de la mediación, la conciliación y el arbitraje, frente al sistema tradicional de la solución judicial en los conflictos del sector médico de salud. Frente al sistema judicial, que ofrece la garantía del Estado pero con un gran coste económico y social, la metodología de la conciliación y del arbitraje permite (Marcos 2002; Palau 1998):

1. Mayor rapidez en la resolución del conflicto. Facilita el mecanismo indemnizatorio. Se evita la litigiosidad que tanto perjudica al médico, al usuario y a la institución.
2. Menores recursos económicos, con las implicaciones que tiene, unas directas respecto a la solución del conflicto en sí y otras indirectas respecto al aseguramiento de los riesgos.
3. Se preserva la confidencialidad. La publicidad del sistema judicial tiene inevitables consecuencias tanto para el profesional, para la institución, como para la relación paciente-médico-institución. Ello implica una ruptura, un enfrentamiento entre partes, cuando lo que debería buscarse, es arreglar el conflicto al ser de interés para todos.
4. Se evita la medicina defensiva y el importante coste sanitario que supone para la sociedad.
5. Permite implantar medidas preventivas. Comunicación de los errores, y con ello mejorar la seguridad del paciente y en definitiva la calidad asistencial.
6. El médico deja de ser cuestionado, desapareciendo la imagen de culpabilidad.
7. Puede tener algún inconveniente, como es el permitir la impunidad de los malos profesionales, simplemente porque tienen dinero (o seguros) y así pagan el archivo de las causas penales contra ellos.

XIII.
EPÍLOGO

Como fiscal, como ciudadano y, también, como enfermo potencial y real, he sentido con frecuencia la necesidad de acercarme a los profesionales de la Medicina –no necesariamente médicos-, para comprender mejor su relevante función y pulsar sus inquietudes. En las ocasiones que he conseguido entablar diálogo con un mínimo de pausa y empatía, he podido constatar la utilidad del empeño. Muy particularmente, el contacto ha sido enriquecedor en el campo abordado por la monografía que el lector tiene en sus manos y a la que este modesto *Epílogo* pone fin: el del error en medicina.

Y no es que yo sea un *bicho raro*, ni una persona preocupada por cuestiones exóticas o baladíes. Como se infiere del contenido de este libro, el tema de la responsabilidad del médico ha alcanzado en nuestras sociedades avanzadas, en las últimas décadas, un monto económico y una complejidad técnica enormes y –por qué no decirlo- excesivos y desmesurados. En consecuencia, todo lo que sea que los profesionales del Derecho y la Medicina reflexionemos sobre temas interdisciplinarios o comunes, redundará en provecho de los ciudadanos a quienes servimos y de la prudencia y eficacia en nuestra actividad profesional. Y, si la reflexión la hacemos en común o, al menos, de forma suficientemente informada respecto de la otra *parte*, los resultados serán, a no dudarlo, mucho más justos y realistas.

Sin embargo, la práctica denota –al menos, en nuestro país– una mutua ignorancia, una desconfianza entre médicos y juristas, que resulta contradictoria con lo antes expuesto y nefasta a la hora de abordar los problemas de la responsabilidad médico-sanitaria. Para muestra, un botón: el clamoroso silencio de nuestro Código Penal en materia de responsabilidad de las personas jurídicas, en aquellos delitos (los homicidios y lesiones imprudentes) que más se prestan a la deficiencia estructural y de las condiciones de trabajo, como generadora de mala praxis y resultados nocivos en el campo de la Sanidad.

Afortunadamente, para quienes pensamos que Medicina y Derecho son profesiones y servicios públicos interconectados, que se deben mutuo respeto y conocimiento (y no solo en el campo del error y de la responsabilidad de aquella), libros como el que el lector tiene en sus manos (y supongo que habrá leído ya con provecho, pues ha llegado hasta aquí) constituyen un rotundo mentís a quienes viven la dedicación médica de espaldas a sus responsabilidades legales y judiciales o, peor aún, actuando a la defensiva, con ocultismo o con infundado temor. La doctora Martín Polo, haciendo centro en la autopsia clínica como instrumento de calidad asistencial, ha puesto el dedo en la llaga del error en Medicina y de la responsabilidad del médico, de la mejor forma que puede hacerse: pulsando la realidad social; acercándose a las ideas y soluciones más válidas de los países médicamente avanzados; ofreciendo una panorámica escueta pero suficiente del Derecho español, hasta sus últimas aportaciones jurisprudenciales.

En consecuencia, me atrevo a sostener que esta obra es un jalón importante en la precisa coordinación de Medicina y Derecho en nuestro país, y le auguro la atenta y exitosa acogida que, sin duda, merece, ante todo por los médicos españoles, pero también por sus colegas de otros países y por los juristas que –como es mi caso– hayamos de acercarnos profesional y humanamente a los muy diversos temas que concienzudamente en este libro se abordan.

Dr. Federico Bello Landrove

Fiscal de Salamanca

Salamanca, agosto de 2011

XIV.
BIBLIOGRAFÍA

Aalten M, Samson M, Jansen A. Diagnostic errors: The need to have autopsies. N J of Med 2006; 64 (6): 186-190.

Aasland GO et al; Kesslar PD et al. Citados por Fajardo G, Hernández F, Santacruz J, Hernández M et al. Perfil epidemiológico general de las quejas médicas atendidas en la Comisión de Arbitraje Médico, 1996-2007. Salud Pública Méx; Vol.51 (2);119-125.

AA.W. La gestión de los errores médicos. Barcelona. Fundación Víctor Grifols i Lucas 2002

Academia Nacional de Medicina (ANM). Seguridad del Paciente y Error en Medicina. Glosario de Términos. Instituto de Investigaciones Epidemiológicas. Buenos Aires. Argentina. 2010. http://www.errorenmedicina.anm.edu.ar/glosario.asp.

Agencia de Calidad. Ministerio de Sanidad y Consumo. España, 2006. http://www.msc.es.

Agrest A. Seguridad del paciente y error en medicina. Investigación sobre el error en medicina. Centro de Investigaciones Epidemiológicas. Academia Nacional de Medicina. Buenos Aires. 2004. www.errorenmedicina.anm.edu.

Aguirre-García J. La autopsia, ¿un procedimiento pasado de moda? Gac Med Mex 1988; 124: 339-57.

Aguirre-Gas H, Vázquez-Estupiñán F. El error médico. Eventos adversos. Cir Ciruj 2006; 74:495-503.

Agúndez M. Entre el 8 y el 24% de las autopsias revelan errores médicos. Diario Médico.com, junio 2003. http://www.diariomedico.com/anapatological/home.html.

AHRQ. Mecal Errors. The Scoop of the problem. Agency for Health Research and Quality Estados Unidos, febrero 2000. http://www.ahrg.gov/qual/errcack.html.

Aibar C, Aranaz JM. ¿Pueden evitarse los sucesos adversos relacionados con la atención hospitalaria? An sis sanit Navar 2003; 26(2): 198-209.

Alberto A. Reflexiones sobre comités de seguridad. IIE. Academia Nacional de Medicina. Buenos Aires, septiembre 2008. http://www.errorenmedicina.

Alonso I, Puchades J. Evolución de la mortalidad por enfermedad cardiovascular en la provincia de Toledo. Rev Esp Salud Pública 1999; 93: 365:393.

Alvarado T, Flores G. Errores médicos. Acta méd. Costarric 2009; Vol 51 (1): 16-23.

Álvarez Cienfuegos M. Responsabilidad del equipo médico y del Centro Sanitario. Colegio Oficial de Médicos. Madrid. 1999.

Amuchástegui M, Contreras A, Salomone O, Dillera A et al. Certeza diagnóstica en la mortalidad de una población con trasplante cardiaco. Rev argen cardiol 2008;Vo 76, nº 4,125-127.

Aranaz JM. Experiencias nacionales e internacionales en la gestión de riesgos: pasado, presente y futuro. Curso de Gestión de Riesgos Sanitarios. Alicante 26-28 de noviembre 2003. Universidad Internacional Menédez Pelayo. Comunidad Valenciana. http://www.desp.umb.es/proyectos/idea/index_alicante.html.

Aranaz JM. Estudio Nacional sobre los Efectos Adversos ligados a la Hospitalización. ENEAS, 2005. Ministerio de Sanidad y Consumo. Informe 2006.

Aranaz JM, Aibar C, Galán A, Limón R, Requena J et al. La asistencia sanitaria como factor de riesgo: los efectos adversos ligados a la práctica clínica. Gac Sanit 2006; 20 (Supl 1): 41-7.

Aranaz JM, Mollar JB, Gea MT. Efectos adversos en el siglo XXI. La epidemia silenciosa. Fundación Medicina y Humanidades Médicas. 2006; 59-69.

Arce P, Fernández FA, Mayorga MM, Gómez J, Val JF. Revista electrónica de la autopsia. Vol 7, nº 1, 2009.

Arechederra JJ. Psiquiatría y Ley. 1. Normas y principios éticos. Ed. I.M.& C. 1996.

Aremany J. Sanidad recibe casi 500 denuncias por negligencia médica. Barcelona Europa Press, 1 de noviembre 2009. http://www.que.es/Barcelona/200911011525-sanidad-html.

Asociación Americana de Hospitales. Declaración de los Derechos del Paciente, 6 de febrero de 1973. http://derechoymedicina.webeindario.com/documento.

Asua CI. Pérdida de oportunidad en la responsabilidad sanitaria. Ed. Thomson Aranzadi. Pamplona. 2008.

Avgerinos DV, Bjornsson J. Malignant neoplasm: discordance between clinical diagnoses and autopsy findings in 3118 cases. APMIS 2001; 109: 774-80.

Bailey K. Los errores médicos cuestan 17.000 millones al año en EEUU. Direcmed. 2009. http//www.direcmed.e/…erroresmedicos.

Barendreat B, De Boer H, Kubat K. The results of autopsy of patients with surgical diseases of the digestive tract. Surg Gynecol Obstet 1992; 175: 227-32.

Barreiro AJ. La imprudencia profesional del médico en el nuevo Código Penal de 1995. En: Responsabilidad civil y penal del médico. Colegio Oficial de Médicos de Madrid. Ed. Artes Gráficas. Madrid. 1999; 121-142.

Barreiro Ramos H, Barreiro Peñaranda A, Fernández Vieira E, Marrero Martín O. Lo esencial del nuevo certificado médico de defunción del adulto. Rev Cub Méd Gen Integr 2003; 4: 360-365.

Barrows S. An overview of the uses standardired patient for teachinc and avaluating skills. Acad. Med 1993; 68:443-451.

Bello, F. Temas jurídicos y éticos de actualidad médica. IV curso de actualización en medicina. Colegio Oficial de Médicos de Salamanca, mayo de 2006.

Berner ES, Graver ML. ¿Por qué nos equivocamos? The American Journal of Medicina 2008; 121:S2-S23.

Berrocal AI. A propósito de la responsabilidad civil médica. La teoría de la pérdida de oportunidad y del resultado o daño desproporcionado. Rev de la Escuela de Medicina Legal. ISSN 1885-9577, febrero de 2011.

Beyea S. Patient safety surgical setting: Waht do we Know? AORN Journal 2002; 75.

B.H. Evadur. La Gaceta. Diario de Salamanca, de 20 de enero de 2011.

Biblioteca-noble, agosto 2009. www.noble-arp-com/htdocs/index.phpz. news=1.

Bisset A, Thoms B, Turnbull W, Lee S. Postmortem examinations using magnetic resonance imaging: Four year review of a working service. BMJ 2002; 324 (7351): 1423-4.

Blois cit. por Corral C. El razonamiento medico. Ed. Diaz de Santos, S.A. Madrid 1994.

Boletín del Grupo Iberoamericano de Revisiones Sistemáticas sobre la Seguridad del Paciente. Centro Cochrane Iberoamericano. Vol.1 nº1, febrero 2008.

Bombí J. Número de autopsias clínicas y correlación clínico-patológica. Rev Esp Patol. 2004; 37: 1-37. 176.

Bombí et al. Clínical and autopsy correlation evaluated in a University Hospital in Spain (1991-2000). Pathol Res Pract 2003; 199: 9-14.

Borrajero I. La imagenología moderna. Rev Esp Patol 2010; 43(3):180-182.

Bove E, Iery C. Autopsy Committee, College of American Pathologist. The role of the autopsy in medical malpractice cases, II: Controversy related to the autopsy performance and reporting. Arch Pathol Lab Med 2002; 126: 1032-5.

Brennam, Leape LL, Laird M, Localio R, lawtters G. Incidence of adverse events and negligence in hospitalized patients: results of the Harvard Medical Practice Study. N Eng Med 1991; 324: 370-376.

Bretones A. Responsabilidad del personal sanitario. La Ley. Ed. Ley Atualidad, nº 4950, Madrid. 1999.

Bnattachayya J, Yoon H. Doctor This surgery Done Wrong? Ethical Issues in Providing Scound Opinions. J. Bone Joint Surg 2005; 87-a:223-225.

Bullón Sopelana A. La autopsia y el presente de la correlación anatomo-clínica. Simposio Internacional. Fundación Ramón Areces. Salamanca 26 y 27 de marzo de 1998.

Burton EC, Troxclair DA, Newman WP 3. Autopsy diagnoses of malignant neoplasms: How often are clinical diagnoses incorrect? JAMA 1998; 280: 1245-

Burton L, Underwood J. Clínical, educacional, and epidemiological value of autopsy. Lancet 2007; 369: 1471-1480.

Cabot R. citado por Gore C, Gregory R. Historical Perspective on Medical Errors. J. Amm Coll Surg 2003; 609-611.

Cameron HN, Magoogan E. A prospective study of 152 hospital autopsies. J Pathol 1981; 133: 273-282.

Campaña G. Errores médicos en el ambiente quirúrgico. Como prevenirlos. Rev Chilena de Cirugía 2006. Vol 58, 3:235-238.

Campos-Castelo M, Carrillo-Jaimes A. Reporte de errores médicos como estrategia para la prevención de eventos adversos. Rev. CONAMED 2008, 13(2):17-27.

Carmi A. Citado por López M.G. En: Los datos genéticos modificarán el consentimiento informado. Diario Médico, 21 de octubre de 2002.

Carmi A. Citado por Superby A. "El derecho médico volverá tras los excesos a la realidad clínica" Alcalá de Henares, Madrid, 20 de junio de 2011. http://www.pentajedrsu_perby.es/alejandrosuper6_es-derechomedicoy-la.

Carrera JM. Consentimiento informado 2005. http://www.monografias.com.

Carrillo F. La responsabilidad profesional del médico. Pornía. 8ª ed. México. 1996.

Carvalho WA. Erros médicos asociados com a deprivaçao do sono em UCI. Rev Assoc Med Bras 2005; 78:51-54.

Cerini JM. El error en Medicina: reflexiones acerca de sus causas y sobre la necesidad de una actitud más crítica en nuestra profesión. Art Arg Ped 2001; 99 (6): 522-529.

Clasificación Estadística Internacional de Enfermedades (CIE-10). Síntomas, signos y hallazgos anormales clínicos y de laboratorio, no clasificados en otra parte. Vol. 1. Capítulo XVIII, p. 807. OMS: Ginebra; 2003.

Código de Ética y Deontología Médica. Consejo General de Colegios Médicos de España. Ed. Punto Graphic. Madrid. 1990.

Comisión Europea. Salud Pública. El primer estudio español sobre efectos adversos en la asistencia sanitaria muestra resultados similares a los de los países más avanzados. http://www.msc.es.

Conde J. La responsabilidad de la administración y de los profesionales en la práctica médica. En: La Responsabilidad de los Médicos y Centros Hospitalarios frente a los usuarios de la Sanidad Pública y Privada. Fundación de ciencias de la Salud. Ed. Doce Calles. Madrid. 1994.

Convenio relativo a los derechos humanos y la biomedicina (Convenio de Oviedo). B.O.E., nº 251 de 20 de octubre de 1999, corregido en B.O.E., de 11 de noviembre de 1999.

Coradazzi AL, Morganti Al, Montenegro MR. Discrepancies between clinical diagnoses and autopsy findings. Braz Med Biol Res 2003; 36: 385-91. 189.

Corral Corral C. El razonamiento médico. Ed. Díaz de Santos. Madrid 1994.

Cortés A, Botero P, Carrascal E, Daza Y, Donado P. Concordancia entre el diagnostico clínico y hallazgos de autopsia en el Hospital Universitario del Valle, Cali. Colom Med 2004; 35: 139-144.

Cotran R, Kumar V, Collis T. Patologia estructural y funcional. Madrid: Ed. McGraw-Hill-Interamericana, 2000.

Cottrill M, O´Connor N. The autopsy in the 21st century: time for reconsideration. J Med Assoc 2000; 93: 110-4.

Cragno A, García M. La seguridad del paciente, error médico y la educación médica. Departamento de Ciencias Médicas. Universidad Nacional del Sur Bahía Blanca. Argentina, marzo 2009.

Croskerry P. The importante of cognitive errors in disgnosies to minimize them. Acad. Med. Vol 78, nº 8. U.S.A. August 2003.

Chana J, Rhys-Maitlnad R, Hon P, Thomas C, Hopkins A. Who asks permission for an autopsy? JR Coll Physicians Lond 1990; 24:185-8.

Chantler C. The role and education of doctors in the delivery of health care. Lancet, 1981; 353-1178.

Darok M. Mala praxis en Alemania y Austria. Actualidad de Derecho Médico. XIII Congreso Mundial de Derecho Médico en Helsinki 2000. http:wwww. actualderechosanitario.com/Helsinki.htm.

David G. To make good use of medical error. Bull Acad Natl Med 2003; 187 (1): 129-36; discussion 136-9.

Davis J, Peterson R. Dilemmas and solutions for the pathologist and clinician encountering religious views of the autopsy. Southern Medical Journal 1996; 89: 15-19.

Decreto de 9 de septiembre de 2004 por el que se crea el Observatorio de la Comunidad de Madrid. BO de la Comunidad de Madrid de 16 de septiembre de 2004.

Deiwick M, Lohrer A, Hoffmeier A, Baba A, Bocker W, Scheld H. Postoperative death should be followed by autopsy- an analysis of the autopsy findings of the years 1990 and 1991 in a heart surgery center. Thorac Cardiovasc Surg 1999; 47 (2): 82-87.

Del Banco T, Bell S. Guity, Afraid, and Alone Struggling with Medical Error. N. engl J med 2007; 357; 17, 1682-3.

Demogue, A., citado por Galán Cortés JC. Responsabilidad en las distintas fases de la actuación terapéutica. En: Responsabilidad civil y penal del médico. Colegio Oficial de Médicos de Madrid. Ed. Artes Gráficas. Madrid. 1999; 79-100.

De Lorenzo R. La responsabilidad del médico. En: Responsabilidad Civil y Penal del médico. Colegio Oficial de Médicos de Madrid. Artes Gráficas. Madrid. 1999.

De Luis A, Salvados J, Calzada J, Matas A. Utilidad de las sesiones de mortalidad en un Servicio de Medicina Interna. Rev Calidad Asistencial 2004; 19: 25-88.

De Mendoza J, Álvarez R, Borrajero I. Discrepancias diagnósticas en las causas de muerte identificadas por autopsias. Patología 2008; 46(2):85-95.

De Mendoza J. El futuro de la autopsia. EJ Autopsy 2005; 3-10.

Dennis B. Limited autopsies. Arch Pathol Lab Med 1984; 108: 469-72.

De Paul Velasco JM. Introducción a la responsabilidad Jurídica del profesional sanitario. Cuaderno de Medicina Forense 1996; 4: 83-94.

Díaz MT, Seguí M, Rodríguez JM, Rodríguez C. Gestión de calidad en la asistencia sanitaria: indicadores, errores médicos. Medicina Preventiva y Salud Públicas. Universidad de Navarra. 2007.

Diccionario de la Real Academia Española (RAE). Biblioteca de consulta Microsoft. Encarta, 2004.

Diccionario Mosby. Medicina, enfermería y Ciencias de la Salud. Ed. Harcourt, 5ª ed, Madrid. 2000.

Diccionario terminológico de Ciencias Médicas. Ed. Masson, 13ª ed. Madrid. 2004.

Dickens BM. Medical errors: legal and ethical responses. Inter. Journal of Ginecology and Obstetrics. 2003; 81,109-114.

Dolan S, Díez M, Cannings M. Psicotoxicología de la vida laboral: el caso del personal médico de Suecia. Rec de Psic del Trabajo y de las Organizaciones 2003; Vo 19, (2)117-133.

Donabedian A. Los siete pilares de la calidad. Rev Calidad Asistencial 2001; 16: 96-100.

Donabedian A. La calidad en la atención sanitaria: ¿de quién es la responsabilidad? Rev Calidad Asistencial 2001; 16: 108-116.

Donabedian A. Continuidad y cambio en la búsqueda de la calidad. Rev Calidad Asistencial 2001; 16: 118-125.

Donaldson L. La seguridad del paciente: "No hacer daño" 2006. http://www.paho.org.

Echave JL. Complicaciones de la cirugía abdominal. Jornadas Asociación Cirugía del Oeste. Octubre 2000. http://www.aco.org.ar/texto.

Escolar B, Lobo MM, Sala S. Calidad asistencial, seguridad del paciente e ineficiencia. Estudio de campo en un hospital de primer nivel. Revista del Instituto Internacional de Costos. ISSN. 1646-6896, nº 5, julio/diciembre 2009.

Espino I. Más del 40% de los efectos adversos durante una hospitalización se pueden evitar. 2005. http://www.elmundo.es.

Esteban M. La información, asignatura pendiente de los facultativos. XVII Congreso Sanitario. 25 de octubre de 2010 . http://www.diariomedico.com.

Europa Press. Sanidad recibe casi 500 denuncias por negligencias médicas, 14 de agosto 211.

European Commission of Health and Consumer Protection. Luxembourg Declaration Patient Safety: Patient Safety_Making it Happen. Luxembourg, 5 april 2005.

Fajardo G, Hernández F, Sal C, Santacruz J, Hernández M et al. Perfil epidemiológico general de las quejas médicas atendidas en la Comisión Nacional de

Arbitraje Médico. 1996-2007; Salud Pública Méx. 2009; Vol. 51 (2): 119-125.

Fariña J, Millana C, Fernández-Acenero J, Furio V, Arangocillo P, Martín G, Buencuerpo J. Ultrasonographic autopsy (echopsy): A new autopsy technique. Virchows Arch 2002; 440: 635-39.

Fernández Entralgo J. Consecuencias jurídicas de los delitos y de las faltas. La inhabilitación, la privación de la libertad y otras. En: la Responsabilidad civil y penal del médico. Colegio Oficial de Médicos de Madrid. 1999.

Fernández F, Estébanez A, Mayorga M, Guerra I. Objetivos e indicaciones de la autopsia clínica. Rev Electrónica de Medicina Intensiva. Artículo especial nº 11 Vol 4 nº1, enero 2004.

Fernández F, Buelta L, Arce F, Gómez J, Mayorga M. Sección de autopsias del Hospital Universitario Marqués de Valdecilla. La autopsia clínica. Rev Esp Patol 1999; 32: 187-93.

Fernández M. la radiología digital eleva su uso indebido y la radiación en los pacientes del Hospital. La Gaceta de Salamanca, 23 de marzo de 2010.

Fernández R. Los juicios por mala práctica médica aumentan un 22 por ciento en Argentina en el periodo 2008-2009. http://www.derechovirtual.blogspot.com/2009.archive.html.

Flexner A. En: Ramos B. Calidad de la atención de la salud. Error médico y seguridad del paciente. http://www.bus.sid.cu/revistas/spu/vo31_3_05/spu0b305.htlm.

Flores C. El año 2008 finaliza con un balance de 12.330 presuntas negligencias médicas. El Confidencial. 31.12.2008.

Fornes J. La responsabilidad del Médico y Centros Hospitalarios. En: Responsabilidad civil y penal del médico. Colegio Oficial de Médicos de Madrid. Ed. Artes Gráficas. Madrid. 1999.

Frable WJ. Surgical pathology-second reviews, audits, and correlations: what`s out there? Error or diagnostic variation? Arch Pathol Lab Med 2006; 130: 620-625.

Galán Cortés JC. Responsabilidad civil profesional. Cuadernos de Derecho Judicial. Consejo General del Poder Judicial. Madrid. 2003, VII: 133-210.

Galán Cortés JC. La responsabilidad civil del médico. Ed. Tarypo. 1999

Gálvez E, Gálvez M, Santiesteban M, Morales L. Criterio profesional acerca del error médico. Rev Cubana Med Gen Integr 1998; 14 (1). http:// www.bvs. sld.cu.

Gallagher H et al. En: Sanz L. La ética en la práctica. Cuando algo se hace mal: del error médico a la mala praxis. Tauma Fund. Mafre 2008; 193: 138-142.

Gandhi K. Thomas J, Poupolo L, Yoon C, Brennan A, Studdert M. Missed and Delayed Diagnoses in the Ambulatory Setting: A study of Malpractice Claims. Ann Intern Med 2004; 145: 488-496.

García A, Quiñónez A, Martero T. Correlación anatomo-clínica en la Unidad de Cuidados Intensivos. http://www.bus.sld.cu/revistas/mie/vol203/mico3104.htm.

García Barbero M. La Alianza Mundial para la Seguridad del Paciente 2010. http://www.fundacion.org/pdf/mono8/articulo.

García Del Pozo I. Audiencia Provincial de Salamanca. Sentencia de 23 de febrero de 2001.

Garriga J. ¿ Y si el ambulatorio le cobra para que no vaya? Diario El País 8 de junio 2010.

Garriga J, Sauquillo M. Sanidad ultima con las autonomías medidas para acortas los gastos. Diario El País, 18 de marzo 2010.

Gawande A, Thomas J, Zinder J et al. The incidence and nature of surgical adverse events in Colorado and Utah in 1992. Surgery 1999; 126:66-75.

Geroma Lamazares JL. Aspectos psicológicos y psicopatológicos del video y de la televisión. Psicopalogía 1994; 3:162-166.

Goldman I, Sayson R, Robins S. The value of the autopsy in there medical eras. N. Eng Med 1983; 308: 1000-5.

Gonçalvez M. Autopsia: Um procedimiento ainda importante? Brasílea Med 2005; 42: 51-54.

González Fernández R. Medicina, responsabilidad del médico, salud en general. Monday. Agosto, 17 del 2009. http://www.respondic.blogspat.com/2009/08. htlm.

González L, Cáceres J, Quintana J, Marcos R, Medina D. Comparación de las discrepancias pre y postmortem entre pacientes de la Unidad de Medicina Interna (UMI) y el resto del hospital. Rev Calidad Asistencial 2004; (19): 79-166.

Gouseth J. Calidad de la asistencia y seguridad del paciente: implicaciones éticas de un conocimiento global. II Jornadas Autonómicas de Bioética en Talavera de la Reina, 24 de noviembre de 2009.

Graber L, Franklin N, Gordon R. Diagnostic Error in Internal Medicine. Arch Intetn Med 2005; 165: 1494-1499.

Graber M, Gordon R, Franklin N. Reducing diagnostic errors in medicine: What´s the goal? Academic Medicine 2002; 77: 981-992.

Gracia D. Ética y responsabilidad profesional. En: La Responsabilidad de los Médicos y Centros Hospitalarios frente a los usuarios de la Sanidad Pública. Fundación de Ciencias de la Salud. Ed. Doce Calles. Madrid. 1994.

Gran Diccionario Enciclopédico Ilustrado. Selecciones del Reader's Digest. Sexta edición. Madrid, 1997.

Grober ED, Bohnen JM. Defining medical error. Can J Surg 2005; 48 (1): 39-44.

Günes J. A vueltas con el copago. Diario ABC, 8 de junio 2010.

Gutiérrez-de la Barrera M. Funciones de la autopsia en la actualidad: percepciones y opiniones de los médicos residentes de especialidades oncológicas. Rev Med Inst Mex Seg Soc 2007; 45 (1): 69-74.

Harris A, Ismail I, Maxwel D. Physicians attitudes to the autopsy. JR Coll Physicians Lond 1993; 27:116-8.

Harveit, Shojania et al, citados por Gonçalvez M. Um procedimiento ainda importante. Brasílea Med 2005; 42:51-54.

Hasson J. The autopsy and medical fallibility: A historical perspective. Conn Med 2001; 65: 283-9.

Hector Curci O. Responsabilidad médica. Revista Nuestro Hospital, 2000; 2:25-30.

Helen W, Belinda C, Paul Z, Michael C. The decline in hospital autopsy rates in 2001. Med J of Australia 2003; 176: 91.

Hernández F, Santacruz J, Gómez E, Aguilar MT, Fajardo G. La queja médica: elementos para el fortalecimiento de la seguridad de los pacientes. Rev. CONAMED 2008. 13 (2):30-38.

Hjorth L, Noer H, Rasmussen S, Sovensen M. Importance of the autopsy rate: A comparison between clinical assessment and findings at autopsies during the period: 1 july 1990-30 june 1991. Ugeskr Laeger 1994; 156: 4459-61.

Hutchins M. Autopsy Performance & Reporting. Northfield, III: College of American Pathologists; 1990.

IBEAS. Prevalencia de efectos adversos en hospitales de Latinoamérica. Ministerio de Sanidad y Política Social (España). OMS. Organización Panamericana de Salud 2009. http://www.msc.es/organización/sus/plancalidadSNS/docs/INFORE_IBEAS.pdf.

Ilian R, Fowler R. "Brief history of pacient safety culture and science". J of Critical Care 2005; 20: 2-5.

Imbert M, Pérez S, Berro G. Situación actual de las demandas civiles por responsabilidad médica en nuestro medio. http://www.elderechodigital.com/smn/doctri.hatml.

Infante A. El error médico no se puede erradicar, pero es posible aspirar a reducirlo considerablemente 2006. http://www.elmundo.es.

Instituto de Investigaciones Epidemiológicas. Seguridad del Paciente y Error en Medicina. Academia Nacional de Medicina. Buenos Aires. 2008. http://www.errorenmedicina.anm.edu.ar/glosario.asp.

IOM. Growing concensus about Medical Error. To Err is Human Report. Intitute of Medicina Boston Ma EEUU. 1999. http://www.books.nap.edu/catalog/9728.html.

ITER. Diccionario Ilustrado de la Lengua Española. Ed. Sopena, S.A. Barcelona. 1981.

Jain A, Ogden J. General practioners' experiences of patients complaints: qualitative study. Br Med J 1999; 318: 1596-1599.

James F, Calvert J, Joyee H, Michel A. What are the repercussions of disclosing a medical error? Journal of Familiy Practice 2008; vol 57, nº 2: 124-125.

Jano on-line. El 8,4% de los hospitalizados sufre efectos adversos por la asistencia, de los que mueren un 4,4% 2005. http://www.db.doyma.es.

Jiménez A. La prueba en el proceso de responsabilidad civil médica En: Responsabilidad civil y penal del médico. Colegio Oficial de médicos de Madrid. Ed. Artes Gráficas. Madrid. 1999.

Kessler D, Sage W, Becker D. Impact of malpractice reforms on a supply of physician services. JAMA 2005; 2618-2625.

Kircher T, Nelson J, Burdo H. The autopsy as a measure of accuracy of the death certificate. N Engl J Med 1985; 313: 1263-9.

Kisch W, Schafii C. Misdiagnosis at a University hospital in 4 Medical Eras: Report on 400 cases. Medicine 1996; 75: 29-40.

Kohn LT, Corrigan J, Donaldson MS. To err is human: building a safer health system. Washington, D.C: National Academy Press; 2000.

Lai K, Duong S, Onerheim M. Elimination of the Prelimirary Autopsy Report: A Novel Approach to Improving Performance and Reporting. Annual Meeting Abstracts 2003; 22-28.

Lazda J, Brown C. An audit of autopsy rates in an inner London general hospital. JR Soc Med 1994; 87:658-60.

Leape L, Woods D, Hatlie M, Kizer K, Schroeder S. Promoting patient safety by preventing medical error. JAMA 1998; 280: 1444-1447.

Leape L. Reporting of adverse events. N. Engl J Med. 2002; 347:1633-1638.

Leape L. Marking health care sage: Are we up toit? J Ped Surg 2004; 39:258-266

Leibovitz A, Blumenfeld O, Baumoehl Y, Segal R, Habot B. Postmortem examination in patients of a geriatric hospital. Aging (Milano) 2001; 13: 406-9.

Ley de 8 de junio de 1957, de Registro Civil. BOE, número 151 de 10 de junio de 1957.

Ley de 21 de junio de 1980 sobre Autopsias Clínicas. BOE, número 154 de 27 de junio de 1980.

Ley de 19 de julio de 1984, general para la defensa de los consumidores y usuarios. B.O.E., número 176 de 24 de julio de 1984.

Ley de 25 de abril de 1986, General de Sanidad. B.O.E., nº 10.499 de 29 de abril de 1986.

Ley de 20 de diciembre de 1990, del medicamento. B.O.E., número 306 de 22 de diciembre de 1990.

Ley de Régimen Jurídico de las Administraciones Públicas y del Procedimiento Administrativo común, de 26 de noviembre de 1992. B.O.E. Número 285, de 27 de noviembre de 1992.

Ley de 13 de enero de 1999 de modificación de la ley 30/1992 del Régimen Jurídico de las Administraciones Públicas y del Procedimiento Administrativo Común. B.O.E de 14 de enero de 1999.

Ley de 14 de noviembre de 2002, básica reguladora de la autonomía del paciente en materia de información y documentación clínica. B.O.E., nº 274 de 15 de noviembre de 2002.

Ley de 8 de abril de 2003, sobre derechos y deberes de las personas en relación con la salud. BOCYL., de 14 de abril de 2003. Suplemento nº 71.

Ley de 28 de mayo de 2003, de Cohesión y Calidad del Sistema Nacional de Salud. B.O.E., número 128 de 29 de mayo de 2003.

Lew D, Ortiz Z. Epidemiología del error médico. Bol AN de Medicina 2000; 79:301-307.

Lidstrom P, Janzon L, Sternby H. Declining autopsy rate in Sweden: A study of causes and consequences in Malmo, Sweden. J Intern Med 1997; 242: 157-65.

Lilford R, Stiling S, Maillard N. Citation classics in patient safety rescarch: an invitation to contribute to an online bibliography. Qual SafHealth Care 2006; 15: 311-313.

Liftord R, Strip S, Mailar N. Citacion classic in patient safety research. Qual Saf Health Care 2006; 15: 311-313.

Lizarra Bonelli, E., El consentimiento informado. En: La Responsabilidad civil y penal del médico. Colegio Oficial de Médicos de Madrid. Ed. Artes Gráficas. Madrid. 1999.

Lockley S, Cronin J, Evans E. Effect of Reducing Interns' Weekly Hours on Sleep and Attentional Failure. N Eng J of Med 2004; 351: 1829-37.

Longhrey B, Mc Cluggage G, Toner G. The declining autopsy rate and clinicians attitudes. Ulster Med 2003; 69: 83-9.

López C, Gutierre L, De Mendoza JH, Valladares D, García J. Principales causas de muerte y correlación clínico-patológica en una UCI. Rev haban cienc. Méd. La Habana. N° 3, julio-agosto 2008.

López-Muñoz G, Del Moral A. Negligencia médica. Ed. Prensa Española. Madrid. 1976.

Lorda PS. Ética y seguridad de los pacientes Monografías Humanistas. Ed. Fundación Medicina y Humanidades Médica. Barcelona. 2004; 8: 145-160.

Lorenzo S. Presentación. Fundación Medicina y Humanidades Médicas. 2006; 1-8.

Los efectos adversos en la asistencia sanitaria. http://www.ec.europa.eu.

Lourido M. El gasto sanitario público en España. 2011. http://www.cadenaser.com/sociedad/artículo/gasto-sanitario-publico-espana-ronda.pr…

Llamas Pombo E. La responsabilidad civil del médico. Ed. Trivium. Madrid. 1988.

Macia R. El error diagnóstico y el error de tratamiento médico en el Derecho Español. Mayo 2008. http://www.medicospacientes.com/files/prensa/errores-medicos.doc

Macpherson A. Los recortes empeoran peligrosamente la calidad de la atención sanitaria. La Vanguardia, 13 de febrero 2011.

MacIntyre N, Popper K. The critical attitude in medicine: the need for a new ethics. Br Med J (Clin Res Ed) 1993; 287: 1919-23.

Mac Manus M, Suvalsky D, Wilson E. A decade of acceptable autopsy rates. Does concordance of clinician and pathologists views explain relative success? Arch Pathol Lab Med 1992; 116 (11): 1128-36.

Magret M, Vidaur L, Ferández S, et al. Discrepacias entre el diagnóstico clínico y anatomo-patológico en un servico de Cuidados Intensivos Polivalente. Med. Intensiva v30 n°3 Madrid abr. 2006.

Marañón G. La medicina y los médicos. Ed. Espasa Calpe. Madrid. 1992.

Marcos V. Nuevas modalidades en la defensa del derecho a la salud: mecanismos no adversariales-II. IX Curso Taller OPS/OMS/CIESS. Legislación en salud. OPS, septiembre 2002.

Marcos Vera M. Justicia terapéutica: El arbitraje en la prevención del riego legal por responsabilidad médica. www serviles.Com.pe. 2009.

Martín M, Ruiz J. Acontecimientos adversos en Medicina Intensiva. Gestionando el riesgo. Med. Intensiva v.30 nº. 6 Barcelona ago-sep. 2006.

Martín Polo R. Estudio retrospectivo de la autopsia clínica en el Hospital Universitario de Salamanca. Universidad de Salamanca. Facultad de Medicina. Departamento de Biología Celular y Patología. Salamanca, 2004.

Martínez A. Análisis de la educación médica argentina. ¿Estamos formando buenos médicos? Diciembre 2010. http://www.errorenmedicina.anm.edu.ar/index.as.

Martínez de Aguirre C. Curso de Derecho Civil. V, II. Dereche de Obligaciones. Ed. Cólex. Madrid. 1998.

Martínez Pardo JM. Responsabilidad contractual o extracontractual objetiva o subjetiva. En: La responsabilidad Civil y penal del médico. Colegio Oficial de Médicos de Madrid. Ed. Artes Gráficas. Madrid. 1999.

Matesanz R. Válvulas por la tangente. El Observador. Dic.2002; 7.

Medina G. ¿Es la autopsia un procedimiento obsoleto? En: Rodríguez L. La autopsia: la consulta final. Rev Biomed 1997; 8: 171-196.

Méndez citado por Valladares D, De Mendoza JH, Méndez A. Coincidencia clínico-patológica en 403 autopsias en pacientes fallecidos por TEP. Rev Coloma Med Milit 2007; 36 (3): 68-75. 197.

Ménguez M, Lintante T, Guillermo G et al. Código Penal. Comentarios y Jurisprudencia. Ed. Cólex. Madrid 1996.

Merino A. La prueba en el proceso de responsabilidad civil médica. En: Responsabilidad civil y penal del médico. Colegio Oficial de médicos de Madrid. Ed. Artes Gráficas. Madrid. 1999.

Merino P. Estudio nacional de incidentes y acontecimientos adversos en medicina intensiva. IV Conferencia Internacional de Seguridad del Paciente. MSC, 25 y 26 de noviembre 2008.

Michel P, Quenon J, Sarasqueta M, Scemama O. L`estimation du risque iatrógène grave, dans les établissements de santé en France. Études et Résultats. Dress, nº 219, febrero 2003.

Midelfart J, Aase S. The value of autopsy from a clinical point of view. A survey of general practitioners and hospital clinicians in the county of Sor-Trondelag, Norway. APMIS 1998; (7): 693-8143.

Ministerio de Sanidad y Consumo (MSC). El primer estudio español sobre efectos adversos de la asistencia sanitaria muestra resultados similares a los de los países más avanzados. http://www.elmundo.es.

Ministerio de Trabajo y Asuntos Sociales. Responsables sanitarios de todo el mundo y la OMS alcanzan una alianza para mejorar la seguridad de los pacientes. Europa Press Internacional. http://www.sid.usal.es.

Mirón Canelo JA, Sáenz Gonzáles MC. Eficacia de un seminario informativo en la certificación de causas de muerte. Rev Esp Salud Pública 1995; 69: 227-232.

Mirón Canelo JA, Segura González MC. El médico y las estadísticas de mortalidad Rev de la SEMG 1995; 21: 190-194.

Moliner M. Diccionario de uso del español. Primera edición. Ed. Gredos. Madrid. 1994.

Mónica C. "Errores de medicación". IIE Academia Nacional de Medicina. Buenos Aires. 2008.

Montalbán E. No podemos poner un guardia de seguridad a todos los médicos. Madrid. Diario la Razón, 19 de enero de 2011.

Montano P. Los médicos y el Derecho Penal 2006. http://www.elderechodigital.com.

Monteagudo J, Viana C, Casariego E. ¿Qué es y qué no es la Medicina Basada en la Evidencia? Guías Clínicas 2008: 8 Supl.1:1.

Mort TC, Yeston NS. The relationship on premortem diagnoses and postmortem findings in a surgical intensive care unit. Crit Care Med 1999; 27:299-303.

Nemetz N, Leibson C, Naessens M, Beard M, Tangalos E, Kurland A. Determinants of the autopsy decision: A statistical analysis. Am Clin Pathol 1997; 108: 175-83.

Nichols L, Aronica P, Babe C. Are autopsies obsolete? Am J Clin Pathol 1998; 110:8.

Nogueras Roges S. Mentirosos certificados de defunción falsean las estadísticas 2006. http://www.cubanet.org.

Nora Raola L, Gutiérrez Zaldivar H. Apuntes sobre la responsabilidad médica 2008. http://www.geosalud/com/malpraxix/htlm.

O´Connor E, Pary T, Richard B, Jain S, Herdson B. A comparison of the antemortem clinical diagnosis and autopsy findings for patients who die in the emergency department. Acad Emerg Med 2002; 9: 957-9.

OMS. Calidad de la atención: seguridad del paciente. En: A´had, nº 6, enero 2009. http://www.aegris.org/publicaciones.htm.

OMS. Marco Conceptual de la Clasificación Internacional para la Seguridad del Paciente. Informe Técnico Definitivo, enero 2009. http://www.who.int/patientsa/ety/implementation/icps/icps_report_es.pdf.

Ong A, Cohn M, Cohn A, Jaramilo H, Parbhu R, McKenney S. Unexpected findings in trauma patiens dying in the intensive care unit: results of 153 consecutive autopsies. J Am Coll Surg 2004;194 (4):401-406.

Orden de 7 de julio de 1972 por la que se aprueba el Reglamento General para el Régimen, Gobierno y Servicio de las Instituciones Sanitarias de la Seguridad Social. B.O.E., número 172 de 19 de julio de 1972.

Orellana R, Zájara M, Shevnina N, Rojas M et al. Gestión de seguridad del paciente en una unidad de urgencias de atención primaria. Emergencias 2009; 21:415-421.

Organización Mundial de la Salud (OMS). Certificación Médica de causa de muerte. OMS: Ginebra; 1980.

Organización Mundial de la Salud (OMS). Clasificación Estadística Internacional de Enfermedades y Problemas relacionados con la salud (CIE-10) V.2, OMS: Ginebra; 2003.

Organización Mundial de la Salud (OMS). Clasificación Internacional de Enfermedades y Problemas relacionados con la Salud. (CIE-10). Definiciones. Vol. 1. OMS: Ginebra; 2003.

Ortiz Z. Un paciente informado es un paciente seguro IIE. Academia Nacional de Medicina. Buenos Aires, enero 2007. http://www.errorenmedicina.anm.edu.ar/index.asp.

Oruña R, Puente V, Ruir R, Lebaniegor O, Herrera S, Gutierrez D. Errores en la cumplimentación de los cetificados médicos de defunción: la parada cardiorrespiratoria como causa inmediata de muerte y sus consecuencias. Revista de la SEMG, nº 65, junio 2004: 349.355.

Palau Bretones A. Seguro del paciente: Propuesta de implantación en España. Actualidad del Derecho Sanitario.1998; 43:573.

Palmer H. Quality health care. JAMA 1996; 275:1851-1852.

Patient Safety. http://www.who.int.

Pardo A. Seguridad del paciente y calidad asistencial. Aegris V 1, nº 2. diciembre 2009.

Pasquier B. L` autopsie científique en 2005: luxe or necesite?. Revue de Med. Inter 2005; 26: 611-614.

Pastores M, Dulu O, Voigt P, Raoof D, Alicia M Halpern A. Premortem clinical diagnoses and postmortem autopsy findings: discrepancies in critically ill cancer patients. Crit Care 2007; 11:R48.

Peñuelas O, Esteban A, Frutos Vivar F, Aramburu J. Puesta al día en Medicina Intensiva. Validez de los criterios diagnósticos del Síndrome de Distrés Respiratorio Agudo. Medicina Intensiva 2006; 30: 212-217.

Pérez C y Pérez J. Factores que influyen en la concordancia anatomo-clínica. VII Congreso Virtual Hispanoamericano de Anatomía Patológica y I Congreso de Preparaciones Virtuales por Internet. Del 1 al 31 de octubre de 2005. http://www.conganat.es.

Perkins S. Cultural differences and ethical issues in the problem of autopsy requests. Tex Med 1991; 87:72-7.

Pesquera R. VIII Congreso Nacional de la Asociación Española de Gestión de Riesgos Sanitarios. Sevilla, noviembre de 2005. http://www.aegris.org.

Petri N. Decreased in the frequency of autopsies in Denmark after the introduction of a new autopsy act. Anal Assur Health Care 1993; 5:315-8.

Peya M. El Modelo Europeo de Calidad. Rev Nursing 2004; 22; 10:62-65.

Pietro D, Shyaviz L, Smit R, Auerbach B. Detecting and reporting medical errors: why the dilemma? BMJ 2000; 320:794-796.

Pineault R. La Planificación Sanitaria. Ed.Masson. Barcelona. 1990.

Pizzi T, Goldfard I, Nash B. Procedures for obtaining informed consent. En: Shojania G, Duncan M, Macdonal M, Wachter M, editores. Evidencia Report/ Technology Assessment nº 13 AHRQ Publicacion nº1-E058; 2001.

Plan de Calidad del Insalud. Ministerio de Sanidad y Consumo. España. http:// www.msc.es.

Plan de Calidad del Sistema Nacional de Salud. Validación de indicadores de calidad en el contexto internacional. Ministerio de Sanidad y Política Social. España. 2008. http://www.seguridaddelpaciente.es.

Podbregar M, Voga G, Krivec B, Pareznik R. Should we confirm our clinical diagnostic certainty by autopsy? Intensive Care Med 2001; 27:1750-5.

Ponce Malaver, M. Responsabilidad médica 2006. http://geosalud.com/mal-praxis/espmedica

Popper K y Eccles J. El yo y su cerebro. 10ª ed. Ed. Labor. Barcelona. 1985.

Prieto O. El Hospital procesa cada día más de 22.000 análisis clínicos. Salamanca. Diario El Adelanto, 16 de diciembre de 2009.

Proctor ML, Pastore J, Gerstle JT, Langer JC. Incidence of medical error and adverse outcome on a pediatric general surgery service. J Pediatr Surg 2003; Sep: 38(9): 1361-5.

Pujol R, Bernet M, Castellsague J, Esquins J, Ranguer E, Yeyano V. Análisis de la concordancia entre los diagnósticos clínicos y de autopsia en un hospital general. Ann Med Int (Madrid) 1994; 11: 372-376.

Puyol R. Las autopsias clínicas en el siglo XXI. Galicia Clín. 2009; 70 (3): 9-11.

Raba Oruña S, Villa Puente M, Royano Ruiz M, Ortiz Levaniegos I, Solar Herrera A, Díez Gutiérrez A. Errores en el cumplimiento de los certificados médicos de defunción: la parada cardio-respiratoria como causa inmediata de muerte y sus consecuencias. Rev de la SEMG 2004; 65: 349-353.

Ramos B. Calidad en la atención de la salud. Error médico y seguridad del paciente. Rev Cubana Med Gen Integr 2007. http://www.bvs.sld.cu.

Ramos Domínguez NB. Calidad de la atención de la salud. Error médico y seguridad del paciente. http://www.bus.sld.cu.

Real Decreto de 18 de junio de 1982, sobre autopsias clínicas. B.O.E., nº 218 de 11 de septiembre de 1982.

Real Decreto de 15 de abril de 1987 por el que se aprueba el Reglamento sobre Estructura, Organización y Funcionamiento de los Hospitales gestionados por el Instituto Nacional de la Salud. B.O.E., número 91 de 16 de abril de 1987.

Real Decreto de 20 de enero de 1995, sobre Ordenación de prestaciones Sanitarias del Sistema Nacional de Salud. BOE, número 35 de 10 de febrero de 1995.

Real Decreto de 25 de junio de 2004, que desarrolla la estructura básica de Ministerio de Sanidad y Consumo. BOE, número 154, de 26 de junio de 2004.

Reason cit. por García Barbero M. En: Alianza Mundial para la Seguridad del Paciente.2010. http://www.fundacionmhm.org/pdef/mono8/articulo.

Redondo Alvaro LF. El error en las pruebas de diagnostico clínico. Ed. Díaz de Santos. S. A. Madrid. 2002.

Reglamento de Nomenclatura con respecto a enfermedades y causas de defunción, de 22 de Mayo de 1967. 20ª Asamblea Mundial de la Salud. Clasificación Estadística Internacional de Enfermedades (CIE-10), Vol.1. Organización Mundial de la Salud (OMS). OPS, ed 2003.

Reglamento de Registro Civil, de 14 de noviembre de 1958. BOE, número 296 de 11 de diciembre de 1958.

Richard A. Centrarse en los objetivos de la seguridad del paciente. Nursing. 2008; 26:46-47.

Robbins F et al. En: Rodriguez et al. La autopsia: consulta final. Rev Biomed 1997; 8: 171-196.

Rodríguez Almeida H. Responsabilidad Médica 2006. http://www.smu.org.ux/gremiales.html.

Rodríguez L. La autopsia: la consulta final. Rev Biomed 1997; 8: 171-176.

Rodríguez Ramos L. La prueba en el proceso penal seguido por delitos o faltas contra los médicos. En: La responsabilidad civil y penal del médico. Colegio Oficial de Médicos de Madrid. Ed. Artes Gráficas. Madrid. 1999.

Rosander AC. La búsqueda de la calidad en los servicios. Ed. Díaz de Santos, Madrid. 1992.

Rosenbaum E, Burns J, Jonson J, Mitchel C, Robinson, Truog R. Autopsy consent practice at US teaching hospitals. Results of a national survey. Arch Intern Med 2000; 160: 347-380.

Ruiz F. Diccionario de Términos Médicos. Ed. Marbán. Madrid. 2011.

Ruiz Vadillo E. La responsabilidad civil y penal del médico. En: La responsabilidad de los Médicos y Centros Hospitalarios. Colegio Oficial de Médicos de Madrid. Madrid: Ed. Artes Gráficas, 1999.

Sainz M. Más errores médicos si los residentes se encuentran cansados. Diario El Mundo, 23 de septiembre 2009.

Sala Sánchez P. Discurso de clausura. En: Responsabilidad de los Médicos y Centros Hospitalarios frente a los usuarios de la sanidad Pública y Privada. Fundación de Ciencias de la Salud. Ed Doce Calles Madrid. 1994.

Salgado cit., por Delgado S. La práctica médica ante el Juez. IX Seminario Internacional de Biomedicina y Derechos Humanos, 19 y 20 de junio. Diario ABC de 19 de julio de 2008.

Sandereffer K, Burger S, Muntwyler J, Salomon F. Disgnostic errors in there e medical eras: a necessarystudy. Lancet 2000; 355:2027-2031.

Sánchez HE. Error en medicina 2008. http://www.e.reeme.arizona.edu/matierial/erroo% 20 en % medicina-pdf.

Sánchez Vázquez E. Ética. Ed. Grijalbo. México 1984.

Sanner MA. In perspective of the declining autopsy rate. Attitudes of the public. Arch Pathol Lab Med 1994; 118: 878-73.

Schmitzler E. Volver a la autopsia o seguir ignorando la verdad. Arch Argen Ped 2003; 101 (3): 163-164.

Schaffi y Kirch citados por Gonçalvez M. Autopsia: Um procedimiento ainda importante? Brasílea Med 2005; 42: 51-54.

Schdev E, Hutchins G. Problems with Proper Competion and Accuracy of the cause-of Death-Statement. Arch Inter Méd 2001; 161: 277-78.

Schenkel S. Promoting patient safety and preventing medical error in emergency departments. Acad Emerg Med 2000; 7(11): 1204-22.

Segura A, Gispert R. El médico y la certificación de las causas de defunción. Med Cli (Barc) 1987; 89: 415-422.

Segura A, Gispert R. En: Mirón JA. Eficacia de un seminario informativo en la certificación de las causas de muerte. Rev Esp Salud Pública 1995; 69: 227-232.

Segura A, Gispert R. Las estadísticas de mortalidad y la validez de la certificación de las causas de defunción en España: una puntualización necesaria. Med Cli (Barc) 1990; 95: 38-39.

Segura et al. Cits por Gonçalvez M. Autopsia: Procedimiento ainda importante? Brasílea Med 2005; 42:51-54.

Segura González MC, Mirón Canelo JA. Calidad formal de las estadísticas de mortalidad: Med Clin (Bar) 1993; 101: 397-398.

Seoane JA. Una aproximación jurídica a la seguridad clínica. Monografías Humanistas. Ed. Fundación y Humanidades Médicas. Barcelona. 2004.

Silfvast T, Takkunen O, Kolho E, Anderson LC, Rosenberg P. Characteristic of discrepancies between clinical and diagnoses in the intensive care unit: a 5-year review. Intensive Care Med 2003; 29: 321-4.

Simón P. El consentimiento informado. Ed. Triacastela, Madrid. 2000.

Simón P (ed). Ética de las organizaciones sanitarias. Nuevos modelos de calidad. Ed. Triacastela. Madrid. 2005.

Sinnard H. Factors affecting autopsy rates, autopsy request rates, and autopsy findings at a large academic medical center. Exp Mol Pathol 2001; 70: 333-43.

Sinnard JH, Blood DJ. Quality improvement on an academic autopsy service. Arch Pathol Lab Med 2001; 125 (2): 237-45.

Siso Martín. Las variables jurídicas del ejercicio de la Medicina. Examen de Responsabilidad Sanitaria. Ed. Universitaria Ramón Areces. Madrid. 2008.

Shassin M, Becker E. The Wrong Patient. Ann Intern Med. 2002; 136: 826-833.

Shojania KR, Kathyne. Graduate Medical Education and Patient Safety: A Busy-and accassionally Hazardus-intersection. Ann of Internal Medicine. 2003; 145. 8:592-598.

Shojania KR, Burton EC, Donal D, Golman L. Changes in rates of autopsy-detected diagnostic error over time. A systematic review. JAMA 2003; 2849-56.

Sol Almeida M. El duelo y el pensamiento mágico. Ed. Master Line. Madrid. 1998.

Sonderegge I, Burger S, Muntwyler J, Salomon F. Diagnostic errors in three medical eras: a necropsy study. Lancet 2000; 355: 2027-31.

Souza L, Rosner F. Increasing autopsy rates at a public hospital. J Gen Intern Med 1997; 12: 315-7.

SPSS Inc. SPSS 14.0 para Windows. Chicago; 2005.

Starfiel B. Los médicos son la tercera causa de muerte en EEUU. : Causan 250.000 muertes por año. Journal of the American Medical Association (JAMA). Vol. 284, 26 de julio de 2000.

Stephen G. Religious attitudes and the autopsy. Arch Pathol Lab Med 1984; 108: 494-496.

Tamayo C, Juárez N. Error y conflicto en el acto médico. Rev Méd IMSS 2003; 41 (6):461-463.

Tara B, Alex F, Keyani S. Physicians´Views on Defensive Medicine: 2010; 170 (12): 1081-1083.

Tena C, Sánchez JM, Rivero A, Cisnero A. La práctica de la medicina y la responsabilidad médica. Rev. Méd. IMSS, 2003; 41(51):407-413.

Valdéz E, Arroyo E, Landero L. Concordancia entre el diagnóstico clínico y el patológico por necropsias. Salud Pública de México 1998; 40:1-6.

Val-Bernal J, Garijo FM. Hipócrates y su vigencia en la anatomía patológica actual. Rev. Esp Patol 2003; Vol 36, nº 1:95-100.

Valladares D, De Mendoza JH, Méndez H. Coincidencia clínicopatológica en 403 autopsias en pacientes fallecidos por TEP. Rev Coloma Med Milit 2007; 26(3):68-75.

Vicedo JJ. ¿Son incompatibles los derechos de los pacientes con el sereno ejercicio de la profesión? Curso de gestión de riesgos sanitarios. UIMP. Alicante, noviembre de 2003. http://www.desp.umb.es.

Villar J. Causas de muerte: Errores en la certificación de defunción. Med Clin (Bar) 1989; 93: 463-466.

Villatorio A. Error médico. 2006. http://www.reemearizona.edu.

Villegas Periñán M, Rosa Díaz I. La calidad asistencial: Concepto y medida. ISSN 2003; 29: 50-58.

Vitaller J. El nuevo escenario de la gestión de la asistencia sanitaria y su aplicación en la seguridad de los pacientes. Relaciones profesional y paciente. Curso de gestión de riesgos sanitarios. Alicante 2003. UIMP. http://www.desp.umb.es.

Wagner C, Cuperus-Bosma JM, Van Der Wal G. La seguridad clínica en los hospitales: una perspectiva europea. Fundación Medicina y Humanidades Médicas. 2006.

Wannzel K, Jamieson C, Bohnen J. Complications on a general surgery service: Incidente and reporting. Canadian J Surg 2002; 43:113-117.

Welsh TS, Kaplan J. The role of postmortem examination in medical education. Mayo Clin Pro 1998; 73: 802-5.

Williams T, Mornis D, Patel K. Pathologists views on consent for autopsy. JR Soc Med 2002; 95:547-548.

Wikipedia Foundation, Inc, enciclopedia libre. 2008. http://www.wikipedia.org/wiki/exploraci%C3%B3n-complementaria.

Woloshynoweh M, Neale G, Veces C. Case record review of adverse event: anew approach. Qual. Saf. Health Care 2003; 12: 411-415.

Wood MJ, Guha AK. Declinig clinical autopsy rates versus increasing medicolegal autopsy rates in Halifax Nova Scota. Arch Pathol Lab Med 2001; 7:24-30.

Word J, Guba K. Decliming clinical autopsy rates versus inereasing medicolegal autopsy rates in Halifax, Nova Scotia. Arch Pathol Lab Med. 2001; 135 (7):924-30.

Vuori H. Implementation of quality assurance in Europa. J Management Med 1989; 1:119.

Woloshynoweh M, Neale G, Veces C. Case record review of adverse event: anew approach. Qual. Saf. Health Care 2003; 12: 411-415.

Wu et al, citado por Lew D, Ortiz Z. Epidemiologia del error médico. Bol AN de Medicina 2000, 79; 300.307.

Zarbo RJ, Baker PB, Howanitz PJ. The autopsy as a performance measurement tool-diagnostic discrepancies and unresolved clinical questions: a College of American Pathologists Q-Probes study of 2479 autopsies from institutions. Arch Pathol Lab Med 1999; 123: 191-8.

Zazzo R. Los débiles mentales. Ed. Fontanella. 1973.

Made in the USA
Monee, IL
05 November 2026

67857688R00160